U0109902

認識大陸作家系列

季蒙、程漢 合著

漢唐思想史稿

漢、唐同為一般認知
的中國盛世，然而相
較於奠定帝制基礎的
漢朝，唐朝卻非如此，
本書講述自漢迄唐的
思想學說，而以儒家、
經學為重心為您剖析。

目　次

第一章　漢

第一節　無為而治

周代雖然動亂，但思想豐富深厚，影響長久。接下來的秦代只是短暫的一瞬，秦亡的原因，儒家早有定論，《大戴禮記》講得很清楚。《保傳》曰：「殷為天子三十餘世而周受之，周為天子三十餘世而秦受之，秦為天子二世而亡。人性非甚相遠也，何殷、周有道之長而秦無道之暴？其故可知也。」案殷世繼嗣 31 王，629 年；周 37 王，867 年；秦只 15 年。接下來的漢朝是一個偉大的王朝，學術思想發育全面，為二千年帝制奠定了根本的路向。漢代分三個部分：西漢、東漢、蜀漢，前後凡 470 年。習慣上我們視秦、漢為一個整體。雖然秦朝短命，但卻是漢朝的必要的鋪墊。漢代建立之初，奉行無為而治。陸賈說：

> 「夫道莫大於無為，行莫大於謹敬。何以言之？昔虞舜治天下，彈五弦之琴，歌南風之詩，寂若無治國之意，漠若無憂民之心，然天下治。周公制作禮樂，郊天地、望山川，師旅不設，刑格法懸，而四海之內奉供來臻，越裳之君重譯來朝，故無為也，乃無為也。秦始皇帝設為車裂之誅，以斂奸邪；築長城於戎境，以備胡越。微大吞小，威震天下；將帥橫行，以服外國。蒙恬討亂於外，李斯治法於內，事逾煩，天下逾

亂；法逾滋，而奸逾熾；兵馬益設，而敵人逾多。秦非不欲為治，然失之者，乃舉措暴眾而用刑太極故也。是以君子尚寬舒以苞身，行中和以統遠，民畏其威而從其化，懷其德而歸其境，美其治而不敢違其政，民不罰而畏罪，不賞而歡悅，漸漬於道德，被服於中和之所致也。夫法令者，所以誅惡，非所以勸善。故曾閔之孝，夷齊之廉，豈畏死而為之哉？教化之所致也。故曰：堯、舜之民，可比屋而封；桀、紂之民，可比屋而誅者，教化使然也。故近河之地濕，近山之土燥，以類相及也。故山川出雲雨，丘阜生氣。四瀆東流，百川無不從。小者從大，少者從多。夫王者之都，南面之君，臣姓之所取法，舉措動作，不可失法則也。

「昔者周襄王不能事後母，出居於鄭，而下多叛其親。秦始王驕奢靡麗，好作高臺榭、廣宮室，則天下豪富制屋宅者，莫不仿之。設房闥，備廐庫，繕雕琢刻畫之好，傅玄黃琦瑋之色，以亂制度。齊桓公好婦人之色，妻姑姊妹，而國中多淫於骨肉。楚平王奢侈縱恣，不能制下，檢民以德，增駕百馬而行，欲令天下人餒，財富利明不可及，於是楚國逾奢，君臣無別。故上之化下，猶風之靡草也。王者尚武於朝，農夫繕甲於田。故君之御下民，奢侈者則應之以儉，驕淫者則統之以理。未有上仁而下殘，上義而下爭者也。孔子曰：移風易俗，豈家至之哉？先之於身而已矣。」（《新語無為》）

陸賈對漢高祖多有勸諫，他的思想在漢初非常重要。從這裏的用語來看，我們也可以知道，太極就是「至極之極」的意思。陸賈雖稱孔子，但還是比較一般化的，他所說的都是很平常的道理，並

無特別之處。所謂上下、風草者，正是儒家最通常的論調。如果真是天下一人，當然就好整肅了。這說明一切還是以修身為首，只是這裏具體修的是無為。所謂有其上，必有其下，君無為、民自治，此二者其實是一回事，同出而異名。所謂統於理者，理是古人傳統的原則，只是到了理學才大明，真正由一種要求變為一種學術。案《四庫全書總目》云：

「舊本題漢陸賈撰。案《漢書》賈本傳稱，著《新語》十二篇。《漢書》藝文志、儒家，陸賈二十七篇，蓋兼他所論述計之。《隋志》則作《新語》二卷。此本卷數與《隋志》合，篇數與本傳合，似為舊本。然《漢書》司馬遷傳稱，遷取《戰國策》、《楚漢春秋》、陸賈《新語》作史記。《楚漢春秋》，張守節正義猶引之，今佚不可考。《戰國策》取九十三事，皆與今本合；惟是書之文悉不見於《史記》。王充《論衡本性》篇引陸賈曰：天地生人也，以禮義之性，人能察己所以受命則順，順謂之道。今本亦無其文。又《穀梁傳》至漢武帝時始出，而《道基》篇末乃引《穀梁傳》曰，時代尤相牴牾，其殆後人依託，非賈原本歟？考馬總《意林》所載，皆與今本相符。李善《文選》注於司馬彪贈山濤詩引《新語》曰：楩梓僕則為世用；於王粲從軍詩引《新語》曰：聖人承天威、承天功，與之爭功，豈不難哉？於陸機日出東南隅行引《新語》曰：高臺百仞；於古詩第一首引《新語》曰：邪臣之蔽賢，猶浮雲之鄣日月；於張載雜詩第七首引《新語》曰：建大功於天下者，必垂名於萬世也。以今本核校，雖文句有詳略異同，而大致亦悉相應，似其偽猶在唐前。惟《玉

海》稱陸賈《新語》今存於世者,《道基》、《術事》、《輔
政》、《無為》、《資賢》、《至德》、《懷慮》,才七篇;
此本十有二篇,乃反多於宋本,為不可解。或後人因不完之
本,補綴五篇,以合本傳舊目也。今但據其書論之,則大旨
皆崇王道、黜霸術,歸本於修身、用人。其稱引老子者,惟
《思務》篇引上德不德一語,餘皆以孔氏為宗。所援據多《春
秋》、《論語》之文,漢儒自董仲舒外,未有如是之醇正也。
流傳既久,其真、其贗,存而不論可矣。所載衛公子鱄奔晉
一條,與三傳皆不合,莫詳所本。中多闕文,亦無可校補。
所稱文公種米、曾子駕羊諸事,劉晝《新論》、馬總《意林》
皆全句引之,知無譌誤,然皆不知其何說。又據犁鼾報之語,
訓詁亦不可通。古書佚亡,今不盡見,闕所不知可也。」(《新
語》二卷,內府藏本)

由此看來,《無為》篇應該沒有太大的問題。漢初以黃老治國,
陸賈講無為十分自然。而《淮南子》這樣集合性的著作就更不奇怪
了。案《四庫全書總目》云:

「漢淮南王劉安撰,高誘注。安事蹟具《漢書》本傳。《漢
書藝文志》雜家,淮南內二十一篇,外三十三篇。顏師古注
曰:內篇論道,外篇雜說。今所存者二十一篇,蓋內篇也。
高誘序言此書大較歸之於道,號曰鴻烈。故舊唐志有何誘《淮
南鴻烈音》一卷,言鴻烈之音也。宋志有《淮南鴻烈解》二
十一卷,亦鴻烈之解也。而注其下曰淮南王安撰,似乎解亦
安撰者,諸書引用,遂併《淮南子》之本文亦題曰《淮南鴻
烈解》,誤之甚矣!晁公武《讀書志》稱:《崇文總目》亡

三篇，李淑《邯鄲圖書志》亡二篇，其家本惟存原道、俶真、天文、墜形、時則、覽冥、精神、本經、主術、繆稱、齊俗、道應、氾論、詮言、兵略、說林、說山十七篇，亡其四篇。高似孫子略稱，讀淮南二十篇，是在宋已鮮完本。惟洪邁《容齋隨筆》稱，今所存者二十一卷，與今本同。然白居易六帖引烏鵲填河事，云出《淮南子》，而今本無之，則尚有脫文也。公武謂許慎注稱記上，陳振孫謂今本題許慎注，而詳序文即是高誘，殆不可曉。蘆泉劉績又謂記上猶言標題進呈，竝非慎為之注。然隋志、唐志、宋志皆許氏、高氏二注竝列。陸德明《莊子釋文》引《淮南子》注稱許慎；李善《文選注》、殷敬順《列子釋文》引《淮南子》，注或稱高誘，或稱許慎，是原有二注之明證。後慎注散佚，傳刻者誤以誘注題慎名也。觀書中稱景古影字，而慎《說文》無影字，其不出於慎審矣。誘，涿郡人，盧植之弟子，建安中辟司空掾，歷官東郡濮陽令，遷河東監，竝見於自序中。慎則和帝永元中人，遠在其前，何由記上誘注？劉績之說，蓋徒附會其文而未詳考時代也。」（《淮南子》二十一卷，內府藏本）

　　淮南王劉安招致賓客、方術之士數千人，作書甚眾，所以從性質上說，《淮南子》是一部綜述前代思想的書，倒不是自己原創的東西。前人將《淮南子》歸入雜家，是有見地的，雖然《淮南子》很明顯的承繼了道家思想。就道家思想而言，首先是有、無之辯。關於有、無問題，大概《俶真訓》中的這一段要算是最典範了。文曰：

　　有始者，有未始有有始者，有未始有夫未始有有始者。有有者，有無者，有未始有有無者，有未始有夫未始有有無者。

所謂有始者，繁憒未發，萌兆牙蘖，未有形埒垠堮，無無蠕蠕，將欲生興而未成物類。

有未始有有始者，天氣始下，地氣始上，陰陽錯合，相與優遊競暢於宇宙之間，被德含和，繽紛蘢蓯，欲與物接而未成兆朕。

有未始有夫未始有有始者，天含和而未降，地懷氣而未揚，虛無寂寞，蕭條霄霏，無有彷彿，氣遂而大通冥冥者也。

有有者，言萬物摻落，根莖枝葉，青蔥苓蘢，萑蔰炫煌，蠉飛蠕動，蚑行噲息，可切循把握而有數量。

有無者，視之不見其形，聽之不聞其聲，捫之不可得也，望之不可極也，儲與扈冶，浩浩瀚瀚，不可隱儀揆度而通光耀者。

有未始有有無者，包裹天地，陶冶萬物，大通混冥，深閎廣大，不可為外，析豪剖芒，不可為內，無環堵之宇，而生有無之根。

有未始有夫未始有有無者，天地未剖，陰陽未判，四時未分，萬物未生，汪然平靜，寂然清澄，莫見其形，若光耀之間於無有，退而自失也。

曰：予能有無，而未能無無也。及其為無無，至妙何從及此哉？夫大塊載我以形，勞我以生，逸我以老，休我以死，善我生者，乃所以善我死也。

從物類到數量，從沒有朕兆到有朕兆，有無、死生，這些二分組擺得很清楚。人在大地上，一切顯然都是形而下的。可以看到，文中使用了大量的形容詞，因此，想像的、形象化的思維痕跡相當重，所以，這裏展現的思想嚴格來說還是一種揣度。案注云：「俶，始也，真，實也。道之實，始於無有，化育於有，故曰俶真，因以名篇。」為了更加清晰起見，對文本中的有無敘述我們不妨表列一下：

始

（未始）

未始有有始

未始有夫未始有有始

有

無

未始有有無

未始有夫未始有有無

從這裏觀察，與其說是宇宙論，不如說是混沌論，而生與死乃是一種同出異名的關係。有始的情況還比較單純，就是繁眾的物類還沒有發生、混沌待生的意思。《淮南子》在這裏全是用的形容語，可見形而下的「物始」是一個形象化的事情。至於未始有有始者，其實倒比較一般，儘管說得很玄。因為這時候已經有了天地，而天地是最具體的，所以此處的內容言說，倒不像其立名那麼高玄。從這裏我們也能夠看到，求玄往往是達不到預期的效果和目的的。因為宇宙本來很簡單，並不玄秘。所以，對所謂的未始有夫未始有有始，也就沒有計較的必要了。所謂有，顯然是指萬物實有、數量繁

多；而無，則是不可視聽者。《淮南子》對無的形容，其核心意思其實只有一個，就是大。而大、量，等等這些，顯然都是形而下的。所以，無就是廣大的虛空，比如說空洞、浩瀚的宇宙，一望沒有盡頭，但這空空的一片，是看不見的嗎？當然看得見，只不過看見的是「虛」罷了，所以說無其實是虛，而形而下的論說沒有多大意義，或者意思不大。開始有，與本來就有，這完全是兩回事。比如 $1+1=2$，就是本來就有的，我們很難說 $1+1=2$ 是什麼時候才開始有的。形而上的都是本來就有的，比如理，等等。所以，「開始」是一個形而下的東西，就像「無」一樣，因為開始是時間性的。所以《淮南子》書中的「架疊」，使人覺得義理上很模糊。如果我們羅列一下關鍵字語，情況會怎樣呢？比如：天地、萬物、混冥、大、外、內、生、數量、物類，等等，給人最直接的堆砌之感。而析豪剖芒、不可為內，則大有「小一」的意味。高誘在注中所說的「剖判混分」，就是混沌未分、混沌初分的意思。

　　《俶真訓》動用了大量形容性的表述，可以看到，這裏面頗有名學「經說」的味道，就是：先揭出論點，然後詳細解說。說到這裏，我們首先面對的就是所謂「混沌」的問題。因為根據人們的習慣，所謂混沌初開者，最是一般的宇宙初始情況之習慣性表達和敘述。但是平心而論，混沌屬於形象、想像話題，是形而下的。朱熹經常對學生說，你們要理解，而不要總是想像有一個什麼光豁豁的終極在那裏，那樣一來，終極便東西化了。我們說，人們對混沌的想像、揣摩，正應了這種情形。其實像混沌這樣的詞，只是一個「形容指」。根據指物論，各種指的分類是需要釐清和統計的。比如一，就是一個指事指。還有況謂指，等等。無論怎樣的虛空，它都是具體的形象，不能因為一個形象的大小，就把它抬升為什麼，所以在

思想學說中，想像的糾纏最沒有意義。《俶真訓》講的有無、終始等題目，顯然有這方面的問題。高誘注「有始者」曰，「天地開闢之始也，」就是明證。

我們說，宇宙是形而下的，形而下者謂之器，宇宙至大，所以宇宙是大器，同時也是自然物。由此，人類的一切關於宇宙的揣想也就是形而下的，屬於形而下問題。無論時間、空間，還是終結、開始、發端、有無，等等，統一都是形而下的話題。所以，對這些自然、形下的問題進行討論，應該限制在一個怎樣明確的範圍內，便是一目了然的了。漢初的無為思想之所以要講這些內容，當然是承接先秦學說的餘緒，其寄意之所在也還是人事，這個我們後面會說到。這裏有必要先就古人的安排給一個交待、說明。我們說有與無只是一個形而下的情況，乃是比較得出的，因為有和無實際上只是形而下場景中的「參差」。比如說一、比如說 $1+1=2$，我們總不能說它們沒有、無，一、$1+1=2$ 都是形而上的有、實有之。即使沒有宇宙，也會有一、有 $1+1=2$，這也是理學家常說的，即實有。正如朱子所言，山河大地壞了，理還在。所以形上下乃是一個簡單的事實二分，這就是陰陽律下的二分組。因此，無的情況只可能存在於形而下區域，形而上是一個空闊淨潔的世界，是唯有而無無的。我們在日常生活中也經常會碰到這樣的話語：這個世界上到底有沒有無呢？如果回答說有（無），那麼無還是相對的，並沒有什麼最終的無；如果回答說無（無），那麼無就是不成立的，而畢竟還是一個有。所以說，說有易、說無難。當然《淮南子》講無是為了要服務於無為、虛無這一宗旨，這個我們後面會說到。所以，無純粹是一個形而下的事情，是一種參差情況。比如說我在一樓，不在二樓，那麼就可以說二樓無我，而一樓有我，反過來也是一樣。

這裏面的道理其實很簡單，就是任何一個形而下的實體，它都是具體的，不可能有分身術，不可能同時「兩在」或者「多在」於一個以上的地方，這就是場所限制，也就是時間與空間的總是拴在一起的關係。你可以這個時候在這個地方，那個時候在那個地方，但是很難所有的時候在所有的地方。因此從根本上說，無是一個參差之名。由此，任何沾無的問題，都只能是形而下範圍內的討論。

高誘在注中說：「言萬物萌兆，未始有始者，始成形也。」「言天地合氣，寂寞蕭條，未始有也，夫未始有始，彷彿也。」「言萬物始有形兆也。」「言天地浩大，無可名也。」天地再大，也是一個形而下，只要是形而下的，都不難名之。高誘注云無可名也，說明漢朝人還是很質素的。這裏的思維，像什麼前開始，等等，其實正如理學家所講的，無非是一些架疊、疊架的伎倆罷了，是不足為怪的。有形與無形、形兆與未形、開始與未始，其「間際」本是一種彷彿的關係。所謂萬物形兆、萬物成形，這些二分組並不複雜。其實，形而下只有三大元件，就是宇、宙、氣（元氣），萬變不離其宗。落實到人事上，就是說人能夠有無，卻不能無無。從人的一生來說，人的形體在天地之間，活著就是服勞役，死了才得以休息，所以生與死的關係，乃是同出而異名的關係。因此要混同死生，以死道治生。前後對照一看，《淮南子》談天地、有無、終始的寄義就十分明顯了。我們說，玄理其實都是關乎人事的，是關於人的學問。為什麼呢？因為《俶真訓》說得好：「若人者，千變萬化而未始有極也。」所以，真正的無極、太極其實就是人，所以朱熹才會說，人是最難曉的，因為人是無窮盡的，倒不是什麼宇宙。說白了，人就是宇宙之精、天地之心。除了人，宇宙哪裡還有格外的心志和精神呢？所以宇宙是簡單的，而人是複雜的。因此，古代思想把宇

宙劃歸物理之學，把人事劃歸事理之學，這種處理和認識是整齊嚴密的，也是一步到位的。由此，事理學複雜而物理學單純，也就不奇怪了。《淮南子》講人的無極，導向了一種玄趣，就是所謂樂，只不過書中所講的是「玄樂」罷了。這裏有一個比方說得好，「譬若夢為鳥而飛於天，夢為魚而沒於淵，方其夢也，不知其夢也，覺而後知其夢也。今將有大覺，然後知今此之為大夢也。始吾未生之時，焉知生之樂也？今吾未死，又焉知死之不樂也？」

很明顯，這裏關於生死問題的懸揣，其實就是用的「援推法」（所謂「援」的情況之一種）。未生的時候，怎麼知道生的樂趣呢？那麼同樣的，不死怎麼知道死一定壞呢？這就是援生以推死，這種援推法當然是有問題的，從名理上說。顯然，援推法是「同」字話語特徵的。人的夢境是千奇百幻的，所以古人喜歡把生的景況比作夢境。比如夢見自己像鳥一樣在天上飛，像魚一樣沉到海底，這些意象都是很常規的，它反映了人心、人性中喜歡自由、熱愛狂野的一面。也就是說，生命體不願意受任何約束和拘束，這是生的基本特性。如果說人在做夢時，他不知道自己在做夢，這種說法顯然是可商榷的。因為很多人在做夢時，他非常清楚自己是在夢境中。並且他夢見自己在不斷醒來，有一種強烈的擺脫夢境壓抑的要求，雖然還是在夢中。所以，人並不都是覺後而知夢的。當然，古人想表達的意思無非是說，人要想徹底地覺悟、醒覺是很難的，這就必須要不斷地自我提醒，直到大覺。《淮南子》說的大夢，是指整個的人間世，所以連帶下來，生死問題也就玄學化了，不再是簡單的、單純的自然觀看（把生死看成簡單的自然，從生理上去把握、理解）。因此，玄學生死與自然生死，代表著歷史人文中的兩大類、兩大端。這一對比，也是人類通有的情況，包括神學生死觀、迷信

生死觀，等等。所以，生死本身乃是一個共名，並不說明多少具體的情節。真正具體的是形形種種的人類生死想像。如果我們還記得莊周夢蝶、魚我之辯等古代寓言，那麼對《淮南子》中的故事便不會感到驚怪：

> 「昔公牛哀，轉病也，七日化為虎。其兄掩戶而入覘之，則虎搏而殺之。是故文章成獸，爪牙移易，志與心變，神與形化。方其為虎也，不知其嘗為人也；方其為人，不知其且為虎也。二者代謝舛馳，各樂其成形。」（《俶真訓》）

知在這裏是隔斷的，多重世界、多重宇宙，彼此之間是鴻溝的關係，永絕不通。人、虎之間，正如人、魚之間一樣，而人、人之間大概也差不多。形變就是隔斷，所以，人是想當然的動物，通過人與虎的形變之別，而想當然地認為它們在知上也是絕對絕隔的——想為如此、「想為」就是這樣的。日常生活中，我們知道有夢遊症患者，據說真夢遊的人，他自己是不知道的。《淮南子》在這裏講的「化虎」，其實是古代民間的一種狂疾患者，而且可能是有家族遺傳史的。其發作時間是隨時的，可能還有週期性。發病的時候會咬人，自己控制不住，不發作的時候與正常人也沒什麼區別。實際上，這些情況統一都屬於人類的氣質性變異。但是《淮南子》一書把人類病史中的例子、材料拿來做了玄學上的引伸，以說明人在無覺狀態下的可怕。化虎病患者在發作時殺死了他的家人，但他自己是渾然不知的，因為發病中這個人已經完全沒有心志了。所以，形神與心志的關係也是固定對應的。實際上，神形與心志的關係就是氣質性與理義性的關係。當形神變異後，理義也就不再搭掛在上面了。所以虎知與人知、虎質與人質是隔斷的。化虎

並不是簡單的像虎，而是直接的是虎。所以，從正別上來說，兩個名實（人與虎）同處在一個實體（公牛哀）上（《淮南子》是這樣講述的，所以我們照古人的解釋說，而不照事實說），可見，實體與名實在單位上是參差的，完全不一樣，這就是實與實體的區別。

　　方、嘗、且，這些都是時的不同，所以《俶真訓》說：「弊而複新，其為樂也可勝計邪。」又說：「狡猾鈍憫，是非無端，孰知其所萌？」這就有泯是非的傾向了，即：是非是一種循環。並且舉了一個例子說，水在冬天要結成冰，冰到了春天要化成水，水和冰的關係，就是相互循環的關係。所以，形與神的關係，也像這水和冰的關係一樣。如果說形與神的終始對應是整齊的，那麼它應該符合道家的理想。因為通常情況下，對一般的生命體來說，形與神的終和始是參差不齊的。比如說形體還健強的，精神已經死了，這就是所謂只剩軀殼。反過來，精神還盛旺的，形體已經死了，這就是所謂早夭，死而不得其所。所以，老馬死後，在剝皮時會感到它的枯槁。小狗死了，剝皮時也是濕漉漉的。就因為老馬的血氣早已經耗幹，而小狗還是新生命的緣故。這是為了說明人也一樣，只有神與形相始終才是生命的充分化。古人認為，形體早亡而精神尚健旺的，就容易為祟。反之，精神衰矣，沒後就很安靜。所以，如何盡其性命，窮盡心神，就是古代養形、全生之術所關注的事情。也就是，最好是形神俱沒。《俶真訓》曰：「夫聖人用心杖性，依神相扶而得終始，是故其寐不夢，其覺不憂。」我們知道，《淮南子》的意思是想說，人如何才能出離利害與憂患呢？包括生死問題這樣的煩惱在內，這就要靠虛無之道了。「夫魚相忘於江湖，人相忘於道術。古之真人，立於天地之本，中至優遊，抱德煬和，而萬物雜累

焉。孰肯解構人間之事？以物煩其性命乎？」這裏顯然不是萬物皆備於我，而是以萬物為我之煩累了。

　　我們說，中國古代的理論思維可以分為幾個板塊，形象的比方，就有一點像五行。比如，名學像金，利在剖分，就是能夠把一切問題分解得很清楚；理學以仁義相標榜，窮格道理，貴在生長，所以像木；易學多變化，像水；實學厚重，實在有用，像土；玄學像火，任意燃燒，沒有任何約束和限制。《俶真訓》所講的，大有老、列、莊之意味，而《莊子》的玄學化外形是最重的，雖然《莊子》最終也不是玄學。所以我們說的這部分偏於玄學的東西，只不過是中國土生土長的玄學——只是一種准玄學罷了。正如道教是准宗教一樣，中國的玄學也是准玄學，這一層是需要明辨的。可以說，學問分為兩大端，一是「學刀」，一是「學牛」。名學就是庖丁解牛之刀，而浩如煙海的學問對象和內容都是「牛」。有了工具——刃，即使是學鯨、學象，也能夠迎刃解之。很多人學問很大，但那只是學牛，還需用學刀才行。可以說，把握了五種劃分，而宇宙之義盡矣、賅矣。

　　《淮南子》中有一些好玩的故事，都是很有寓意的，它們都是玄學趣味的實例。比如這一折，文曰：

> 「齊莊公出獵，有一蟲舉足將搏其輪，問其禦曰：此何蟲也？對曰：此所謂螳螂者也。其為蟲也，知進而不知卻，不量力而輕敵。莊公曰：此為人而必為天下勇武矣！迴車而避之。勇武聞之，知所盡死矣。」（《人間訓》）

　　這裏講的，也屬於禮的範圍，只不過它是古人著意做出來的一種高姿態，是朝向萬物（弱勢而勇敢）的姿態。而這是會帶來實效

的，古人認定了這一點。也就是說，這些統一都屬於為人的學問。所以齊莊公避一螳螂而勇武歸之，這就是實實在在的回報。所謂人間者，其實就是人類怎樣打造自己、應該如何打造自己，包括倫理的打造、道德的打造，等等。《淮南子》之書，就是要講明自處之術。

第二節　正統理論

董仲舒的學說，其地位毋庸贅言。案《四庫全書總目》云：

「漢董仲舒撰。繁或作蕃，蓋古字相通。其立名之義不可解。《中興館閣書目》謂「繁露」冕之所垂，有聯貫之象。《春秋》比事屬辭，立名或取諸此，亦以意為說也。其書發揮《春秋》之旨多主公羊，而往往及陰陽五行。考仲舒本傳，蕃露、玉杯、竹林皆所著書名，而今本玉杯、竹林乃在此書之中，故《崇文總目》頗疑之，而程大昌攻之尤力。今觀其文，雖未必全出仲舒，然中多根極理要之言，非後人所能依託也。是書宋代已有四本，多寡不同。至樓鑰所校，乃為定本。鑰本原闕三篇，明人重刻，又闕第五十五篇及第五十六篇首三百九十八字，第七十五篇中一百七十九字，第四十八篇中二十四字，又第二十五篇顛倒一頁，遂不可讀。其餘譌脫，不可勝舉。蓋海內藏書之家，不見完本三四百年於茲矣。今以《永樂大典》所存樓鑰本詳為勘訂，凡補一千一百二十一

字，刪一百二十一字，改定一千八百二十九字，神明煥然，
頓還舊笈。雖曰習見之書，實則絕無僅有之本也。倘非幸遇
聖朝右文稽古，使已湮舊籍復發幽光，則此十七卷者，竟終
沈於蠹簡中矣。豈非萬世一遇哉！」又曰：「案《春秋繁露》
雖頗本《春秋》以立論，而無關經義者多，實《尚書大傳》、
《詩外傳》之類。向來列之經解中，非其實也。今亦置之於
附錄。」（《春秋繁露》十七卷，《永樂大典》本）

由此可見，《永樂大典》之功偉矣！案董氏之學嚴格整齊地串
在陰陽五行類上，這個在《春秋繁露》中表現得非常明顯、直接。
《陰陽義》曰：

「天地之常，一陰一陽。陽者天之德也，陰者天之刑也。跡
陰陽終歲之行，以觀天之所親，而任成天之功，猶謂之空空
者之實也。故清凓之於歲也，若酸鹹之於味也，僅有而已矣。
聖人之治，亦從而然。天之少陰用於功，太陰用於空。人之
少陰用於嚴，而太陰用於喪。喪亦空，空亦喪也。是故天之
道，以三時成生，以一時喪死。死之者，謂百物枯落也。喪
之者，謂陰氣悲哀也。天亦有喜怒之氣，哀樂之心，與人相
副，以類合之，天人一也。春，喜氣也，故生。秋，怒氣也，
故殺。夏，樂氣也，故養。冬，哀氣也，故藏。四者天人同
有之，有其理而一用之。與天同者大治，與天異者大亂。故
為人主之道，莫明於在身之與天同者而用之。使喜怒必當義
乃出，如寒暑之必當其時乃發也。使德之厚於刑也，如陽之
多於陰也。是故天之行陰氣也，少取以成秋，其餘以歸之冬。
聖人之行陰氣也，少取以立嚴，其餘以歸之喪。喪，亦人之

冬氣。故人之太陰，不用於刑，而用於喪。天之太陰，不用於物，而用於空。空亦為喪，喪亦為空，其實一也，皆喪死亡之心也。」

實際上，陰陽也同樣有一個共別的問題，真正的共就是陰陽，像什麼少陰太陰、少陽太陽，等等，這些都是別。因為我們完全可以說，男女是「性陰性陽」，這是沒有問題的。所以，根據古人萬物一陰陽的道理，陰陽就是一個大共，而各事各物就是一些大別。從這裏我們可以看到，對人情之「節序」，各代的具體方案是有所懸殊的。先秦儒家講中庸，是說要人樂合一。也就是說，人的七情六欲要像音樂本身那樣，當出則出，不當發則止。而到了董仲舒這裏卻是講天人合一，比如說人的情慾、好惡要像四時一樣，當發則發、不當則止，不能亂了時序、節序。而理學時代，又變成了理人合一，就是：當理則發，不當理則止。顯然，在這個（　）裏，或者填樂、禮樂，或者填天，或者填理，但無論是講中庸還是講「義宜」，儒家的意思都是高度一貫、統一的，只不過這其中有一個歷史過程罷了。這就是儒家思想學說的「歷史程象」。在董仲舒那裏還是實體化的，到了理學時代就更加虛化、一般了。由人必須遵守天變成了直接的必須遵守理，誠如先秦時代所強調的必須遵守禮樂那樣，所有這些，都是對天子、諸侯、皇帝、帝王，也就是治者的限制。從禮人、樂人到天人，再到理人，這是一個完整的過程和經過，這就是儒家學說的完整的流變。但是，如果在（　）裏填寫的是「意見」，誠如戴震所說的那樣，變成了意人合一，變成了意見人，那麼殺人之事也就在所難免了。所以說，天理天理，不是平白無故的。理學講求的心性修養，上古都放在質實的喪禮中了。所謂

三年喪，與所謂心性者，兩者之間就有虛實的分別，從這裏我們就能看到儒學的歷史演變。

前面說過，董仲舒的學說都是串在陰陽上展開的，所以有時候只需要表列一下就很清楚了，根本用不著復述。比如這裏，董仲舒認為陰陽是天地之常，那麼也就等於說，只有陰陽才是真正的常道。由此，我們羅列表達就是：

> 陰：地、刑、功、空、嚴、喪、枯落、悲哀、秋、怒、殺、冬、哀、藏、寒、少陰、太陰……

> 陽：天、德、春、喜、生、夏、樂、養、暑、少陽、太陽……

這就是說，春、夏、秋是成生的，春生、夏長、秋成，然後是冬殺，所以只是冬季一季死喪。天人對應，其實就是類的對應，天人關係就是類的關係，也就是合類、類合。所謂天人一也，也就是一而分殊的道理，即共一分殊。無論天還是人，都只是具體的別。這兩個別（天、人），它們有著共一的類。其所共者，就是陰陽。所謂天人相副，也就是「副合」。天、人有一個同有的關係，這就是理有，所以人應該充分利用它，也就是用天之道，即「用同」，利用與天之相同。這裏特別值得注意的，是董仲舒關於死喪的說法。他認為，刑殺與死喪都屬陰，但是在分派上是死喪多而刑殺少。因為根據天則，乃是物功少而虛空多。死喪正是與空相對應的。照這個解釋和說法，儒家的治術理論就有了先天的依據。比如說儒家是以居喪、治事為要的，尤其是先秦儒，像什麼三年喪、喪服制，等等，都是以孝治天下的意思。所以，刑罰是閒置不用最好。儒道以喪禮、孝悌為治，統理天下，要講信修睦，而不主刑殺懲罰，不

主張刑治，所以每每指斥秦制。這樣，喪多刑少之論，便有了「法天」的根據。畢竟宇宙是虛空多，而生成的事物少。所以用喪禮為治，也就是一種用虛用空之道。這與漢初崇黃老、尚虛無，以無為治、養天下是一貫的。像董仲舒這樣的大儒，在歷史中頗為獨特。應該說，空之與喪，其實一也。在這裏，我們把天、人的對應關係也表列一下：

> 天：功、空、枯落、春、秋、春、秋、夏、冬、夏、冬、時、
> 　　寒暑、發、陰氣、秋、冬……

> 人：嚴、喪、死喪、喜、怒、生、殺、樂、哀、養、藏、義、
> 　　喜怒、出、刑罰、嚴、喪……

可以很清楚，天人的對應是無窮無盡的，只要想得出。這種簡單對應，就是陰陽二分組。剖為兩邊，然後規則排列。而陰陽就是知識體例——知道了陰陽，也就等於全知全能。這樣的例子，在《春秋繁露》中隨處可見，陰陽起到了一個貫穿、統領的作用。《基義》曰：

> 「已物必有合。合，必有上，必有下；必有左，必有右；必
> 有前，必有後；必有表，必有裏。有美必有惡，有順必有逆，
> 有喜必有怒，有寒必有暑，有晝必有夜，此皆其合也。陰者
> 陽之合，妻者夫之合，子者父之合，臣者君之合。物莫無合，
> 而合各有陰陽。陽兼於陰，陰兼於陽；夫兼於妻，妻兼於夫；
> 父兼於子，子兼於父；君兼於臣，臣兼於君。君臣、父子、
> 夫婦之義，皆取諸陰陽之道。君為陽，臣為陰；父為陽，子
> 為陰；夫為陽，妻為陰。陰道無所獨行，其始也不得專起，

其終也不得分功,有所兼之義。是故臣兼功於君,子兼功於
父,妻兼功於夫,陰兼功於陽,地兼功於天。舉而上者,抑
而下也。有屏而左也,有引而右也;有親而任也,有疏而遠
也。有欲日益也,有欲日損也,益而(其)用而損其妨。有
時損少而益多,有時損多而益少。少而不至絕,多而不至溢。
陰陽二物,終歲各壹出。壹其出,遠近同度而不同意。陽之
出也,常懸於前而任事;陰之出也,常懸於後而守空處,而
見天之親陽而疏陰,任德而不任刑也。是故仁義制度之數,
盡取之天。天為君而覆露之,地為臣而持載之;陽為夫而生
之,陰為婦而助之;春為父而生之,夏為子而養之;秋為死
而棺之,冬為痛而喪之。王道之三綱,可求於天。天出陽,
為暖以生之;地出陰,為清以成之。不暖不生,不清不成。
然而計其多少之分,則暖暑居百,而清寒居一。德教之與刑
罰,猶此也。故聖人多其愛而少其嚴,厚其德而簡其刑,以
此配天。天之大數,必有十旬。旬,天地之數,十而畢舉。
旬,生長之功,十而畢成。天之氣徐,乍寒乍暑,故寒不凍,
暑不暍,以其有餘徐來,不暴卒也。易曰:履霜堅冰,蓋言
遜也。然則上堅不踰等,果是天之所為,弗作而成也。人之
所為,亦當弗作而極也。凡有興者,稍稍上之,以遜順往,
使人心說而安之,無使人心恐。故曰:君子以人治人,懂能
願,此之謂也。聖人之道,同諸天地,蕩諸四海,變易習俗。」

　　這就是必字話語,必有……。顯然,這裏講了古人十數制的觀
念。什麼是功呢?相對於空而言。像生長萬物、生成萬物、生養萬
物,這些就是天地之功,而與此相對的就是空。這就是說,四季的

來去都是慢慢的、有緩衝餘地的，萬物完全能夠反應過來，跟得上，並且適應之。所以，天地待物頗為厚道，因此人類政治也應該待物厚道，不宜搞「突然性」，那是暴政。所以，節奏與速度至關重要，也就是「時」。「合」在這裏是關鍵義，起著統領的作用。因為合就是二分組，兩兩相對、兩兩對應，是事實情況。正如我們舉列過的陰陽鏈，在這裏還有必要再重溫一下：

> 陰：下、右、後、裏、惡、逆、怒、寒、夜、妻、子、臣、地、
> 　　抑、疏、損、多、遠、刑、義、養、清、罰、嚴、恐……
>
> 陽：上、左、前、表、美、順、喜、暑、畫、夫、父、君、天、
> 　　舉、親、益、少、近、德、仁、生、暖、教、愛、悅……

所以，合是什麼呢？合就是陰陽關係。陰陽關係永遠是固定的，或者說是一定的。物莫無合，這就是說，萬物都是一個陰陽對稱而已。陰陽總在一起，所以說事物莫得獨行。董仲舒既然以陰陽為基義，其學可想而知。既然是陰陽，自然會周而復始。董仲舒說：

> 「天之道，終而復始。故北方者，天之所終始也，陰陽之所合別也。冬至之後，陰俛而西入，陽仰而東出，出入之處常相反也，多少調和之適常相順也。有多而無溢，有少而無絕。春夏陽多而陰少，秋冬陽少而陰多，多少無常，未嘗不分而相散也。以出入相損益，以多少相溉濟也。多勝少者倍入，入者損一，而出者益二。天所起一，動而再倍，常乘反衡再登之勢，以就同類，與之相報，故其氣相俠，而以變化相輸也。春秋之中，陰陽之氣俱相併也。中春以生，中秋以殺。由此見之，天之所起其氣積，天之所廢其氣隨。故至春少陽，

東出就木，與之俱生；至夏太陽，南出就火，與之俱暖，此
非各就其類而與之相起與？少陽就木，太陽就火，火木相
稱，各就其正，此非正其倫與？至於秋時，少陰興而不得以
秋從金，從金而傷火功。雖不得以從金，亦以秋出於東方，
倪其處而適其事以成歲功，此非權與？陰之行，固常居虛而
不得居實，至於冬而止空虛，太陽乃得北就其類，而與水起
寒。是故天之道，有倫、有經、有權。」（《陰陽終始》）

可以看到，各就其類、各就其正，才是這裏最關鍵的意思，實
際上就是正類。所謂倫者、類也，古人講人倫，其實就是對人的關
係進行分類，分類就是別同異，也就是對人的正類。沒有正人的工
作，人類生活就是亂的。董仲舒在這裏講的，很多都是基於經驗、
常識，所以顛撲不破。可以看到，這裏的論說及內容完全是以四時
和方位來配的。包括二十四節氣，等等，都可以視為一種陰陽推移
的過程。就像太極推手，綿綿不絕。所以，陰與陽在方向位置上的
出與入，與在時間上的出與伏，顯然是同一步調的，這是漢代學者
在象數解釋方面最直接的特點。比如說冬天一定要與北方相配，二
者老是搭配在一起。因為人們的印象也是——冬天北風呼呼吹，北
地冰雪寒冷。所以，從陰陽出入上來說，這時候顯然就是陰冷統治
一切，而陽已經潛伏起來了。由此舉一反三，都可以依此類推，時
間、空間上總是統一的。如果借用太極圖，我們就能夠理解得更方
便。好比黑白陰陽魚，從圖像上來說，它們的大小是可以伸縮的。
當白魚越來越大，白的越來越多時，也就表示陽在推進，陰在收縮。
直到整個太極圓全白時，也就是純陽、盛陽了。這時候，陰就伏藏
起來了，隱而不顯。然後是陰慢慢回復：先出現一點黑的，然後越

來越多、越來越大，直到陽完全隱沒，全黑了，這時候就是純陰、盛陰了。然後陽再慢慢回來，周而復始，反復推移。反過來也是一樣，都是一個來回推手的過程。然後宇宙萬象、一切，都在這種相推的過程中就位——自然物候各尋其位、各歸其位、各就各位。所以董仲舒講空，也就是空虛的意思。因為冬天的意象確實是空空如也的，白茫茫一片真乾淨，萬物伏藏，什麼也沒有，與春天萬物發蘇的景象截然相反。所以說太陰之象就是空，虛空屬陰。

陰陽所落實的時序與方位、方向和位置，董仲舒說得很清楚，曰：

> 「陽氣始出東北而南行，就其位也。西轉而北入，藏其休也。陰氣始出東南而北行，亦就其位也。西轉而南入，屏其伏也。是故陽以南方為位，以北方為休。陰以北方為位，以南方為伏。陽至其位而大暑熱，陰至其位而大寒凍。陽至其休而入化於地，陰至其伏而避德於下。是故夏出長於上，冬入化於下者，陽也。夏入守虛地於下，冬出守虛位於上者，陰也。陽出實入實，陰出空入空。天之任陽不任陰，好德不好刑如是也。故陰、陽終歲各一出。」（《陰陽位》）

可見，這裏面的搭配是非常整齊規則的，就是一個陰陽推移的過程。空與實相對，陽負責發生萬物，所以說天道任陽不任陰。董仲舒說終歲各一出，關於陰陽出入的問題，他講得很詳細。

> 「天道大數，相反之物也。不得俱出，陰陽是也。春出陽而入陰，秋出陰而入陽；夏右陽而左陰，冬右陰而左陽。陰出則陽入，陽出則陰入；陰右則陽左，陰左則陽右。是故春俱南，秋俱北，而不同道；夏交於前，冬交於後，而不同理。

竝行而不相亂，澆淆而各持分，此之謂天之意，而何以從事？
天之道，初薄大冬，陰陽各從一方來，而移於後。陰由東方
來西，陽由西方來東，至於中冬之月，相遇北方，合而為一，
謂之曰至。別而相去，陰適右，陽適左。適左者其道順，適
右者其道逆。逆氣左上，順氣右下，故下暖而上寒，以此見
天之冬右陰而左陽也，上所右而下所左也。冬月盡，而陰陽
俱南還，陽南還出於寅，陰南還入於戌，此陰陽所始出地入
地之見處也。至於中春之月，陽在正東，陰在正西，謂之春
分。春分者，陰陽相半也，故晝夜均而寒暑平。陰日損而隨
陽，陽日益而鴻，故為暖熱。初得大夏之月，相遇南方，合
而為一，謂之曰至。別而相去，陽適右、陰適左，適左由下，
適右由上，上暑而下寒，以此見天之夏右陽而左陰也。上其
所右，下其所左，夏月盡，而陰陽俱北還，陽北還而入於申，
陰北還而出於辰，此陰陽之所始出地入地之見處也。至於中
秋之月，陽在正西，陰在正東，謂之秋分。秋分者，陰陽相
半也，故晝夜均而寒暑平。陽日損而隨陰，陰日益而鴻，故
至於季秋而始霜，至於孟冬而始寒，小雪而物咸成，大寒而
物畢藏，天地之功終矣。」（《陰陽出入上下》）

可以看到，陰陽出入變動的節序和模型是固定的，就是始、中、
終三節，然後再進一步地細分，這樣分下去，可以分得很細，真有
一尺之捶的意思了。我們說，陰陽損益、均分，等等運動，都可以
借助陰陽魚的推移圖來直感地理解和把握。可見，節氣是直接從「陰
陽分」來的。所謂陰陽不得「俱」，這個意思應該怎麼去理會呢？
很簡單，這就是說，陰陽總是參差錯開的，否則陰陽就沒有意義了。

比如說男陽女陰，總不能說男女同時俱陰俱陽吧，那樣每個人就都成了陰陽人了。所以陰陽總是相對單行的，這種單行性，就是董仲舒所說的一。比如說，一個食物不能同時既燙又涼，它只能先燙後涼，或者先涼後燙（加溫中）。燙屬陽，涼屬陰，只有溫度是中性的：一個冷眼旁觀的度數。所以說陰陽總是對反的，總是配對。陰出陽入，陰起來了，陽必然收縮，陰起來本身就是陽收縮，這就像一回事而有兩個說法的關係。根據太極黑白陰陽魚推移圖，陰大了陽就小，陰小了就是陽大了，所以說總是一。我們習慣看到的陰陽太極圖，其實只是最規則對稱時候的情況，也就是所謂中分。董仲舒說竝行，只是把所有情況的總和相加起來說。從單位上講，陰陽其實是單行的，也就是「各持分」。合而為一謂之至，陰陽相半謂之分。我們看二十四節氣有至有分，像什麼秋分、冬至之類，其來源都是很明白的。諸如冬天為什麼地氣溫而不寒，夏天為什麼天氣再炎熱、地下都很涼，等等，董仲舒從陰陽原理上解釋得都很清楚。

最重要的一點，董仲舒是深知名理的儒者，就這一點來說，尚保持著先秦的遺風，這與董仲舒精研春秋學是分不開的。他說：

> 「治天下之端，在審辨大。辨大之端，在深察名號。名者，大理之首章也。錄其首章之意，以窺其中之事，則是非可知，逆順自著，其幾通於天地矣。是非之正，取之逆順；逆順之正，取之名號；名號之正，取之天地；天地為名號之大義也。古之聖人，謞而效天地謂之號，鳴而施命謂之名。名之為言鳴與命也，號之為言謞而效也。謞而效天地者為號，鳴而命者為名，名、號異聲而同本，皆鳴、號而達天意者也。天不言，使人發其意；弗為，使人行其中。名則聖人所發天意，

不可不深觀也。受命之君，天意之所予也。故號為天子者，宜視天如父，事天以孝道也；號為諸侯者，宜謹視所候奉之天子也；號為大夫者，宜厚其忠信，敦其禮義，使善大於匹夫之義，足以化也。士者，事也；民者，瞑也。士不及化，可使守事從上而已。五號自讚，各有分，分中委曲，曲有名。名眾於號，號其大全。名也者，名其別離、分散也。號凡而略，名詳而目。目者，徧辨其事也。凡者，獨舉其大也。享鬼神者號，一曰祭，祭之散名，春曰祠，夏曰礿，秋曰嘗，冬曰烝。獵禽獸者號，一曰田，田之散名，春苗，秋蒐，冬狩，夏獮，無有不皆中天意者。物莫不有凡號，號莫不有散名，如是，是故事各順於名，名各順於天，天人之際，合而為一，同而通理，動而相益，順而相受，謂之德道。詩曰：維號斯言，有倫有跡，此之謂也。」（《深察名號》）

由此可見，名為「理極」，也就是理的最大端，這是沒有疑義的。所謂端，就是指最前的，也就是最優先的。董仲舒的意思很明確，就是說：知名才是一切知的終極和歸宿。而名號是天經地義的，並不是人為的制定和虛擬，更不是捏造，雖然一切都要人來命名，但是有其必然限制，就是——只能這樣、只能如此、只能這樣命名。根據董仲舒的說法，名號最初都來源於聲音，聲出口為名，畢竟人類出現文字是很晚的事情，有很多人群一直沒有文字，只有語言，也就是靠說話聲交流。所以，對一個人群來說，最開始大家怎麼指稱一個事物，約定好了，就會一直沿用下去。因此，很多基本名的原始是極為古遠的。這種原始性本身就註定了名號的來源不可能是隨意的，因為上古生活的可能性有限，這是其一；另外，古人比現

代人虔誠，他們也更不容許隨意性，而更趨向於絕對性，這是其二。但最主要的還是形而上的原因，因為實是必然的，與實——對應的「指」是絕對的。如果人是隨意的，那麼只能說明人的無端，而絲毫損害不到事實本身的絕對性，所以人這一邊是不足考慮的。所有這些，都使得名號的地位無可置疑。如果是出於心術，那麼心術顯然無關乎學問，自然就更不考慮了。心術不是學問，不是知識本身，所以根據二分法，對一切事情我們首先要判明：它是心術、還是學問？如果是心術，而非單純的學識，那麼我們便不再予以考慮，而是以「人文情報」對待之，這就是所謂的明辨性。董仲舒講深察名號，就是要強調這一明辨性。所以說異聲而同本，講得非常清楚，這就是原始。所謂同本，就是都歸宿於那一個最根本的。無論語言是否相同，聲音是否相同，都要指向那一個，比如說竹子。包括動物的聲音、傳遞信號在內，比如動物召喚同類或者幼獸——這裏有食物，等等。這些都能說明：指性是一種必然的生物本性，是上天所賦，無可爭議，而這就是自然經義性。所以，一切後天形而下的，都以先天形而上為根據、所據，沒有例外，所以董仲舒說一切都是天意。根據他的天人分工論，天不言的，就要人替它說出來；天不做的，就要人替它幹出來。所以人是天心，人的言行，一切都與天對應，達成默契。除了人，天地並沒有格外的心、志、意，這是古人對宇宙的簡單看法。所以，名就是對天意的「道出」，因此必須深入地觀名。由此，董仲舒對所謂孝，首先也就從天、人上去說解之，成了「孝天」。號當然也是名意義上的，比如天子、諸侯、大夫，這些都是號，是專門化了的名位。士與民也是號，士是辦事的、具體做事的；而民則是聽從者。五——天子、諸侯、大夫、士、民，各有其分。而名與號的關係是怎樣呢？名就是「貶細無遺」的，號

就是只從大處說的。所以，名的基本性質就是——捶分，直到無可再分為止。所以名、號的分別，也就是舉大、舉細之不同，這裏就是所謂大全與詳細的關係。董仲舒所說的是非順逆，意思極明白，就是：順於天就對，逆天就不對，所以一切都不要反著來。

我們說，雖然董仲舒的學說在名理上沒有達到墨辯那樣的繁細的程度，但是它代表了儒家重名理的一路（繼荀子之後），這一路應該是儒家中的正路。董仲舒說：

> 「深察王號之大意，其中有五科——皇科、方科、匡科、黃科、往科。合此五科，以一言謂之王，王者皇也，王者方也，王者匡也，王者黃也，王者往也。是故王意不普（普）大而皇，則道不能正直而方。道不能正直而方，則德不能匡運周徧。德不能匡運周徧，則美不能黃。美不能黃，則四方不能往。四方不能往，則不全於王。故曰天覆無外，地載兼愛，風行令而一其威，雨布施而均其德，王術之謂也。」（《深察名號》）

由此看來，歷史中的各種名義，諸如兼愛、雨露恩澤、風吹草動等等，原來都是很常規、普通的詞語，什麼時候變成敏感詞的，就說明出了問題，因為助長一定是畸形的表現。董仲舒似乎是儒、墨名言不分，有雜家之嫌。其實這倒說明了漢儒的情況比較單純、純粹，相對來說比較樸素，像宋、明儒家，就有很多敏感的忌諱，而這正說明參雜的干擾因素反而多了，所以避忌也多。因此，這裏就有一個歷史經驗的問題，就是：是否能在外界僭奪的面前守住本己，也就是保持原來的、原本的、本來的我，這是大問題。所以，很多歷史研究者根據一個詞語，比如兼愛，等等，就妄度史實，恐

怕是很難可靠。因為有很多在後人看來「不得了」的跡象，在當時只是普通情況而已，並不特別、格外地說明什麼。歷史人文中的同異，不在於字眼，而在於整體語勢的差別。同樣是說兼愛的，彼此之間可以沒什麼關係，一切都是不一定的，這一點很奇妙。案「兼愛」亦作「兼受」，如果是這樣，便又生別解。董仲舒講的五科，其實就是「王德蒙被」的意思。王號是這樣，君號也是如此。

> 「深察君號之大意，其中亦有五科——元科、原科、權科、溫科、群科，合此五科以一言謂之君。君者元也，君者原也，君者權也，君者溫也，君者群也。是故君意不比於元，則動而失本；動而失本，則所為不立；所為不立，則不效於原；不效於原，則自委舍；自委舍，則化不行。用權於變，則失中適之宜；失中適之宜，則道不平。德不溫，道不平。德不溫，則眾不親安；眾不親安，則離散不群；離散不群，則不全於君。」（《深察名號》）

其實董仲舒在這裏所講的，就是一名多科、一言多科的情況。比如說王號，就包括皇、方、匡、黃、往等等，君號就包括元、原、權、溫、群等等，這種包含性結構，在墨辯中就很明顯。又比如，歷代學者解說「道」，就往裏面填塞了許多內容，填裝了大量的內涵。所以，道變得越來越複雜，幾不可曉。從董仲舒對君王的解釋就可以看出，儒學解詮在歷史中是有一個累加情況的，漢代是一個重要時期。我們不是說遠古的原始義就包括這些，而是視此為董仲舒的解釋，雖然他也不會就是第一個這樣解釋的人。對照君王之義來看，儒家至少強調了這樣幾點：一、君王是元首，是人極；二、君王要道德化被，也就是大學明德；三、君王要親民，要安人。所

以，董仲舒講的，明為解釋，實系限制。也就是說，君王要有一些個目標來約束自己。董仲舒說：

> 「名生於真。非其真，弗以為名。名者，聖人之所以真物也。名之為言真也。故凡百譏有黮黮者，各反其真，則黮黮者還昭昭耳。欲審曲直，莫如引繩；欲審是非，莫如引名。名之審於是非也，猶繩之審於曲直也。詰其名實，觀其離合，則是非之情不可以相讕已。今世闇於性，言之者不同，胡不試反性之名？性之名非生與？如其生之自然之資謂之性。性者質也，詰性之質於善之名，能中之與？既不能中矣，而尚謂之質善，何哉？性之名不得離質，離質如毛，則非性已，不可不察也！春秋辨物之理，以正其名；名物如其真，不失秋毫之末。」（《深察名號》）

董仲舒說得很清楚，真名，這是目標，也是座標。今世闇於性，是沒有把性與質的關係搞清楚。而且性就是生的意思，從漢字的字源關係上來看，性與生二者的關係很清楚。可見董仲舒是認為，人們對於性的認識久已不恰當了。所以他才要出來辯證，而董仲舒所憑藉的工具，就是名理的明辨性。我們看宋、明以後的儒家，雖然在討論問題上較董仲舒的時代更加細化，但是兩相對照就可以發現，宋、明儒的討論不是名理的，而是性理的。顯然，名就是真，所以正名就是「全真」。否則也就不是真名、談不到名了。名就是要「真物」的，「真」在這裏是一個動詞。闇昧的一旦反真，就變得昭然、清楚。曲直、是非、真假，這些都是陰陽二分組，它們都要靠一定的規矩、座標、參照來顯示。引名如引繩，說得很清楚。詰問名實，實情與真相便無從逃逸，這一詰名問實的原則，就註定

了「具體案例」的人文原則。董仲舒舉證說，現在說「性」的，各人的說法都不一樣。那麼，為什麼不反向、不回到性的名上去呢？實際上，這與後來的「由辭以通道」的原則是相通的。性名的初義，其初始確定是放在「生」這一義上的，所以董仲舒堅持性要從「質」上去理解，而不能是草率的講什麼性善。所以，我們總是說性質性質，在董仲舒那裏，這一層已經很清楚了。從名實論來說，質當然也是實，但是，如果這樣的實與「善名」對應上了、安排在一起了，無疑是名實錯位的。所以性善論所犯的，乃是一個基元性的名理常識錯誤。名實必須中肯的對應，像「善名」與「質實」的對應，顯然就是明顯不當的——名實錯位。性是要擱在質上講的，但是，如果性的名實發生了飄移，那麼也就不可能準確了。董仲舒進一步申說：

> 「栣眾惡於內，弗使得發於外者，心也。故心之為名栣也，
> 人之受氣苟無惡者，心何栣哉？」（《深察名號》）

這就是說，人心是有自我控制、調節能力的，心是有節制力的。因為人會把各種惡掩藏起來，比如人性中特別暴戾的東西，當然人心也會抗禦很多惡。從這裏來說，又怎麼可以講人性善呢？所以性善在名理上是不通的，更不符合經驗。董仲舒說：

> 「吾以心之名，得人之誠。人之誠，有貪有仁，仁貪之氣，
> 兩在於身。身之名，取諸天，天兩有陰陽之施，身亦兩有貪
> 仁之性；天有陰陽禁，身有情欲栣，與天道一也。是以陰之
> 行不得干春夏，而月之魄常厭於日光，乍全乍傷，天之禁陰
> 如此，安得不損其欲而輟其情以應天？天所禁而身禁之，故

曰：身猶天也。禁天所禁，非禁天也！必知天性不乘於教，
終不能桎。察實以為名，無教之時，性何遽若是？」（《深
察名號》）

天禁與禁天，字序之差，意思全反。很清楚，董仲舒既不是性
善論，也不是性惡論，而是性陰陽論，他是重「教」的。董仲舒在
這裏的說法很厲害，就是：人文的成果，一旦劃給了所謂性善，豈
不是貪人功為天有？歸人文之功而為性善所有，這是不要臉！對文
教就太不公平了。董仲舒說：

「故性比於禾，善比於米。米出禾中，而禾未可全為米也；
善出性中，而性未可全為善也。善與米，人之所繼天而成於
外，非在天所為之內也。天之所為，有所至而止。止之內，
謂之天性；質之外，謂之人事。事在性外，而性不得不成德。
民之號，取之瞑也。使性而已善，則何故以瞑為號？以霣者
言，弗扶將則顛陷倡狂，安能善？性有似目，目臥幽而瞑，
待覺而後見。當其未覺，可謂有見質而不可謂見。今萬民之
性，有其質，而未能覺。譬如瞑者待覺，教之然後善。當其
未覺，可謂有善質，而不可謂善。與目之瞑而覺，一概之比
也。靜心徐察之，其言可見矣。性而瞑之未覺，天所為也，
效天所為，為之起號，故謂之民，民之為言固猶瞑也，隨其
名號以入其理，則得之矣。是正名號者於天地，天地之所生，
謂之性情，性情相與為一瞑，情亦性也。謂性已善，奈其情
何？故聖人莫謂性善，累其名也。身之有性情也，若天之有
陰陽也。言人之質而無其情，猶言天之陽而無其陰也。窮論
者無時受也。名性，不以上，不以下，以其中名之。性如繭、

如卵，卵待覆而為雛，繭待繰而為絲，性待教而為善，此之謂「真天」。天生民性，有善質而未能善，於是為之立王以善之，此天意也。民受未能善之性於天，而退受成性之教於王，王承天意，以成民之性為任者也。今案其真質，而謂民性已善者，是失天意而去王任也。萬民之性苟已善，則王者受命尚何任也？其設名不正，故棄重任而違大命，非法言也。春秋之辭，內事之待外者，從外言之。今萬民之性，待外教然後能善。善當與教，不當與性。與性，則多累而不精。自成功而無賢聖，此世長者之所誤出也，非春秋為辭之術也。不法之言，無驗之說，君子之所外，何以為哉？或曰：性有善端，心有善質，尚安非善？應之曰：非也。繭有絲而繭非絲也，卵有雛而卵非雛也，比類率然，有何疑焉？天生民有六經，言性者不當異，然其或曰性也善，或曰性未善，則所謂善者各異意也。性有善端，動之愛父母，善於禽獸，則謂之善，此孟子之善。循三綱五紀，通八端之理，忠信而博愛，敦厚而好禮，乃可謂善，此聖人之善也。是故孔子曰：善人，吾不得而見之，得見有常者，斯可矣。由是觀之，聖人之所謂善，未易當也，非善於禽獸則謂之善也。使動其端善於禽獸則可謂之善，善奚為弗見也？夫善於禽獸之未得為善也，猶知於草木而不得名知。萬民之性善於禽獸而不得名善，知之名乃取之聖，聖人之所命，天下以為正。正朝夕者視北辰，正嫌疑者視聖人。聖人以為無王之世、不教之民，莫能當善。善之難當如此，而謂萬民之性皆能當之，過矣。質於禽獸之性，則萬民之性善矣；質於人道之善，則民性弗及也。萬民之性善於禽獸者，許之；聖人之所謂善者，勿許。

　　吾質之命性者，異孟子。孟子下質於禽獸之所為，故曰性已
善；吾上質於聖人之所善，故謂性未善——善過性，聖人過
善。春秋大元，故謹於正名。名非所始，如之何謂未善、已
善也？」（《深察名號》）

　　由此可見，「名觀」與生成論是兩個不同的思維法。比如我們
可以說，繭不就是絲團成的嗎？為什麼繭就不是絲呢？這是典型的
生成論、構成論的思維。名觀不是這樣，名觀是捶分開的——繭就
不是絲，毛線團就不是毛線。實體的思維不適合於名觀，名是用來
「真物」的。董仲舒正是借用名理來考論心、性問題，這與宋儒形
成鮮明的對比。所以董仲舒說，用心之名，就能夠得人之誠。亦即
——把人的實情和真相洞透清楚。那麼，人的真相和實情是怎樣
呢？就是分為兩大端——仁和貪，此二者在人的身上一樣也不缺。
可以很清楚地看到，董仲舒的態度明顯還是偏向於「人性惡」一邊
的，這與他精研春秋學有關。因為春秋無義太甚，所昭示的黑暗面
太多，董仲舒當然容易倒向性惡觀一邊，政治人性本來如此。同時
也說明，但凡是精於名理的，傾向於「惡論」的可能性偏大，比如
荀子。像孟子，未必不知種種的性惡，但是他為什麼選擇性善一邊
立論，可能還是有某種意圖考慮罷。我們可以很清晰的看到這裏的
一組對稱——仁貪之氣與貪仁之性。顯然，性與氣的思想，到後來
的宋、明之學是大大強化了；但在漢儒那裏，早已提出了明確的總
則。貪、仁兩在、兩有於人，這都是先天陰陽規定的，無可逃避。
陰陽之動有損益，那麼對應於人，人的情欲也就應該有「損輟」，
這是一種管轄、節制，也就是禁。所以從名實情況來說，天性必須
有教化的導正，否則不能「就那麼地」良善了。所以，性善思想非

常的空疏,中間漏掉了很多環節。董仲舒用禾與米來譬喻性和善,完全是一種達意的方便,與牽強附會不同。他的意思無非是要說,善可不是現成的,真正的善是一個很難的事情。所以天、人的分工,乃是一個「接續」的關係,也就是「繼」。但凡不是天然現成的,就需要人去兌現。所以,天性與人事(人為)是一個關鍵的二分。很多人就是沒有搞清楚「為」的界限,所以董仲舒說,事在性外,這與理學家動輒講理、事關係,正可以對比(性、事與理、事)。所謂理外無事、事外無理,道外無事,事外無道,等等,都是根源問題。因此,「致善」無疑屬於人事,也就是——成德。

董仲舒說,民之名,當初命定的時候,就是取義「茫昧」,所以現成是根本談不到的,而「善性」(修繕人性)就是一個喚醒的過程。比如,「見質」與「見」(本身)就截然不同。質是那一能夠達成者、可能達成者,但還不是「達成」(既成)本身。民性也是如此,善質與善也是一樣。董仲舒說隨名以入理,這並不是說理要跟著名走,而是說:當初制名就是嚴格按照道理來的,所以還應該順著名回溯出這道理——把遺忘、弄混了的事情搞搞清楚。孟子說求放心,董仲舒這裏講的就是求放理。根據什麼求呢?根據名。所以,正名就是求放理。由此,性善之說的另一個不妥之處,就是它在名上的包袱太重,即所謂「累」,而這是完全沒有必要的。董仲舒講的名累,其實就是指名理上的包袱。如果按性善論去講,那麼,像情這樣的問題,其沉重、累贅之包袱,便都無謂地背負起來了,不僅吃力,而且於理乖張,顯然是最不優化的理論設計。這些問題,後來果然應驗在宋、明儒身上——由於他們的性善論思路和基調,宋、明儒在討論性、情問題時就越來越被動,處處捉襟見肘。如果說性善還有點模糊、模棱兩可,那麼說情善就太狂悖了。而性善的

路子，必然會帶出情善論，畢竟情亦性也——情也是人性中的內容和部分。所以，董仲舒是一位地道的「教論」者：一切都要靠王教去達成之。而且，這教是指對「中人」的，即上智、下愚之間的那一部分人。易云成之者性也，性就是能成的善質，即真質。所以有成性之教，這就是王教，這是董仲舒的王教思想。所以在董仲舒看來，性善思想不僅道理上有誤，而且是「無王無教」，這就上升得很嚴重了——無父無君意味著什麼？如果我們說：孟子的理論會導致無父無君，那麼這與他指斥楊、墨為禽獸，大概也差不多了。董仲舒動用了春秋的標準，就是法言——這是他的終極。董仲舒的標準是——內事之待外者，從外言之。所以，民性須待外在的教化引導才能夠善。對比董仲舒與孟子的思想，我們可以看到別同異之難。董仲舒放在教上講的，實際上只能引出、引向教育論和教育學，而孟子則是直指人性論的。所以從學問部門上說，在這裏，教育論與人性論的分轄，還沒有徹底交割清楚，足見問題之淆亂。有人主張應該歸屬於此部門的，另外一些人卻主張歸屬於彼部門，這裏面的糾纏、牽扯是不容易平定的。所以性、教之分，董仲舒切割得很明白，這正是他深於名理、善別同異的結果；也是春秋學大量史例、名例訓練的結果。董仲舒說得很明白，如果不從教而從性上面去擺論問題，那麼結果必然是——不僅歷史學說思想理論的包袱越來越沉重，而且在道理上也會說不清楚，會很不精良，而有乖於理，流於狂悖。後來王學末流的狂禪化就很能說明問題，皆非儒學之正。董仲舒說得很明白，非法之言，無驗之說，都是被君子擯棄的。為什麼呢？因為非禮勿聽、非禮勿言。沒有驗證的言說，我們怎麼去理會呢？實際上，心、性、情、命、理，這些關鍵名目，董仲舒都——講到了。他說，之所以會有善與不善的分歧，是因為「異意」。

墨辯講過，通意而後對。意思都還沒有疏通，沒有對上，當然是什麼都談不到的了，無法言順。所以必須統一善的「言義」，通意而對。董仲舒說，各人之所謂善，意思其實是各不相同的，所以為了學說的言順，「意指」上必須一致化，也就是要疏導、疏通其意。

董仲舒對孟子的評價似乎很不高，他說孟子的善是一種低層次、淺層的善，所謂善於禽獸，就算是善了。而孔子講的善才真是聖賢之善，所以非常難。從這裏我們似乎能夠看到董仲舒尊孔抑孟的傾向，同時也看到儒家的道德門檻之高。這樣來看，善也成了一種輕重——善之上還可以更善，而不善的底線也是明白的。董仲舒說，善的層次有高低之分，正像「知」的層次分高低一樣。像知於草木，那是淺層之知，不算什麼。如果民性只是比動物性好些，也算不得什麼了不起的大善。真正的知，應該是那種可以作為至極座標、標準、準則、規矩、依據和根據的東西。如果只是比動物好一些就算數、我們就承認它，這要求也太低了；如果是以聖人的最高標準而論，我們就不能承認孟子所講的那種善。所以，董仲舒在這裏還是給出了一個臺階式的思維模子，也就是所謂春秋正名的標準法度。董仲舒說，對於名，還沒有追問它的初始開端，而就妄言、妄對——你是這個意思，他是那個意思，「臺階」（名階）都還沒有統一，怎麼能夠論定呢？所以我們必須考問每一個名、每一個言和義——這，就這，到底何所指？否則立論根本沒有基礎，因此必須「正基」。

我們說，董仲舒提到的民性善於禽獸，這個能否成為某種「可行性」呢？應該是可以的。因為下學上達，我們不能總是盯著至高不放，否則就會有一個忽略臺階、步驟、進級的問題。這就好比登泰山，如果只是眼睛盯著頂峰，沒有一級級的石階，峰頂是不可能

一飛而至的。所以，只要比動物強一點，不妨先做了再說。由此，道德完成就是一個基礎化的過程。儒家的道德要求之所以總是不能達到，與不恰當的「高」有直接關係，堪為歷史教訓。比如說，道德任務應該怎樣安排佈置？如果我們說，萬民、普通人一生只要做一件好事，他就完成了自己的道德任務，那麼，天下善行之總量就一定會很多，而不善則會減少。因為這裏的原則是──就有不就無。人的積極面，一定是由自己來「喚發」。所以，外在要求越多，內在要求越少；外在越少，內在越多，這是一個陰陽推移的關係。所以他律要低，自律要高。來自他律的難「驚」，自律必然萎縮。讀書就是這樣，自己想讀，學問才能日進。他人佈置、規定了要讀，便會不思向學了。這就是人性的依據，就是──只有是自己想的，才有可為性。善只有成為自己的，才能日日為善。如果是別人規定的，與己無關而外於己，就不會再有道德興趣了。所以，從過去的人文史來論，善都是用來要求別人的，而不是自己。所以在善的問題上，首先人我之別要確正清楚，否則只是糾纏。

董仲舒關於性與善的關係的思想是非常明確的，他說：

> 「孔子曰：名不正則言不順，今謂性已善，不幾於無教，而如其自然，又不順於為政之道矣。且名者性之實，實者性之質，質無教之時，何遽能善？善如米，性如禾，禾雖出米，而禾未可謂米也。性雖出善，而性未可謂善也。米與善，人之繼天而成於外也，非在天所為之內也。天所為，有所至而止，止之內謂之天，止之外謂之王教。王教在性外，而性不得不遂，故曰：性有善質，而未能為善也。豈敢美辭，其實然也。天之所為，止於繭、麻與禾──以麻為布，以繭為絲，

以米為飯，以性為善，此皆聖人所繼天而進也，非情性質樸之能至也，故不可謂性。正朝夕者視北辰，正嫌疑者視聖人，聖人之所名，天下以為正。今按聖人言中，本無性善名，而有善人吾不得見之矣。使萬民之性皆已能善，善人者何為不見也？觀孔子言此之意，以為善難當甚；而孟子以為萬民性皆能當之，過矣。聖人之性不可以名性，斗筲之性又不可以名性。名性者，中民之性。中民之性如繭、如卵，卵待覆二十日而後能為雛，繭待繰以涫湯而後能為絲，性待漸於教訓而後能為善。善，教訓之所然也，非質樸之所能至也，故不謂性。性者宜知名矣，無所待而起、生而所自有也。善所自有，則教訓已非性也。是以米出於粟，而粟不可謂米；玉出於璞，而璞不可謂玉；善出於性，而性不可謂善。其比多在物者為然，在性者以為不然，何不通於類也？卵之性未能作雛也，繭之性未能作絲也，麻之性未能為縷也，粟之性未能為米也。春秋別物之理，以正其名。名物必各因其真，真其意也，真其情也，乃以為名。名霣石則後其五，退飛則先其六，此皆其真也。聖人於言，無所苟而已矣。性者，天質之樸也；善者，王教之化也。無其質，則王教不能化；無其王教，則質樸不能善。質而不以善性，其名不正，故不受也。」（《實性》）

顯然，不是正名，概不接受。董仲舒的性論以名學為基礎，這一點正是宋、明儒者所缺乏的——他們在名理基礎上很不夠。董仲舒在這裏是深刻的，他點出來的問題，顯然也是宋、明儒學的根節問題，就是「無教」。因為大談心性，而把教給送掉了（事實效果上），成

了致命的問題。由此看來，儒學要求的必須是一個全字，無論偏於哪一端都會造成解決不了的問題。我們看歷史中的儒學，這個時候，你這方面強；那個時候，他那方面強，總是參差的，難得其全，這是最大的問題。所以我們說，今後的儒學就是要集合起來，在全上下功夫，這是歷史的教訓。諸如心、性、情、命、理、教、道、制度等等，任何一端都不能偏廢、遺落，否則就會出問題。這個情況，從戰國儒下來，就已經很明顯了。像孟子，就是最典型的偏科者，非常不全。所以，如果一定要大而化之、籠而統之地給出一個字來概括，那就只能是全。唯有得其全、全面、大全，才能夠兼而不偏。宋、明之學，因為缺乏一個正名的基礎，所以最終是很難被接受的，凡不能正名的都不能接受，正名就是落實、確定下來。宋、明理學的性善論思路，是混淆了「有」與「既然」的關係。有什麼與現成的就是什麼，既、有之間，差別很大。簡言之，人文學問與要不出此二端——不是分別、就是混淆。分別就清楚、就真，混淆就模糊、就不真。而名理就是要幫助人分清楚、顯真。所以，性善決不是一種自然現成，不是自然而然就如此的，一定要靠人文經營。

董仲舒說的以聖人為標準，其實就是說孔子比孟子權威，所以要以孔子的意思為優先考慮。從性陰陽論而言，人性中有善，怎麼能沒有惡呢？那樣不是偏陰偏陽了嗎？所以是不合情理的，是有悖於事實的。其實惡才是這個世界真正的原動力，就像人體必須有一些髒東西作為抗體，否則人就要病倒一樣。董仲舒為了達意的方便，舉了很多比方。好比禾與米的關係，雖然米是最後的果實，但是不能說禾就是米、米就是禾（白馬非馬，禾非米），否則，人為什麼不直接吃禾，而還要費力氣去種、去加工呢？可見，「相關」不等於「相是」。很多人就是因為分不清相關性與相是性，所以名

理上總是不通。性與善的關係，正如禾與米的關係一樣。性中有善，含著善的消息，但還不能說性就是善、或者善的。性與善相關，但不相是，這就是名學的同異法則。米要靠人去辛勤耕種，善同樣要靠人辛勤培養，決不是天上掉下來的。所以，董仲舒是側重人為性這一邊的，這與他是春秋學大師有關——春秋就是要追究「名事」，所以董仲舒能夠諳熟名理、直徹本源，這從他論陰陽就看得出來。

董仲舒對天的定說也很明白，他認為，天也是一種為，但天是有所止的為，天會在一定的地方停下來。比如說，車、船不可能是天生的。因此，在這裏，「止」之一義是非常關鍵的。這個止，關涉到天、人分工，決定了儒家的人文方向，而不是宗教方向。因為人為性是永遠不會停止的，這是人為有別於天為的地方，所以人文性也就是人為性。就像古人以「形」分上下一樣，這裏也是以天分內外。有形而上、形而下，也有天而內、天而外。天之外，就劃給了人。所至而止，就是說，到了一定的地段，它就會停下來。董仲舒講的王教是指政教人文，所謂性與天相應，人與教相應，所以天人性教便有性內、性外之分。這裏就是天、人、性、教的搭配，不是理學那種性善的簡單路子。所以說性有善質，要靠人把它「種」出來。禾裏面有米的消息，卵裏面有雛的消息，性裏面有善的消息，如此而已。

凡相異者，彼此都不能相是，所以白馬非馬之教是極為嚴格的，絲毫不許混雜。性與善就是這樣，這是實然的。所以董仲舒說，以性為善（用性做善），就像以米為飯、以麻為布、以繭為絲一樣樸實，是不煩糾纏的。所以說成之者性也，說的也只是一個「有」。如果性中沒有「這個」，一切就都談不到了。比如畫畫，如果天性中沒有能畫和喜歡畫的性，如何又能畫畫並畫出來呢？所以天、人是一個相加的關係——人要在天停下來的地方繼續走下去。孔子只

說到性近為止,又說善人少,可見善是很不容易的。宋、明學者一談性,就把善搞得輕易了,由篤實進入了把玩。董仲舒說,卵要孵化才能變成雛鳥,但是雞蛋本身並不是雞,沒有受過精的蛋就變不出雞。我們現在說生物的資訊、生命的資訊都在蛋中,董仲舒舉這個例子,意思也一樣明白,就是:一切都包含在「有」中。所以有善質與就是善,兩者很懸殊。善只是所然,而不是所以然,善是「教訓」的所然,它只是一個結果,是效果和成果,是結果意義上的東西。而性卻是無待而自有的,也就是說,是絕對的。玉石在加工出來以前,不能說就是玉,因為玉是指現成和既成的東西,不是指原材料。董仲舒認為,人們把性與善的關係混淆不清,乃是因為不知類。為什麼董仲舒的分辨力高呢?因為研究春秋的人接觸的案例多,接觸案例多的,於理就明白,這就是刑、名關係。所以說,春秋別物之理以正名,名物必因真,正是這樣。所以名言、言義是不能苟且的。性只是一個簡單的天質,它包含一切可成的消息,但性本身是樸態的,所以《大學》講琢磨玉,已經表示了儒家對性的態度。

這就是董仲舒對性善的定說和正名。

第三節　學說正名

漢代總結性的著作很多,《白虎通》就是典範。尤其是對各種名號的確正,更具有為後世垂範、立法的味道。案《四庫全書總目》稱《白虎通義》,

「漢班固撰。《隋書經籍志》載，《白虎通》六卷，不著撰人。《唐書藝文志》載《白虎通義》六卷，始題班固之名。《崇文總目》載《白虎通德論》十卷，凡十四篇。陳振孫《書錄解題》亦作十卷，云凡四十四門。今本為元大德中劉世常所藏，凡四十四篇，與陳氏所言相符。知《崇文總目》所云十四篇者，乃傳寫脫一四字耳。然僅分四卷，視諸志所載又不同。朱翌猗《覺察雜記》稱，《荀子》注引《白虎通》天子之馬六句，今本無之。然則輾轉傳寫，或亦有所脫佚。翌因是而指其偽撰，則非篤論也。據《後漢書》固本傳，稱天子會諸儒講論五經，作《白虎通德論》，令固撰集其事。而《楊終傳》稱，終言宣帝，博徵群儒，論定五經於石渠閣。方今天下少事，學者得成其業，而章句之徒，破壞大體，宜如石渠故事，永為世則。於是詔諸儒於白虎觀論考同異焉。會終坐事繫獄，博士趙博、校書郎班固、賈逵等，以終深曉《春秋》，學多異聞，表請之，即日貰出。《丁鴻傳》稱，肅宗詔鴻與廣平王羨及諸儒樓望、成封、桓郁、賈逵等論定五經同異於北宮白虎觀，使五官中郎將魏應主承制問難，侍中淳於恭奏上，帝親稱制臨決。時張酺、召馴、李育皆得與於白虎觀，蓋諸儒可考者十有餘人，其議奏統名《白虎通德論》，猶不名通義。《後漢書儒林傳序》言，建初中，大會諸儒於白虎觀，考詳同異，連月乃罷。肅宗親臨稱制，如石渠故事，顧命史臣，著為通義。唐章懷太子賢注雲即《白虎通義》，是足證固撰集後乃名其書曰通義。唐志所載，蓋其本名。《崇文總目》稱《白虎通德論》，失其實矣。隋志刪去義字，蓋流俗省略，有此一名。故唐劉知幾《史通》序引

《白虎通》、《風俗通》為說。實則遞相祖襲，忘其本始者
也。書中徵引，六經、傳記而外，涉及緯讖，乃東漢習尚使
然。又有王度記、三正記、別名記、親屬記，則禮之逸篇。
方漢時崇尚經學，咸兢兢守其師承，古義舊聞，多存乎是，
洵治經者所宜從事也。」（《白虎通義》四卷，通行本）

這裏介紹來龍去脈很清楚。案《白虎通》曰：

「帝王者何？號也。號者，功之表也——所以表功明德，號
令臣下者也。德合天地者稱帝，仁義合者稱王，別優劣也。
《禮記諡法》曰：德象天地稱帝，仁義所生稱王。帝者天號，
王者五行之稱也。皇者何謂也？亦號也。皇，君也、美也、
大也。天人之總，美大之稱也。時質，故總稱之也。號言為
帝何？帝者，諦也，象可承也。王者，往也，天下所歸往。
《鉤命決》曰：三皇步，五帝趨。三王馳，五伯騖。號之為
皇者，煌煌人莫違也。煩一夫，擾一士，以勞天下，不為皇
也。不擾匹夫匹婦，故為皇。故黃金棄於山，珠玉捐於淵，
岩居穴處，衣皮毛，飲泉液，吮露英，虛無寥廓，與天地通
靈也。」（《號》）

可見，帝王者乃是最高的尊稱，實際上就是最上的名分，是一
種從上而下的設定，是要表明德於天下的。這裏帝與王二號又進一
步地捶分開了，更清楚地別同異。帝與天地相配，王與仁義、五行
相配。我們說，漢代白虎觀的高層會議，對最高名分重新做一番安
排、正定，這也沒什麼奇怪的。顯然，這是帝制時代為後世重立法
度、把家法固定下來的必要環節。至於皇，解為美、大之稱，顯然

也是一個包羅性的設定。我們知道，皇、帝、王，在歷史中可以說是核心的三元，都是指最高君主。但是正如我們所劃分的，天子制的時代，也就是中夏邦國時期，王無疑是最高之稱，比如《春秋》春王正月之類，就能夠說明這一點。至秦始皇創立帝制，為始皇帝，皇帝之名才成為帝制時代之「定名」、「定分」。《白虎通》當然是從義理上去講，但我們不能不有歷史的補充。所謂諦，就是審諦的意思。這就是說，最高君主應該象天以行事，事事都要審慎、諦當，須處處當理，也就是行天道。法象天地就是行天道，這是人文的古義，本來是很質實的。所謂王者，就是天下歸往的意思——普天下的人都歸往於他，正所謂天下歸心，當然是盛德明王了。以至於《古微書文耀鉤》說：「王者，往也。神所嚮往，人所樂歸。」

　　這裏很有意思的是，所謂步、趨、馳、騖者，一個比一個急，一個比一個快。最開始還是悠閒散步，到後來簡直恨不得飛了。這個譬喻說明什麼呢？說明世愈降，德愈卑而政愈促。其實這就是人文史的真實進程——最開始人類生活是很舒緩的，到後來就越來越快，喘不過氣來。所以漢代實行無為而治，正是對秦代的一個反動。秦讓所有人透不過氣來，於是天下覆之，入漢便施行悠閒政治，國人始得休息。由此《白虎通》才能有那樣的政治高調，說什麼煩一人、擾一民，不為也。這已經大有墨家「殺一不辜而不為也」的味道了。應該說，這種精神和原則直接寫進國家官方的憲章、綱領，也算是不簡單了。正是此類精神姿態，成為中夏人文政教最終不倒的脊樑。十分清楚，《白虎通》的命義，顯然有直接指對秦亡之教訓的地方。比如對皇的解釋，就說明了這一點。漢人能夠懷上古寥廓的景象，說黃金珠玉而捐棄之，這番虛無恬淡的情景，實在令人神往啊！

所謂號，其實是對皇、帝、王的正名。《白虎通》所講的，其實都是各種規矩和限制，可謂滴水不漏，鐵板一塊，相當嚴整。比如論教，說：

> 「王者設三教者何？承衰救弊，欲民反正道也。三正之有失，故立三教，以相指受。夏人之王教以忠，其失野，救野之失莫如敬。殷人之王教以敬，其失鬼，救鬼之失莫如文。周人之王教以文，其失薄，救薄之失莫如忠。繼周尚黑，制與夏同。三者如順連環，周而復始，窮則反本。」（《三教》）

所謂三教、三正者，其實都與夏、商、周三代有關。像周以十一月為正，殷以十二月為正，夏以十三月為正，等等。三正，一說當作三王，亦可通。三世循環論，是漢代思維的一大特點。究其原因，可能還是因為處在歷史的早期，去三代未遠，「後代」都還沒有出現，所以不那麼思維、也那麼思維了。因此，越是處於歷史後期的（其前代越多的），思考上越是紛繁不同，此理數之常也。實際上，《白虎通》在這裏講的就是「序代」問題。我們說有序卦、序詩、序文，等等，什麼都有一個序，所以三代之興替、損易，也必須序之。從這裏，我們其實可以反省一個問題，就是所謂的師表孔子，身為周人，到底是文還是忠呢？比如晏子、墨子等人都說孔子不忠，為時代佞人。我們說，孔子的主要性質，無疑還是天然的偏於文的，而於忠有所失。這正是周代尚文而有失於忠的症候，所以《論語》中講為人謀而不忠乎的，是曾子。即便是夫子之教，夫子本人也未必做到。

> 「孔子曰：夏道不亡，商德不作。商道不亡，周德不作。周道不亡，春秋不作。」（《說苑君道》）

周而復始，公羊家之說就是這樣的。所以，忠、敬、文三元，也就是教忠、教敬、教文，可以說就是忠教、敬教、文教。教在中國完全是教化的意思，政治教化，沒有宗教的走向，是地道的倫教和德教。那麼，與之相對的野、鬼、薄，當然就在摒棄之列了。孔子說，文勝質則史、質勝文則野，惡野哭而遠鬼神，不語怪、力、亂，等等，其實都是一貫的。所謂抉擇三代而損益之，最後從周，這說明孔子生性還是最認同於文。所以禮文之節，才是孔子思想真正的魂魄。漢代繼周尚黑，其制與夏同。所謂窮則變，其實真正的說法應該是窮則反，因為反就是真正的變通，而這就是連環之義。這裏有一個說法，就是黑色對應水，而紅色對應火。古人認為，水滋養萬物，故吉祥；而火燒毀、焚盡一切，故災殃。所以尚黑之世較好，而尚赤之世多亂。比如大明朝是朱紅色，所以亂七八糟，猛烈多難。而清朝是水，所以承平較久，治理較優。漢朝也不錯，當然這些都是相對的，因為漢代的酷吏也很多。案《白虎通》云：

> 「《樂稽耀嘉》曰：顏回尚三教，變虞、夏何如？曰：教者，所以追補敗政，靡弊涸濁，謂之治也。舜之承堯，無為易也。或曰：三教改易，夏後氏始。高宗亦承弊，所以不改教何？明子無改父之道也。何以知高宗不改之？以周之教承以文也。三教所以先忠何？行之本也。三教一體而分，不可單行，故王者行之有先後。何以言三教並施，不可單行也？以忠、敬、文無可去者也。」（《三教》）

可見，忠、敬、文是三教一體的，沒有可以省略、去掉的部分。所謂教者，就是為了彌補、挽救壞政治的，這一點說得很清楚。其實夏禹這個人，說起來是天下為公，平治洪水，但事實上卻很會為

自家打算、謀劃，包括三過家門不入的故事，真應了老子此二者同出而異名的明斷。上古政治的好多改易都是從夏禹開始的，誠如不貪小利的人並不是為了道德，而是出於深遠。連劉邦這樣的小民也知道不動阿房宮的東西，所以，常人往往沒有分清深遠與道德二者。如果感情幼稚，就很容易被一些廉價的跡象所感動，而政治正好利用這種東西。所以正名別同異是多麼必要，也就不言自明瞭。後代直承前代的政治和法度，有利也有弊，要看具體情況而定。像清代直承明制，就省去了很多不必要的彎路，歷史資源高度、充分地利用了。但是，如果秦當初不變天子封建制為帝制，可能歷史的無謂循環就還要拖下去，因為古代世界要想和平整合幾乎是不可能的，那個時候協商政治絕對競爭不過軍國政治。殷代高宗中興，無改於父之道，顯然是政治上的孝，但也是必然的，這就好像沒有自易其姓的道理一樣。歷史中的王朝能夠中興的絕少，往往是一衰便不能復振。殷代的情況，可能還是因為處於人文史的早期，所以能夠比較從容地迴旋。所謂忠為眾行之本，這本身說明什麼呢？《論語》云夫子之道，忠恕而已，忠為行本，說明所謂的道德規範，不是憑空拿出來的，不是人為擬定、制定的方案，而是因於和本於歷史的沿革。因此，道德名目並不簡單的就是一種前代遺留，可能還要序名（序德、序德名）。所以說，道德皆史，正如這裏的忠、敬、文表示三代「史序」一樣。所以，歷史與道德的同異關係也必須正別清楚。所以說，忠首先是歷史，然後為道德規範。道德學與史學的關係亦在其中。《三教》云：

> 「教所以三何？法天、地、人。內忠、外敬、文飾之，故三而備也。即法天、地、人各何施？忠法人，敬法地，文法天。

> 人道主忠，人以至道教人，忠之至也。人以忠教，故忠為人
> 教也。地道謙卑，天之所生，地敬養之，以敬為地教也。」

這是以天、地、人來與三教配，而忠對應的是人教。

> 「教者，何謂也？教者，效也。上為之，下效之。民有質樸，
> 不教而成。故《孝經》曰：先王見教之可以化民。《論語》
> 曰：不教民戰，是謂棄之。《尚書》曰：以教祇德。詩云：
> 爾之教矣，欲民斯效。」

> 「忠形於悃忱故失野，敬形於祭祀故失鬼，文形於飾貌故失
> 薄。」（《三教》）

上古民風樸厚，人心中的機關尚不發達，故而忠最先發育。從這裏
我們可以看到，教就是德教、從上而下的教化，包括軍事教育，教
民戰守，等等，分文武兩道，包括很廣。而更明顯的是，老子和孔
子講的，在這裏似乎有一個綜合。比如孔子總是說質勝文則野，敬
鬼神而遠之；老子總說忠信之薄，等等。我們從野、鬼、薄等名目，
就能夠把握到一點：所有這些，不僅能反映歷史中儒、道的關聯事
實，而且可以清楚地看到它們的人文來源和針對性。我們說，《白
虎通》乃係為後世立法之書，這一點從論綱紀就能夠說明。《三綱
六紀》云：

> 「三綱者，何謂也？謂君臣、父子、夫婦也。六紀者，謂諸
> 父、兄弟、族人、諸舅、師長、朋友也。故《含文嘉》曰：
> 君為臣綱，父為子綱，夫為妻綱。又曰：敬諸父兄，六紀道
> 行，諸舅有義，族人有序，昆弟有親，師長有尊，朋友有舊。

何謂綱紀？綱者，張也。紀者，理也。大者為綱，小者為紀。
所以張理上下，整齊人道也。人皆懷五常之性，有親愛之心，
是以綱紀為化，若羅網之有紀綱而萬目張也。詩云：亹亹文
王，綱紀四方。」

實際上，這裏就是一個人倫分類。也就是說，人類倫理類型不
出此數端。於是問題也就來了，即：事實與道德要求二者如何協調、
如何擺放？人倫類型、人倫分類屬於基本事實，比如舅父與姑父，
當然是不能混淆的。大多數人群，其人倫是不分類的。有此事實分
別，與如何去對待之、接待之，兩者之間有著很大的不同。因為，
即以個人的精力而論，並不是說倫理類型繁多，就要背起沉重的包
袱，因此，以禮待之，便是必然的了。我們看《白虎通》一書，實
際上就是一部正名之書：把一切該正的都正下來，所以《白虎通》
就是一份大的標準答案。華文化都有這種標準答案的特點，所以古
書都是用必字話語搭建起來的。比如說什麼什麼則必什麼什麼，都
是這樣。因此說白了就是，把一切能夠規定的全都規定下來，《白
虎通》行文非常簡短，因為它是綱領性的文獻。古書的文體，普遍
有簡短之特點。其優點是顛撲不破，缺點是初接觸者不容易瞭解，
有礙於傳播。像討論體的那種鋪排，應該是很好的輔助，此一端無
論如何不能省略，《鹽鐵論》在這方面比較明顯。《白虎通》所講的
對待各種倫理的態度，其實都不出講信修睦一義。那麼，綱紀是什
麼呢？《白虎通》的定說是——綱紀就是張理。而且綱與紀有大小
之別，所以三綱為大，六紀為細，一切還是應該以宏綱為本。這就
像魚網一樣，因為魚網有無數的網眼，經緯絲毫不亂，所以能夠打
魚。綱紀就是一張大網（羅網），把一切都網在裏面。老子說天網

恢恢，疏而不失，就是如此。這說明華文化的性格是喜歡套路的，喜歡滴水不漏。所以《白虎通》名目繁細，這就是古人總結的宇宙人事之全，大概不出這些，他們以為。由此，只要有什麼問題，按部查閱照行就可以了，據此斷疑解惑，並且是由皇帝、由國家官方親自斷定下來的。所以說《白虎通》是最系統、整齊的一部書。

《白虎通》說：「君臣、父子、夫婦，六人也。所以稱三綱何？一陰一陽謂之道，陽得陰而成，陰得陽而序，剛柔相配，故六人為三綱。」（《三綱六紀》）很明顯，這裏肯定三綱，乃是按照陰陽得來的，可見陰陽確係華文化不二之魂魄。三綱就是一個陰陽，而且這裏還比附了三畫成卦、一卦六爻的意思，這些都是附件。

> 「三綱法天地人，六紀法六合。君臣法天，取象日月屈信，歸功天也。父子法地，取象五行轉相生也。夫婦法人，取象人合陰陽，有施化端也。六紀者，為三綱之紀者也。師長，君臣之紀也，以其皆成己也。諸父、兄弟，父子之紀也，以其有親恩連也。諸舅、朋友，夫婦之紀也，以其皆有同志為己助也。」（《三綱六紀》）

很明顯，倫理高於政治，政治必須受人倫的約束，這是中國歷史政治的家法。所以師尊於君，黃宗羲就講得很好。為什麼文革首先要顛覆人倫，學生批鬥老師，子女揭發父母，朋友互相批判，下屬造反上司，夫妻彼此出賣，等等，就因為獨夫政治不想要任何約束。所謂和尚打傘、無法（發）無天。可以看到，漢朝人喜歡「配」──什麼都拿來配。那麼，配的根本是什麼呢？我們完全可以用一個簡單的體例來歸結之，那就是數與類。董仲舒的學說就是借助類關係來配的，前面已經說過了。這裏《白虎通》是借數關係來配的，

也十分典型，就是：三綱對天、地、人，六紀對六合，就因為有三和六這兩個數。我們知道，象數是古人最基本的看法，這個宇宙就是一個大象數。所謂數就是一、二、三、四、五、六、七那些，所謂象就是數之外的一切，只要不是數，都是象。所以，綱是象，紀也是象；天地人是象，合也是象。因為三與六之數，各象便能夠順理成章地搭配在一起，毫不複雜。從這裏我們就可以看到古人的習慣思維。那麼依此類推，只要有數和類為橋樑，各種各樣的搭配都是可能的。所以天人關係，也就是數類關係。

那麼，君、臣到底是一個什麼說法呢？《白虎通》云：

「君臣者，何謂也？君，群也，群下之所歸心也。臣者，繵堅也，屬志自堅固也。《春秋傳》曰：君處此，臣請歸也。父子者，何謂也？父者，矩也，以法度教子也。子者，孳也，孳孳無已也。故《孝經》曰：父有爭子，則身不陷於不義。夫婦者，何謂也？夫者，扶也，以道扶接也。婦者，服也，以禮屈服也。《昏禮》曰：夫親脫婦之纓。傳曰：夫婦判合也。朋友者，何謂也？朋者，黨也。友者，有也。《禮記》曰：同門曰朋，同志曰友。朋友之交，近則謗其言，遠則不相訕。一人有善，其心好之；一人有惡，其心痛之。貨則通而不計，共憂患而相救。生不屬，死不托。故《論語》曰：子路云，願車馬衣輕裘與朋友共敝之。又曰：朋友無所歸，生於我乎館，死於我乎殯。朋友之道，親存不得行者二：不得許友以其身，不得專通財之恩。友饑，則白之於父兄，父兄許之，乃稱父兄與之，不聽則止。故曰：友饑為之減餐，友寒為之不重裘。故《論語》曰：有父兄在，如之何其聞斯行之也。」（《三綱六紀》）

　　這是總論六紀之義。像戰國時候的左伯桃、羊角哀那樣捨命全交的，雖然是一種義，但是並不值得倡揚。因為生命最寶貴，為了朋友之交而犧牲生命，這是非禮的，素為儒家所反對。所謂不得結交死友，君子之交貴清淡如水，等等，此為倫理之正。因為需要犧牲生命的交接，一定是要幹不平常的事情，日用倫理顯然是無此必要的。說白了，性命之交與亂相繫，而儒家最討厭亂子。所以，儒家的態度是貴平常而賤非常，中庸之道即在於此。畢竟人類生活要指望平常來建設，不能指望非常來建立。說穿了，平常為建設之源，非常乃破壞之本。所以儒家的立場是：只交平常的朋友，不交非常的朋友。而且交友主乎道義、學問，所以孔子說，君子勿友不如己者，就是反對革命的態度，這也是一陰一陽的關係。而且就交友來說，既然是以道義為歸宿，那麼就絕對不要發生一分錢的關係。但凡財務上發生關係的，都不是真友誼，不是健康的關係。所以，明算賬乃是朋友倫理的不二準則。可以看到，《白虎通》在這裏為人類都已預立了倫理法度，就是一切要分清楚。救濟朋友，必須先告白於父兄，這不是單純的限制，同時也是對個人的保護。因為國家官方已經確定了這個套路、遊戲規則，就是讓每個人都知道該怎麼去操作，以便人人無話可說，不再存在感到人難做、做人難的問題，而這就是人道——官方為民眾服了一個務，通過書面法定。比如說，別人向我開口了，我拉不下情面，不善於拒絕，便可以合理化地推向父兄，說必須稟告明白。所以我們說，餓死是小，為難是大。做人應該餓死不開口，因為這樣會給他人增添負擔，尤其是善良的人。因此，人生三寶，也就十分清楚了。那就是：自覺、知趣、識相。很多人就是既不自覺，又不知趣，更不識相。對這種人，驅逐之可矣！所以，從古人為一切人倫規程預立操作法度、格式來看，

華文化的人文性、人性化也表現在這裏。因為官方出面說話，解決
了做人難題，一切都照禮來，大家有了文本依據，都能夠放平態度，
於心自安而安人，這是非常合理的。因為每個人都無話可說，如果
有什麼問題，隨時可以據典檢索。就像有了糾紛，就查法典一樣。
所以《白虎通》就是一部元法，亦即日用法度。但問題是，歷代都
沒有把這一筆資源用好。人際關係一旦入了格式套路，所有的人便
都好執行操作了──為人處世，一朝解決，不再成為問題，只需要
一切按規定辦即可。這就是人倫的標準化與制式化，也就是人類倫
理的度量衡。故而天下統一。而一切生活方面，都有這個統一問題。
車同軌、書同文、人同倫，等等。至於為朋友做什麼，那只能是一
種自我道義了。

　　所謂君，就是群體的所歸。《白虎通》對各個要目都給了明確
的定說。像臣，就是要厲志自堅，也就是要守住自己。但歷史中臣
多是圍著君轉的，不可能有太多的自我。因為權力這種東西，它的
作用、影響及限制，是不能從道德上去理解的，而應該從力學上去
理會，畢竟權力是一種力。當我們想保持平衡時，如果力量不夠，
顯然也保持不住，這是很普通的道理。所以，政治也需要一種力學
結構上的設計，這就是制度辦法，即：怎樣彼此都能保持平衡？這
是人類歷史中的首要問題。這方面的堆積、討論和積累，我們將從
典籍中仔細鉤沉。所謂父子者，父主教，兒子是生得越多越好，這
是古人的幸福觀。所謂父有爭子，《貞觀政要》中關於唐太宗的很
多例子就是說明。主婦是必須服從的，因為家庭的維繫不是靠感
情，而是靠秩序和規矩。從人類的秉性來說，依靠感情的作用，大
多數家庭維繫不到十年以上，這一點已經被人類的現代生活所證
實，尤其是城市社會。所以古人只講家法、不講感情的齊家態度，

乃是經驗之談。簡單的說，人怕久處，任何人際關係，都不可能維持恒久，至少絕大多數是如此。所以，要麼不建立家，要成家，就必須按照一定的法度規程嚴格操作執行。因為家的主題、原則是穩定，而不是幸福，很多人沒有把理念分清楚。也就是說，家要主張的是太平、持續性，平時不要出事，日復一日、按部就班就行，其他的都不重要，全得讓位給這個。形象地說，國家就好像一條船，家就是這條船的壓艙石，僅此而已。儒家最講齊家，最關心家的穩定，儒家關切的不是幸福。所以儒家是為成年人準備的，不是為年輕人預備的。少年人還沒有經歷過世事，所以對儒家思想很難理解，這個一定得靠歲月堆積。因此，對不守婦德的，都應該很快處理，但古人往往還做不到。

關於性情，後人總是糾纏不清，其實《白虎通》早有定說。《性情》曰：

> 「性情者何謂也？性者陽之施，情者陰之化也。人稟陰陽氣而生，故內懷五性六情。情者，靜也。性者，生也。此人所稟六氣以生者也。故《鉤命決》曰：情生於陰，欲以時念也。性生於陽，以就理也。陽氣者仁，陰氣者貪。故情有利欲，性有仁也。」

這裏是用陰陽分性情，陰陽在漢代的地位，可以說是壟斷性的。而且明白說，人是由氣做成的。性、情、氣、命、理，等等這些，後來都成為理學討論的核心。但是在漢朝，這些名目已經確定得很清楚了。性與理相對應，情與念相對應。《援神契》云：「情生於陰以計念，性生於陽以理真。」正是這樣。既然性是與理相對應的，那麼五性也就十分清楚了。《性情》曰：

「五性者何謂？仁、義、禮、智、信也。仁者，不忍也，施生愛人也。義者，宜也，斷決得中也。禮者，履也，履道成文也。智者，知也。獨見前聞，不惑於事，見微知著也。信者，誠也，專一不移也。故人生而應八卦之體，得五氣以為常，仁義禮智信也。六情者何謂也？喜、怒、哀、樂、愛、惡謂六情，所以扶成五性。性所以五，情所以六何？人本含六律五行之氣而生，故內有五藏六府，此情性之所由出入也。《樂動聲儀》曰：官有六府，人有五藏。」

這就是所謂的五常之性，是中國二千年性理之基礎。仁即愛人、即不忍，從這裏我們可以看到，漢朝皇帝欽定之學對孔、孟的集成的姿態。儒家最討厭忍，所謂是可忍、孰不可忍，就是反對忍的明證。所以，儒家思想，至少是孟子之學，其核心精神就是一個不忍之心（孟子本人另說），這也是成就人文政治的根源。所以《管子》書中講好心，乃是一貫的。所謂義，其實也就是中庸，即最得宜，該怎樣就怎樣。所以仁、義是互根的，相互扶助補充。有了義的保護，則仁自在其中矣。所以，義是什麼呢？義就是「仁節」，也就是仁之節，是仁的節限、節度、節制。一切都要有節，否則就過當了。儒家最講節，比如說三年喪，三年就是時間上的一個節限，是有限期、有期限規定的。像人們經常說的婦孺之仁，不忍是不忍了，可是耽誤事。所以對仁如果沒有節制，如果不節之以禮，那麼仁必然會滑坡，就成了「濫憫」。所以，義的本義就是對仁的節制，所以說義為仁節。另外節還有節奏的意思，因為禮樂思想認為，節奏本身就是最好的節制。斷決得中，就是中庸。禮是對道的踐行，其實這是一個古義，因為帛書《周易》中，履卦就作禮卦。智當然

是從知上去解釋的,《釋名》曰:「智,知也,無所不知也。」而信也很簡單,就是專一不移。當然這是從人事上來講,因為就學問而言,想移也是不可能的。比如 1＋1＝2。可以注意,這裏依然少不了象數搭配。比如五、六之數,情、性、律、行、藏、府諸象,等等。《白虎通》書中貫穿以大量的象數搭配。

既然《白虎通》以五性配五行,而五行又是歷史中最普通的名目,那麼,對五行本身,我們能夠得到一個怎樣的觀照呢?案《白虎通》云:

> 「五行者,何謂也?謂金、木、水、火、土也。言行者,欲言為天行氣之義也。地之承天,猶妻之事夫,臣之事君也。其位卑,卑者親視事,故自同於一行尊於天也。《尚書》曰:一曰水,二曰火,三曰木,四曰金,五曰土。水位在北方。北方者陰氣,在黃泉之下,任養萬物。水之為言準也。養物平均,有準則也。木在東方。東方者,陽氣始動,萬物始生。木之為言觸也。陽氣動躍觸地而出也。火在南方。南方者,陽在上,萬物垂枝。火之為言委隨也。言萬物佈施。火之為言化也。陽氣用事,萬物變化也。金在西方。西方者,陰始起,萬物禁止。金之為言禁也。土在中央。中央者土,土主吐含萬物,土之為言吐也。何以知東方生?《樂記》曰:春生夏長,秋收冬藏。土所以不名時者,地,土之別名也。比於五行最尊,故不自居部職也。《元命苞》曰:土無位而道在。故大一不興化,人主不任部職。」(《五行》)

案《永樂大典》鑒字部載鄭書注云:「行者,言順天行氣也。」《釋名》云:「五行者,五氣也。於其方各施氣也。」可見,五行

還是歸於氣的。最終只有一元，那就是氣。五行只是元氣的第一步
具體化，是氣的初分，古人就是這個意思。所以，元氣先成五行，
然後再由五行搭配而成就萬物，這個模型，前後順序簡單明白。但
是，五行在中國古代不單是自然元素，更主要還是人文生活方面的
把握，也就是說，五行橫跨事理與物理兩邊。像《尚書》中所講的
五行，就是偏於人文史一面。比如禹平洪水，這是水事。燧人教民
熟食，這是火事，等等，依此類推。所以五行雖關宇宙自然，但更
關乎人事，此一層便是一陰一陽也。從方位搭配上來說，水對應北
方。水是滋養萬物的，但凡有水的地方，都有生物生長，像火就不
行，沒有說生命體能夠在火中存活的。木對應的是東方，東方是日
出的方向，萬物欣欣向榮，植物茂密生長、郁郁蒼蒼。火對應南方，
因為中國在北半球，所以越往南越炎熱，正好對應火。金對應西方，
日落朝西，所以是收斂肅殺之象。故西方主義，東方主仁。因此，
古人以刑配西方，刑罰者，禁民為非也，所以金與禁與西與義相配。
中央土，不僅中央，整個人類都在大地上，所以土當然是含吐萬物
的了。只要是地球上的東西，都從大地而來。從四季來說，春配東
方木，夏配南方火，秋配西方金，冬配北方水。這種搭配，是以什
麼為根據呢？顯然，是根據物類的性質。比如說，往外發揚的性質，
往裏收斂的性質，向內含藏的性質，向外生長的性質，等等。夏天
炎熱，當然對應火。冬天寒冷，當然對應北。東方是春天的意象，
西方是秋收的氣象。此類分別，是以物理事實和人類的通感為基
礎，雖然都是宏觀的，但也是天然的。土為什麼不與時相配呢？
《白虎通》解釋說，因為地最尊貴，所以單獨算。其實這種說法
是沒有必要的，因為一年只有四季，當然只能配四個，一般人對
此都能理解，沒有必要多做解釋。為什麼古人一定要解釋呢？就

因為古人的習慣，是要把一切都轉圓了。其實關於人君不具體任事一條，歷史中的態度是有欠缺的，因為人君真正要管或者必須關注的事務只有一件，那就是軍政，這才是君主真正的工作重心。所以，對君主的訓練和教育，應該突出兵事，加上文的方面，就是禮這一端。所以人主之道，可以說就在於兵、禮二端，這才是究竟。

那麼，五行各有什麼性質呢？《白虎通》云：

> 「五行之性，或上或下何？火者，陽也。尊，故上。水者，陰也。卑，故下。木者少陽，金者少陰，有中和之性，故可曲直從革。土者最大，苞含物，將生者出，將歸者入，不嫌清濁為萬物。《尚書》曰：水曰潤下，火曰炎上，木曰曲直，金曰從革，土爰稼穡。五行所以二陽三陰何？尊者配天，金木水火，陰陽自偶。」

古人認為，火者，太陽也。火者，陽之精也。火是向上發揚開的，所以屬陽。而水是就下的，所以屬陰。因為古人認為，陰氣為水。所以，水、火就是宇宙中的二端，這兩大是天然對應的。《白虎通》說木為少陽，金為少陰，那麼對照火為太陽的說法來看，水就是太陰了。我們知道，太陽、太陰、少陽、少陰是易學的說法，在這裏用來劃分五行，可見中國古人的宇宙觀盡在易中。金屬有延展性、可塑性，這是不用說的。而木頭也具有形塑可能。人類利用五行的物理性質，制皿作器，用來生活。但是，五行為什麼是二陽三陰呢？火、木屬陽，水、金、土屬陰，這是因為地與天配，天屬陽，所以陰陽是齊全的。《白虎通》又進一步說：

「水味所以鹹何？是其性也。所以北方鹹者，萬物鹹與所以
堅之也，猶五味得鹹乃堅也。木味所以酸何？東方萬物之生
也。酸者以達生也，猶五味得酸乃達也。火味所以苦何？南
方主長養，苦者，所以長養也，猶五味須苦可以養也。金味
所以辛何？西方煞傷成物，辛所以煞傷之也，猶五味得辛乃
委煞也。土味所以甘何？中央者，中和也，故甘，猶五味以
甘為主也。《尚書》曰：潤下作鹹，炎上作苦，曲直作酸，
從革作辛，稼穡作甘。北方其臭朽者，北方水，萬物所幽藏
也。又水者受垢濁，故臭腐朽也。東方木也。萬物新出地中，
故其臭羶。南方者火也，盛陽承動，故其臭焦。西方者金也。
萬物成熟始復諾，故其臭腥。中央者，土也。土養，故其臭
香也。《月令》曰：東方其臭羶，南方其臭焦，中央其臭香，
西方其臭腥，北方其臭朽。所以名之為東方者，動方也，萬
物始動生也。南方者，任養之方，萬物懷任也。西方者，
遷方也，萬物遷落也。北方者，伏方也，萬物伏藏也。」
（《五行》）

從這裏可以看出，古人的連類行為，就是以「有」為基礎的。
比如說羊有羶味，因為有此羶性，便可以與南方、與羶等等相配。
所以說，古人的連類是以「有類」為基礎的。只要有一個（類），
就可以從這方面去對應之、搭配之，哪怕只有一個羶。像《說卦》
中的類問題，就是最典型的說明。《五行》又曰：

「少陽見於寅，寅者，演也。律中太蔟。律之言率，所以率
氣令生也。盛於卯。卯者，茂也。律中夾鐘。衰於辰。辰者，
震也。律中姑洗。其日甲乙。甲者，萬物孚甲也。乙者，物

蕃屈有節欲出。時為春。春之為言偆，偆動也。位在東方。
其色青，其音角者，氣動躍也。其帝太皞。太皞者，大起萬
物擾也。其神句芒。句芒者，物之始生，芒之為言萌也。其
精青龍，陰中陽故。太陽見於巳。巳者，物必起，律中中呂。
壯盛於午。午，物滿長，律中蕤賓。衰於未。未，味也。律
中林鍾。其日丙丁。丙者，其物炳明。丁者，強也。時為夏。
夏之言大也。位在南方。其色赤，其音徵。徵，止也。陽度
極也。其帝炎帝。炎帝者，太陽也。其神祝融。屬續也。其
精朱鳥，離為鸞故。少陰見於申。申者，身也。律中夷則。
壯於酉。酉者，老也。物收斂。律中南呂。衰於戌。戌者，
滅也。律中無射。無射者，無聲也。其日庚辛。庚者，物庚
也。辛者，陰始成。時為秋，秋之言愁也。其位西方。其色
白，其音商。商者，強也。其帝少皞。少皞者，少斂也。其
神蓐收。蓐收者，縮也。其精白虎。虎之為言搏討也故。太
陰見於亥。亥者，侅也。律中應鐘。壯於子。子者，孳也。
律中黃鐘。衰於丑。丑者，紐也。律中大呂。其日壬癸。壬
者，陰使壬。癸者，揆度也。時為冬，冬之為言終也。其位
在北方。其音羽，羽之為言舒，言萬物始孳。其帝顓頊。顓
頊者，寒縮也。其神玄冥。玄冥者，入冥也。其精玄武。掩
起離體泉，龜蛟珠蛤。土為中宮。其日戊己。戊者，茂也。
己者，抑屈起。其音宮。宮者，中也。其帝黃帝，其神後土。」

　　可以看到，這樣的搭配是可以層出不窮的，只要人想像得出來。
這裏「搏討也故」可能是「搏討他故」的意思，而不是什麼「故」字
衍。這一節是論陰陽盛衰的，如果我們表列一下，也許更清楚。如下：

陰陽盛衰圖：

五行：木、火、金、水、土

陰陽：少陽、太陽、少陰、太陰、陰

見於：寅、巳、申、亥

律：太蔟、中呂、夷則、應鐘

壯盛：卯、午、酉、子

律：夾鐘、蕤賓、南呂、黃鐘

衰於：辰、未、戌、丑

律：姑洗、林鐘、無射、大呂

日：甲乙、丙丁、庚辛、壬癸、戊己

時：春、夏、秋、冬

位：東方、南方、西方、北方、中宮

色：青、赤、白、黑、黃

音：角、徵、商、羽、宮

帝：太皞、炎帝、少皞、顓頊、黃帝

神：句芒、祝融、蓐收、玄冥、後土

精：青龍、朱鳥、白虎、玄武

故：陰中陽故、離為鷟故、搏討他故、龜蛟珠蛤

附言義：

寅者，演也。

律之言率，所以率氣令生也。

卯者，茂也。

辰者，震也。

甲者，萬物孚甲也。

乙者，物蕃屈有節欲出。

春之為言偆，偆動也。

其音角者，氣動躍也。

太皞者，大起萬物擾也。

句芒者，物之始生，芒之為言萌也。

巳者，物必起。

午，物滿長。

未，味也。

丙者，其物炳明。

丁者，強也。

夏之言大也。

微，止也。陽度極也。

炎帝者，太陽也。

其神祝融，屬續也。

申者，身也。

酉者，老也。物收斂。

戌者，滅也。

無射者，無聲也。

庚者，物庚也。

辛者，陰始成。

秋之言愁也。

商者，強也。

少皞者，少斂也。

蓐收者，縮也。

虎之為言，搏討也故。

亥者，侅也。

子者，孳也。

丑者，紐也。

壬者，陰使壬。

癸者，揆度也。

冬之為言終也。

羽之為言舒，言萬物始孳。

顓頊者，寒縮也。

玄冥者，入冥也。

戊者，茂也。

己者，抑屈起。

宮者，中也。

第四節　後期思想

王充的《論衡》是一部非常巨大的書，這與他斤斤計較、點滴問題都不放過的性格有關，所以評議甚繁。案《四庫全書總目》云：

「漢王充撰。充字仲任，上虞人。自紀謂在縣為掾功曹，在都尉府位亦掾功曹，在太守為列掾五官功曹行事。又稱永和三年徙家辟詣揚州部丹陽、九江、廬江，後入為治中。章和二年罷州家居。其書凡八十五篇，而第四十四《招致》篇有

錄無書，實八十四篇。考其自紀曰：書雖文重，所論百種。案古太公望、近董仲舒傳作書篇百有餘，吾書亦才出百而云太多。然則原書實百餘篇，此本目錄八十五篇，已非其舊矣。充書大旨詳於《自紀》一篇，蓋內傷時命之坎坷，外疾世俗之虛偽，故發憤著書，其言多激。《刺孟》、《問孔》二篇，至於奮其筆端，以與聖賢相軋，可謂誖矣。又露才揚己，好為物先。至於述其祖父頑很，以自表所長，儳亦甚焉。其他論辨，如日月不圓諸說，雖為葛洪所駁，載在晉志，然大抵訂譌砭俗，中理者多，亦殊有裨於風教。儲泳《祛疑說》，謝應芳《辨惑編》不是過也。至其文反覆詰難，頗傷詞費。則充所謂宅舍多，土地不得小；戶口眾，簿籍不得少；失實之事多，虛華之語眾；指實定宜，辨爭之言安得約徑者，固已自言之矣。充所作別有《譏俗書》、《政務書》，晚年又作《養性書》，今皆不傳。惟此書存，儒者頗病其蕪雜，然終不能廢也。高似《孫子略》曰：袁崧《後漢書》載充作《論衡》，中土未有傳者。蔡邕入吳始見之，以為談助。談助之言，可以了此書矣。其論可云允愜。此所以攻之者眾，而好之者終不絕歟？」（《論衡》三十卷，江蘇巡撫採進本）

　　《論衡》在歷史中的重要，說穿了其實就一點：普遍批判。其批評面是相當廣的，所以也不討人喜歡；但正是因為普遍批評，故是書終不可廢。尤其對世俗的攻擊不遺餘力。當然，因為《論衡》議論眾多，所以真知灼見也不少。可以看到，王充的立論，保持了漢代學術異常質實的風格，絲毫不弄虛玄。他論性、情、命、人，等等，都有獨到見解，且有歷史承啟的作用。《本性》曰：

「情性者，人治之本，禮樂所由生也。故原情性之極，禮為之防，樂為之節。性有卑謙辭讓，故制禮以適其宜；情有好惡喜怒哀樂，故作樂以通其敬。禮所以制，樂所為作者，情與性也。昔儒舊生，著作篇章，莫不論說，莫能實定。周人世碩，以為人性有善有惡。舉人之善性，養而致之則善長；性惡，養而致之則惡長。如此，則情性各有陰陽善惡，在所養焉。故世子作養書一篇。密子賤、漆雕開、公孫尼子之徒，亦論情性，與世子相出入，皆言性有善有惡。孟子作性善之篇，以為人性皆善；及其不善，物亂之也。謂人生於天地，皆稟善性；長大與物交接者，放縱悖亂，不善日以生矣。」

王充說得非常明白，對人的治理，其實就是一個治理情性的問題。所以禮樂的發生也都緣於情性。既然性、情問題是這樣的核心，那麼性、情的善惡也就不能不究了。王充舉出了性有善有惡之說，認為培植哪一邊，哪一邊就顯露出來，這與易云繼之者善也，意思是相通的。正如我們說過的，有善有惡與是善是惡，兩者之間，根本上是有區別的。因為有什麼與它就是什麼，顯然是太不一樣了。比如說我有感情，和我就是唯情主義，二者根本不是一回事。有感情不見得就是情種。所以人性中有善的成分，與這人性本身就是善的，絕對不可同日而語，這是根結性的大問題。說到這裏，我們就不能不再次拿出陰陽二分律了，也就是，各個二分組之間，每一個組對都容易發生混淆。這是名理中最基本的一條，因為任何二分組都可以歸於陰陽關係。比如善惡、有無、是非，等等。像王充在這裏說到的陰陽善惡，就是典型的陰陽律關係。所謂養，也就是繼。根據二分法，我們就看得很清楚，在情、性善惡的問題中，有無與

是非顯然混淆在一起了。有善有惡、無善無惡、是善是惡、非善非惡，四者之間，關係總是擺不清，這是很大的問題。究其根源，還是因為不明陰陽名理的緣故。一旦陰陽律之正別清晰化了，以後人文中的任何疙瘩都將可以清晰地剖分，而不再費糾纏了。王充提到孟子，這是歷史中最典型的性善論者，但是結合前面有無、是非相混淆的陰陽律正別問題來看，性善論毫無疑問是太偏狹了，於名理根本難通。荀子的性惡論也是一樣，都不合理。因為性善、性惡畢竟屬於是善是惡的糾纏。但正如我們所說，人性是雜的，很難一刀切地說是善還是惡，所以有善有惡倒不失為一種鬆動的說法。按照孟子的觀點，人性中不好的部分都是由於受到了外物的引誘所致，所謂與物交接，日惡論也就形成了。

　　王充對歷史中的各種性說作了詳細辯證，他說：

　　「若孟子之言，人幼小之時，無有不善也。微子曰：我舊云孩子，王子不出。紂為孩子之時，微子睹其不善之性，性惡不出眾庶，長大為亂不變，故雲也。羊舌食我初生之時，叔姬視之，及堂，聞其啼聲而還曰：其聲，豺狼之聲，野心無親，非是莫滅羊舌氏。遂不肯見。及長，祁勝為亂，食我與焉。國人殺食我，羊舌氏由是滅矣。紂之惡，在孩子之時；食我之亂，見始生之聲。孩子始生，未與物接，誰令悖者？丹朱生於唐宮，商均生於虞室。唐虞之時，可比屋而封，所與接者，必多善矣；二帝之旁，必多賢矣。然而丹朱傲，商均虐，並失帝統，歷世為戒。且孟子相人以眸子焉；心清而眸子瞭，心濁而眸子眊。人生目輒眊瞭，眊瞭稟之於天，不同氣也；非幼小之時瞭，長大與人接乃更眊也。性本自然，善惡有質。孟子之言情性，未為實也。」（《本性》）

　　王充說得很明白，孟子未得其實。王充首先辯證說，照孟子的說法，人在小的時候，都是好的，但現實是——從小看大，很多人在小時候就很不好，這個怎麼解釋？我們現在來看，其實每一代人都不是孤立的：上代人必然會把很多好的、壞的素質遺傳給下一代，這裏就有所謂氣質之性的問題。比如說上代人吸食鴉片，可能下代人的呼吸道和胃腸道方面，健康就有問題，這是不稀奇的。生理方面如此，心理方面亦然。比如說世代從商的，生下來的子弟可能在數字方面和金錢方面就特別富有、具備天生的素質。所以，人與人的差別是很大的，只能齊物論地去看。因此，雖然幼兒未與物接，但是天賦遺傳不一樣，大人們還是有必要多檢察自己，這就涉及到優生問題，比如婚姻質量，等等。一個君子，隨便娶一個憨蠢不堪的蠢婦、婆娘，生下來的小孩也好不到哪裡去。這是實在的情形，不能強辯的。所以王充說，性本自然、善惡有質，這個必須從實際的情況去看待。他指正孟子不對，不是從名理上去論，而是從事理上去說，這一區別我們要有數。

　　王充說：

> 「然而性善之論，亦有所緣：或仁或義，性術乖也；動作趨翔，性識詭也。面色或白或黑，身形或長或短，至老極死，不可變易，天性然也。皆知水土器物形性不同，而莫知善惡稟之異也。告子曰：一歲嬰兒，無爭奪之心；長大之後，或漸利色，狂心悖行，由此生也。告子與孟子同時，其論性無善惡之分。譬之湍水，決之東則東，決之西則西。夫水無分於東西，猶人無分於善惡也。夫告子之言，謂人之性與水同也。使性若水，可以水喻性，猶金之為金，木之為木也。人

善因善，惡亦因惡。初稟天然之姿，受純一之質，故生而兆見，善惡可察。無分於善惡，可推移者，謂中人也；不善不惡，須教成者也。故孔子曰：中人以上，可以語上也；中人以下，不可以語上也。告子之以決水喻者，徒謂中人，不指極善極惡也。孔子曰：性相近也，習相遠也。夫中人之性，在所習焉。習善而為善，習惡而為惡也。至於極善極惡，非復在習，故孔子曰：惟上智與下愚不移。性有善不善，聖化賢教，不能複移易也。孔子道德之祖，諸子之中最卓者也，而曰：上智下愚不移，故知告子之言未得實也。」（《本性》）

告子之言確實未得實也，因為即使是一歲的嬰兒，也知道護食，而這就是原始的爭心，只等待長大以後放大了。所以一切都是一開始就稟有的，只是輕重不同罷了。簡單的說，人生無外乎三大端，就是金錢、權力、兩性，總歸脫不出此三者。任何人類隱私，也都在此三項之內，沒有例外。先秦時代，孔子、墨子、告子、孟子、荀子都是討論性問題的代表，從性近，到性染、到性善、到性惡，等等，說法多樣，且對應整齊。孔子的上下原則說明，言與人是一一對應的。所以上語對應上人，下語對應下人，中語對應中人，語和人是一一對應的，這就是知言、知人的原則。所以說語上語下、知言知人，等等，都是配套整齊的，一絲一毫不亂，這也是不僭。王充很明確，他認為諸子百家中孔子最卓越，而告子的性論沒有觸及到實情。王充說，性善論是有緣故的，它與人的性術、性識、天性等等各方面都有關係。人們都知道事物的形性各異，但很少瞭解人的稟賦各異。告子最有名的觀點就是以水譬性，人性就跟水一

樣，是沒有定準的，任意瞎流。所以人性無所謂善惡，人性是不定
的，正如水無所謂東、西向一樣。王充認為這種觀點只能用來說中
間的情況，至於上善、下惡之不移，水論就解釋不了了。所以還是
孔子的性近思想最貼切，就是：一切人都需要教之。水是變動不居
的，而上善下惡卻是固定的，可見水解釋不了兩端，僅能處理中間，
所以說告子之言亦未得其實。這就是說，中人之性，後天的習染是
關鍵。墨子講所染，正與此相通。王充說：

> 「夫告子之言亦有緣也。詩曰：彼姝者子，何以與之？其傳
> 曰：譬猶練絲，染之藍則青，染之朱則赤。夫決水使之東、
> 西，猶染絲令之青、赤也。丹朱、商均已染於唐、虞之化矣，
> 然而丹朱傲而商均虐者，至惡之質，不受藍朱變也。孫卿有
> 反孟子作性惡之篇，以為人性惡，其善者偽也。性惡者，以
> 為人生皆得惡性也；偽者，長大之後勉使為善也。若孫卿之
> 言，人幼小無有善也。稷為兒，以種樹為戲；孔子能行，以
> 俎豆為弄。石生而堅，蘭生而香。稟善氣長大就成，故種樹
> 之戲，為唐司馬；俎豆之弄，為周聖師。稟蘭石之性，故有
> 堅香之驗。」（《本性》）

看來王充是相信資質的。但是，如果說人性可以憑空得來，卻
也是自欺之談。因為後代的性質獲得，肯定與上代有關，不是這方
面，也是那方面，只是古人未必能覺察到而已。像工作很有成績而
完全不懂教育的人，生活中正是不少。所以，唐、虞在後世有什麼
口碑，完全是因為他們在公德方面的成績，並不能說其個人在一
切方面就完美，包括生活習慣，等等，那真成了神話了。所以子
弟、子女的情況不佳，上代人是很難盡脫干係的。包括我們前面

講過的婚姻質量、優生因素，等等，很多資訊，歷史不會那麼詳細地記錄，所以我們看古人論善惡，往往有憑空之感，這是不真實的。而且，家人之間，往往是難教的——父母再能，子女未必當回事。丹朱、商均之不肖，上輩人肯定有責任，這是不能諱飾的。照王充所說，一個人小時候怎樣，長大後就那樣，其實成年就是小時候的放大。從這裏來說，王充也不同意荀子的性惡論。因為，如果說一個人天生惡性，那麼為什麼會有小時候就好、長大後更擴充其善的例子呢？所以荀子顯然也有偏，是不全的。因此王充說：

> 「夫孫卿之言，未為得實；然而性惡之言有緣也。一歲嬰兒，無推讓之心：見食，號欲食之；睹好，啼欲玩之。長大之後，禁情割欲，勉勵為善矣。劉子政非之曰：如此，則天無氣也。陰陽善惡不相當，則人之為善安從生？陸賈曰：天地生人也，以禮義之性，人能察己所以受命則順，順之謂道。夫陸賈知人禮義為性，人亦能察己所以受命。性善者不待察而自善；性惡者雖能察之，猶背禮畔義，義把於善，不能為也。故貪者能言廉，亂者能言治，盜蹠非人之竊也，莊蹻刺人之濫也。明能察己，口能論賢，性惡不為，何益於善？陸賈之言，未能得實。」（《本性》）

說到這裏，我們就看得很清楚，古人翻來覆去對性的討論，其實都脫不出有無、是非的分別。人性中有各種情況、因素、成分、面向、性質，等等，是萬般參差不齊的，對此，我們只能斷有不斷無。也就是：只能夠說人性中有什麼，而不能說沒有什麼。因為就經驗觀察，人性中什麼都有，還很難找到人性所沒有的東西，畢竟

人性不是機械的。只要可能的，人性中都有。所以，我們可以擬一個公式：

$$人性＝可能$$

或者：

$$人性 \geqq 可能$$

因此，無論古代的性善論、性惡論，還是善惡混，等等性論，其實都犯了「斷無」的毛病，就是說沒有什麼。因為有、沒有，然後混同於是非來立論，自然就不當了。比如荀子說人性中沒有什麼好東西，遂定人性是惡的，等等，都是再明顯不過的例子。從這裏來說，歷史中的性論糾纏也確實令人膩味。王充說，荀子的意見也有跡可按。比如，小孩子是不會掩飾的，長大以後就反過來了，無怪乎荀子要說偽了。到了陸賈，就以禮義為性了，但王充以為這種論調與事實情況相去太遠。由此，我們能嗅到什麼呢？也許，歷史中紛雜的性論，也讓古人煩了——什麼善惡的，亂七八糟！所以乾脆來個提純運動——以後就定為五常之性（仁義禮智信），具體明白，再不要說什麼……接下來，王充又說到董仲舒，看來他打算括盡無餘。

> 「董仲舒覽孫、孟之書，作情性之說曰：天之大經，一陰一陽；人之大經，一情一性。性生於陽，情生於陰。陰氣鄙，陽氣仁。曰性善者，是見其陽也；謂惡者，是見其陰者也。若仲舒之言，謂孟子見其陽，孫卿見其陰也。處二家各有見可也；不處人情性，情性有善有惡，未也。夫人情性，同生於陰陽。其生於陰陽，有渥有泊；玉生於石，有純有駁。情

性於陰陽，安能純善？仲舒之言，未能得實。劉子政曰：性
生而然者也，在於身而不發，情接於物而然者也，出形於外。
形外則謂之陽，不發者則謂之陰。夫子政之言，謂性在身而
不發；情接於物，形出於外，故謂之陽；性不發，不與物接，
故謂之陰。夫如子政言之，乃謂情為陽，性為陰也。不據本
所生起，苟以形出與不發見定陰陽也，必以形出為陽。性亦
與物接，造次必於是，顛沛必於是。惻隱不忍；不忍，仁之
氣也。卑謙辭讓，性之發也。有與接會，故惻隱卑謙形出於
外。謂性在內不與物接，恐非其實。不論性之善惡，徒議外
內陰陽，理難以知。且從子政之言，以性為陰，情為陽，夫
人稟情，竟有善惡不也。」（《本性》）

　　董仲舒把一切都歸為陰陽，這是很有見地的。所以性陽情陰，
配對整齊。性善論與性惡論，也就做了陰陽二分——只是觀陰觀陽
而已。王充認為，這種陰陽分法太機械，因為情性同樣有陰有陽，
就像玉有純有駁一樣。僅僅是，各人的情性其純雜情況不同罷了。
至於劉氏也是以陰陽去論情性，不過他認為性是先天如此的，情是
後天如此的。按照劉氏所說，又變成情陽性陰了。王充說，像這樣
扯來扯去，都是無謂，都是耽誤事。我們可以看到，其實王充在這
裏辯證的以「形出」與「發見」定陰陽的問題，正切中了後來理學
的命脈和命門。他說像這樣搞下去，必然會出現理難以知的結果，
這種視見是具有歷史穿透性的。因為討究人性善惡的問題，而滑
入、墜入、陷進心理的泥沼，正是理學尾大不掉的痼疾。諸如陷於
發與未發、動靜問題等糾纏。可見，後代的理論問題，常常是很早
就埋伏下了，而這些就是所謂的思想史中的伏筆。

王充的終極論點是：人性有善有惡，參差不齊。他說：

「自孟子以下，至劉子政，鴻儒博生，聞見多矣。然而論情
性竟無定是，唯世碩儒公孫尼子之徒，頗得其正。由此言之，
事易知，道難論也。鄧文茂記，繁如榮華；詼諧劇談，甘如
飴蜜，未必得實。實者，人性有善有惡，猶人才有高有下也。
高不可下，下不可高。謂性無善惡，是謂人才無高下也。稟
性受命，同一實也。命有貴賤，性有善惡。謂性無善惡，是
謂人命無貴賤也。九州田土之性，善惡不均，故有黃赤黑之
別，上中下之差；水潦不同，故有清濁之流，東西南北之趨。
人稟天地之性，懷五常之氣，或仁或義，性術乖也；動作趨
翔，或重或輕，性識詭也。面色或白或黑，身形或長或短，
至老極死，不可變易，天性然也。余固以孟軻言人性善者，
中人以上者也；孫卿言人性惡者，中人以下者也；揚雄言人
性善惡混者，中人也。若反經合道，則可以為教；盡性之理，
則未也。」（《本性》）

由此可見，王充是一個很鮮明的差別論者。比如說，人的命確
實是有貴賤的，有的人生在皇家，而有的生在丐幫，懸殊當然很大。
但是，貴賤與吉凶不一定等齊，生在皇家的，一旦亡國，命運會很
悲慘；而在丐幫的，卻可能一輩子自在快活，這都很難說。所以，
常人是把貴賤與吉凶弄混了。根據陰陽律，吉凶與貴賤是兩個不同
的二分組。人性問題亦然。中國的地土是很不一樣的，西北的黃土
地，江西的紅壤，東北的黑土地，都是有名的。而且，王充所說的
善惡不均，似乎應該作進一步的揣分。因為按照陰陽律，善惡、好
壞、優劣等二分組，彼此之間，名義的差別很大，不能因為語言習

慣上的串用而就影響到義理，這是不合適的。比如土地的肥厚程度
不同，我們通常可以說它善惡不等、好壞不同，等等。但是這裏的
好壞、善惡，與道德有什麼關係嗎？當然沒有。我們總不能說貧瘠
的土地不道德，哪有那樣的道理？所以，在物無所謂道德問題，道
德問題只是對人而言的。因此，性善惡與物類就絕無連帶性可言
了，它們是兩回事。所以，容易互串的二分名，但凡能引起理解遮
蓋作用的字詞，我們都應該捶分開，即使是譬喻，也要遵循類原則
而慎行之。王充的意思，是要強調凡事都有差別性，人才有高下，
所以人性也參差。高下、貴賤、善惡、清濁、仁義、輕重、黑白、
長短，等等，這些都是各種具體的差別，是差別的名目。從這裏就
可以看到，古人也已經意識到了陰陽律那樣一個貫串在萬事中間的
體例性的東西，只是還不能完全講得透徹罷了。所以王充會大量連
類，其實就是為了說明那麼一個意思。根據自己的總結，王充對歷
史學說來了一個劃分，他認為孟子的性善論只適合於中等以上的
人，因為這種人比較自覺，素質較高，能夠自律，所以可以講性善。
而荀子的性惡論只適合於下等人──無可救藥者。像揚雄的善惡
混，升降不定，倒是適合於大多數中間情況的人。所以教化是必須
的，但並不說明人性本來就是什麼樣子。我們說，王充的這一分劃
是很有新意的，因為他又一次提醒了對孟、荀思想等既有歷史資源
的合理利用率問題。

　　既然人性善惡、人性類型有種種的差別，那麼具體的細節講究
便不可少了。案《骨相》篇云：「人曰命難知；命甚易知。知之何
用？用之骨體。人命稟於天，則有表候於體。察表候以知命，猶察
斗斛以知容矣。表候者，骨法之謂也。」王充說得很清楚，人的運
命其實並不難知，很好把握，只要看一看這個人的骨相就能夠知

道。所以剩下來的就是怎樣看相了。因此，很多人以為命運不測，這是不對的，他們沒有摸到門、沒有掌握奧竅。這裏王充說的就是骨相學，他認為，人命既然是稟於上天的，就一定會有它特定的徵象可把握，即所謂表候。所以，骨相就是人用來知命的憑藉。根據表候知道自己的命，就好像看容器便可以知道它究竟能裝多少東西一樣直接明瞭。我們說，王充講骨法一點也不稀奇，因為人類數千年來都有各自的相術，只是不同的民族其相術各異罷了，但是看相都很准，無論是手相、面相，無不研究。所以，迷信是什麼？就是人類的普遍的天性，是一種天生的心理，不必害羞。因為迷信並不是什麼了不得、特別的東西，它是每個人的心理都天然會有的。要想不迷信，除非取消心理、沒有了心理，而這是可能的嗎？顯然很幼稚。所以，真正理性的態度，不是否認迷信，而是直面之。因為，儘管是迷信，但輕重情況卻因人而異。修為好的，能夠很妥善地打理迷信。就好比怕黑，這是人性之常，儘管他自己也知道那僅僅是黑而已，什麼也沒有、什麼也不是，但還是怕。所以，種種事情其實都是人的一種心理，而心理是人的天性，無可回避。然後，王充舉了一大摞骨相實例，當然都是貴人們。他說：「類同氣鈞，性體法相，固自相似；異氣殊類，亦兩相遇。」(《骨相》)

這是什麼意思呢？比如說，富貴之男，娶得富貴之妻，女亦得富貴之男。如果二相不鈞而相遇，則有人立死。如果未相適，則有豫亡之禍。比如說王正君要嫁人，結果還沒嫁，男的就都死了，總是這樣，這是典型的例子。王充舉這個，是想說明骨相與命大大相關。這是什麼緣故呢？王充解釋說，因為王正君是要貴為天下母的命，而前面許嫁的幾個人都是普通的凡人，沒有帝王相，哪裡當得起呢？所以都死了！因此，王正君只能嫁到帝王家，乃得其所——

那婆娘是天生的貴命。所以，相之鈞與不鈞，跟門當戶對是一樣的。婚姻就是一個配對的問題，你說它勢利也沒辦法，這可都是骨相大法所決定的啊！又比如丞相黃次公，早年坐車，同車有一個善相的人，指著一個十七八歲的女子說，她要做大官的夫人，以後。於是黃次公就娶了她，果然做了丞相。這說明，一家人命中註定都要富貴，他們才能做一家人，否則肯定會有人被克死，因為命賤的人是當不起命貴的人的。所以，命貴的人，他家裏的童僕、奴役，養的馬、餵的牛、豢的豬，都跟別家不一樣。如果他有田，地裏的莊稼一定熟得特別快；做生意，東西一定賣得特別順，錢賺得多多的，這都是因為命貴啊！所以貴人是有福的，貴人們有福啦！怪不得王充會被後世尊為唯物主義思想家、一代宗師了。王充說：「案骨節之法，察皮膚之理，以審人之性命，無不應者。」（《骨相》）

　　王充雖然粗俗，卻很會講故事，他說這些還都是真的，是根據史冊。有些事情，我們看了會覺得卑瑣，比如某韓生請相士看誰以後會發達，相工指倪寬，於是韓就像一個僕人那樣服侍、伺候倪。後來倪寬果然做到了御史大夫，而韓也位至太傅。官場政治居然都要看相，這與現在看血型、憑星座來選舉、去謀職沒有兩樣。所以洋八字、土八字，折射出的其實都是人的通性。王充把骨相學正式寫進書裏，在歷史上大概也算是很早的一位了吧。但是說相之餘，王充的論述也能幫助我們理解古人對於性命具體是如何把握和看待的。他說：

　　　「故知命之工，察骨體之證，睹富貴貧賤，猶人見盤盂之器，
　　　知所設用也。善器必用貴人，惡器必施賤者；尊鼎不在陪廁

之側，匏瓜不在堂殿之上，明矣。富貴之骨，不遇貧賤之苦；貧賤之相，不遭富貴之樂，亦猶此也。器之盛物，有斗石之量，猶人爵有高下之差也。器過其量，物溢棄遺，爵過其差，死亡不存。論命者如比之於器，以察骨體之法，則命在於身，形定矣。非徒富貴貧賤有骨體也，而操行清濁亦有法理；貴賤貧富，命也；操行清濁，性也。」（《骨相》）

這裏性、命的分別是很清楚的。命是指一個人的運程，而性則是指這個人的特點。兩者對於人都是專屬的，各不相同。王充說：

「非徒命有骨法，性亦有骨法。惟知命有明相，莫知性有骨法：此見命之表證，不見性之符驗也。」「故范蠡、尉繚見性行之證，而以定處來事之實。實有其效，如其法相。由此言之，性命系於形體明矣。以尺書所載，世所共見，況古今不聞者，必眾多非一，皆有其實。稟氣於天，立形於地，察在地之形，以知在天之命，莫不得其實也。」（《骨相》）

看相可以預卜吉凶，連占卜都免了，而且無不應驗，實在是經濟實惠。那麼，什麼是與天命相對應的貴相、什麼又是惡相呢？王充說了一些。比如秦始皇，隆准長目，鷙鷹豺聲，虎視狼心，有求則下人，得志亦輕視人，刻薄寡恩，反臉無情，故天下皆為虜矣。又如越王勾踐，長頸鳥喙，可與共患難，不可同安樂。所以，秦始皇是秦人心狠之兆，而越王則是南人刻深之像，與之相處都不安全。諸如黃帝龍顏、顓頊戴午、帝嚳駢齒、堯眉八采、舜目重瞳、禹耳三漏、湯臂再肘、文王四乳、武王望陽、周公背僂、皋陶馬口、

孔子反羽，等等，不一而述。這些貴人們，其實更像怪物。在古代，可能怪也是某種心理暗示和導向。比如朱元璋先生，就是古今第一奇貌，大概整個人類史再很難有相貌超過他的了。我們要找第一美很難，但是第一怪卻非朱先生莫屬，那已經不是醜了。《明史》說他奇骨貫頂，確非虛言。其實非獨王充，孔夫子就是喜歡看相的，比如他相澹臺子羽就是。但是卻沒能靈驗，這說明相也有不準的。王充辯駁說，相是一定與天相應的，只是有的人看不準罷了，包括孔子在內。王充說孔子「以貌取人，失於子羽；以言取人，失於宰予也。」（《骨相》）為什麼會有不準呢？都是些什麼原因造成的呢？王充說：「相或在內，或在外，或在形體，或在聲氣。察外者遺其內，在形體者亡其聲氣。」（《骨相》）而孔子的形象就不佳，鄭人說：「其頭似堯，其項若皋陶，肩類子產，然自腰以下，不及禹三寸，儡儡若喪家之狗。」（《骨相》）完全像個「人體集錦」！不過孔子倒有達觀自嘲的精神。「子貢以告孔子，孔子欣然笑曰：形狀末也；如喪家狗，然哉！然哉！」（《骨相》）夫子不以狗為恥，後人還有什麼可說的呢？還有什麼是擺佈不開的呢？實際上，《白虎通》書中就記了這一段故事。《壽命》曰：「夫子過鄭，與弟子相失，獨立郭門外。或謂子貢曰：東門有一人，其頭似堯，其頸似皋陶，其肩似子產，然自腰以下，不及禹三寸，僵僵然如喪家之狗。子貢以告孔子，孔子喟然而笑曰：形狀末也。如喪家之狗，然乎哉！然乎哉！」

　　王充只是講了很多原則，至於具體怎麼看相，並沒有詳細的說明，沒有教範。但是《人物志》一書卻講到了怎麼看人。劉邵的《人物志》是關於「知人」的專書，其實就是識人術。案《四庫全書總目》云：

「魏劉邵撰。邵字孔才，邯鄲人。黃初中官散騎常侍，正始
中賜爵關內侯，事蹟具《三國志》本傳。別本或作劉劭，或
作劉邵。此書末有宋庠跋云，據今官書，魏志作勉劭之劭，
從力。他本或從邑者，晉邑之名。案字書，此二訓外別無他
釋，然俱不協孔才之義。《說文》則為邵，音同上，但召旁
從耳，訓高也。李舟《切韻》訓美也，高美又與孔才義符。
揚子《法言》曰：周公之才之邵是也。所辨精核，今從之。
其注為劉昞所作，昞字延明，敦煌人。舊本名上結銜題涼儒
林祭酒，蓋李暠時嘗授是官。然十六國春秋稱，沮渠蒙遜平
酒泉，授昞秘書郎，專管注記；魏太武時又授樂平從事中郎，
則昞歷事三主，惟署涼官者誤矣。邵書凡十二篇，首尾完具。
晁公武《讀書志》作十六篇，疑傳寫之誤。其書主於論辨人
才，以外見之符，驗內藏之器，分別流品，研析疑似，故隋
志以下，皆著錄於名家。然所言究悉物情，而精覈近理，視
尹文之說，兼陳黃老、申韓、公孫龍之說。惟析堅白同異者，
迥乎不同。蓋其學雖近乎名家，其理則弗乖於儒者也。昞注
不涉訓詁，惟疏通大意，而文詞簡古，猶有魏晉之遺。漢魏
叢書所載，惟每篇之首存其解題十六字。且以卷首阮逸之
序，譌題晉人，殊為疏舛。此本為萬曆甲申河間劉用霖所刊，
蓋用隆慶壬申鄭旻舊版而修之，猶古本云。」（《人物志》
三卷，副都御史黃登賢家藏本）

我們說過，中國的事理學發達，人們對事理的關注超過了物
理。無論是上古的齊物論，還是中古的才性論，配合《人物志》來
看，一切都是自然而當然的。劉邵在序中說：

「夫聖賢之所美，莫美乎聰明。聰明之所貴，莫貴乎知人。知人誠智，則眾材得其序，而庶績之業興矣。是以聖人著爻象，則立君子、小人之辭；敘詩志，則別風俗雅正之業；制禮樂，則考六藝祗庸之德；躬南面，則援俊逸輔相之材。皆所以達眾善，而成天功也。天功既成，則並受名譽。是以堯以克明俊德為稱，舜以登庸二八為功，湯以拔有莘之賢為名，文王以舉渭濱之叟為貴。由此論之，聖人興德，孰不勞聰明於求人，獲安逸於任使者哉？是故仲尼不試，無所援升，猶序門人，以為四科，泛論眾材，以辨三等。又歎中庸以殊聖人之德，尚德以勸庶幾之論，訓六蔽以戒偏材之失，思狂狷以通拘抗之材，疾悾悾而無信，以明為似之難保。又曰：察其所安，觀其所由，以知居止之行。人物之察也，如此其詳，是以敢依聖訓，志序人物，庶以補綴遺忘，惟博識君子，裁覽其義焉。」

知人有兩個方面，一是識別舉拔人才，一是認透一個人。舉拔人才，當然首先是要看清楚這個人，但是，單純的認清一個人，就足夠成為獨立的目標了。所以，在這裏我們可以很明白的看到一點，古人認為：最高的智慧，就是善於利用他人現成的智慧。所以事必躬親，不如調動他人，因為一切事情都是要靠人去做的，所以人為事本。我們不可能每件事都自己去達成，比如思考方面要借助前人的成果，就是對他人的現成的智慧的利用。至於後人要親自思考，很多時候僅具自我操練的意義，並不一定就能夠提供給人文共同體怎樣恆久的沉澱。所以孔子說，終日思之不如須臾之學，就是這個意思。能夠知人，也就等於控制了一切，這就是智，所以知人學必然會在歷史中發達。

從二分法來說，第一環劃分就是君子、小人。在這裏我們也有
必要說明，所謂君子與小人，是從他們的本性去量論的，不是說君
子就沒有壞處和缺點，小人就沒有優點，只是有什麼與就是什麼，
兩者是有根本區別的。一個人毛病再多，但旁人就不覺得他是壞
蛋；反之，一個人再彬彬有禮，別人就是覺得他不安全，這是很奇
妙的。所以有毛病與就是壞人不同，有優點與就是好人無關。說白
了，就是凡事要看其根本的主體規定性。有與是在這裏是需要嚴格
分別的，有什麼與是什麼根本不同，所以有、是之間的同異關係一
定不能混淆，世人認識問題不清楚，恒由於此。當然，君子與小人
的正別標準是很具體的問題。而一個人有什麼與這個人就是什麼，
兩者之間是沒有多少關係的，無從混淆。所有這些，要弄明白，都
屬於知人之學。當然，在人的對待上，也分不同的態度。比如性善
論的態度、性惡論的態度，等等。有的是追究型的態度，而有的則
是表現論的態度。關於後者，實際上在表面化的皮相之下，隱含著
一種深刻的把握。也就是說，你是一個什麼人，我們不追究，也不
關心。我們所唯一關注的，只是你在我們面前表現如何，而非內質
怎樣。只要表現好，就好，一切都好，你就是好的、善的。反之，
如果表現不好，你與你的一切就都是壞的，內質再善也沒有意義。
事情就這麼簡單，為什麼呢？因為這種態度就是通約的態度，它把
一切難知、不可知的都化約了，統一到面上論究竟、給究竟，所以
說最表面的最本質，也最實質。《大學》只說揜其不善，並沒有說
改其不善，更沒有說就是善的，這種態度很可玩味。所以，孟子的
性善論，可能恰恰是歷史中因為壞極了而刺激、激發出來的一種反
動，而不是什麼自然、天然之論。因為性善論太不合常情、常規了，
一般人都很容易在生活中自然地倒向性惡論，所以這裏面都是問題。

劉邵認為，要治理天下，根本還是在於求人、得人。有了合適的人，事情就成了。像教育，也是一種皮膚科的處理、治療，即：不管你是什麼人，統一都在教育下集合。質惡的，弱化、減輕其程度；質善的，塑造、昇華之。總之，只要教了就有好處。所以儒家主張教，乃是一種人文經驗。從劉邵的議論來看，十分明顯，他就是把儒家論人的思想加以發揚，在技術細節上更擴而充之罷了。這樣，原來散放的知人論世，包括品藻人物，就有了一個正規的總結，形成了書面理論依據，不僅可以備忘，更可以供進一步的研求之用。但是，十分顯見，《人物志》的資源在歷史中利用得並不充分，搞得不好還可能被視為偏方。所以，歷史思想學說理論資源的合理利用，其利用率如何充分化，是很大的問題。

劉邵說：

「蓋人物之本，出乎情性。情性之理，甚微而玄。非聖人之察，其孰能究之哉？凡有血氣者，莫不含元一以為質，稟陰陽以立性，體五行而著形。苟有形質，猶可即而求之。凡人之質量，中和最貴矣。中和之質，必平淡無味，故能調成五材，變化應節。是故觀人察質，必先察其平淡，而後求其聰明。聰明者陰陽之精，陰陽清和，則中睿外明。聖人淳耀，能兼二美，知微知章，自非聖人，莫能兩遂。故明白之士，達動之機而暗於玄慮。玄慮之人，識靜之原，而困於速捷。猶火日外照，不能內見；金水內暎，不能外光。二者之義，蓋陰陽之別也。若量其材質，稽諸五物，五物之徵，亦各著於厥體矣。其在體也，木骨、金筋、火氣、土肌、水血，五物之象也。五物之實，各有所濟。是故骨植而柔者，謂之弘

毅。弘毅也者，仁之質也。氣清而朗者，謂之文理。文理也者，禮之本也。體端而實者，謂之貞固。貞固也者，信之基也。筋勁而精者，謂之勇敢。勇敢也者，義之決也。色平而暢者，謂之通微。通微也者，智之原也。五質恒性，故謂之五常矣。五常之別，列為五德。是故溫直而擾毅，木之德也。剛塞而弘毅，金之德也。願恭而理敬，水之德也。寬栗而柔立，土之德也。簡暢而明砭，火之德也。雖體變無窮，猶依乎五質。故其剛柔、明暢、貞固之徵，著乎形容，見乎聲色，發乎情味，各如其象。故心質亮直，其儀勁固。心質休決，其儀進猛。心質平理，其儀安閒。夫儀動成容，各有態度。直容之動，矯矯行行。休容之動，業業蹌蹌。德容之動，顒顒卬卬。夫容之動作，發乎心氣。心氣之徵，則聲變是也。夫氣合成聲，聲應律呂。有和平之聲，有清暢之聲，有回衍之聲。夫聲暢於氣，則實存貌色。故誠仁必有溫柔之色，誠勇必有矜奮之色，誠智必有明達之色。夫色見於貌，所謂徵神。徵神見貌，則情發於目。故仁目之精，愨然以端。勇膽之精，曄然以強。然皆偏至之材，以勝體為質者也。故勝質不精，則其事不遂。是故直而不柔則木，勁而不精則力，固而不端則愚，氣而不清則越，暢而不平則蕩。是故中庸之質，異於此類。五常既備，包以淡味。五質內充，五精外章，是以目彩五暉之光也。故曰：物生有形，形有神精，能知精神，則窮理盡性。性之所盡，九質之徵也。然則平陂之質在於神，明暗之實在於精，勇怯之勢在於筋，強弱之植在於骨，躁靜之決在於氣，慘懌之情在於色，衰正之形在於儀，態度之動在於容，緩急之狀在於言。其為人也，質素平淡，中睿外朗，

筋勁植固，聲清色懌，儀正容直，則九徵皆至，則純粹之德也。九徵有違，則偏雜之材也。三度不同，其德異稱。故偏至之材，以材自名。兼材之人，以德為目。兼德之人，更為美號。是故兼德而至，謂之中庸。中庸也者，聖人之目也。具體而微，謂之德行。德行也者，大雅之稱也。一至謂之偏材。偏材，小雅之質也。一徵謂之依似。依似，亂德之類也。一至一違，謂之間雜。間雜，無恒之人也。無恒依似，皆風人末流。末流之質，不可勝論，是以略而不概也。」（《九徵》）

對沒有價值、意義不大的情況和類型，劉邵就懶得總結了。從這裏來看，人物的辨別，還是以性學為本，也就是情性問題。但情性之理是隱微而玄妙的，不容易把握。如果不是聖人那樣的照察，又如何能輕易捕捉呢？所以，能夠究知人物的，一定有非常之智。這就是事理學，著重於對人的知。劉邵說，但凡是有血氣的生命體，莫不含元一以為質，這裏元一是關鍵，首先應該是指元氣。因為人和萬物都是由元氣構成的，在質上。這種固定的歷史學說思路，到後來就是理學所講的，人首先是氣質之性，然後才談得到五常義理之性。劉邵在這裏說稟陰陽以立性，於是，對人的劃分、大的分別，就有了性與質之二別。質與形當然是形而下的，比如說肉，其質地就是軟的；骨頭是硬的，這是剛柔之別，無一例外。所以，性質與形質不一樣，性質寄載在形質中。一個人，首先要有形而下的形體，否則這個人的一切性質也就都談不到了。所以，形而下的氣質之性，必然是首先須考察的對象，因為人的氣質性是千差萬別、參差不齊的。這就好像傢俱，同樣是這個式樣，用好木料打造和用低劣

木料製作，效果完全不同。劉邵認為，人的質量，當然是以中和為最優，也就是中庸。因為中和能夠應接所有的情況，所以最全面、最優化。假如人是中和之才，他就趨於完全了，這當然是求之不得的。所以，對每個人的考察，必須先從平淡開始，然後再來察看他的聰明才能、能力智慧，等等。人的聰明也是一種陰陽，所以人的中和，實際上就是陰陽調和，是陰陽的中和。如果陰陽不調，流於乖戾偏雜，那麼這個人肯定是乖張毛病的，就不再好用了。在日常生活中，不好的人一多，人類生活就會發生困難。所以《人物志》的作用，首先是告訴人們識別人的方法，而接下來還有教之、修正之的長路要走。劉邵說陰陽清和，這裏面包含的意思層次很廣。比如說一個人很輕透，那麼這個人就會心有靈犀，不煩多費事，不必多傷精神，因為氣質輕透的人心眼管用。反之，如果一個人濁氣沖天，非常渾濁、憨蠢，那麼這個人心眼不大靈，就是必然的了。心眼不管用的人，生活中會很不自覺，別人在跟他相處時，會覺得很傷神，身心都沒有愉悅感。所以，《人物志》中的理論不是來源於書面，不是玄理，而是出自實際的經驗總結，是有實在根據的。這是由中國思維傳統的實學性所決定的，決非憑空發論。所以回過來，《人物志》中的總結能夠用來改進人們的日用生活，由粗糙而入精緻之域。所以劉邵說，清和的人中睿外明，就是心眼管用，內心睿智，外在明達，這就是通情達理。但要做到這一點（真正通情達理），非聖人不可。可見情理之難，絕非易事。

我們說過，聖人之名不是入學之階，因為它太驚高玄。所以從篤實的徑路來說，講到賢就足夠了。賢的品類有多種，程度也有輕重，富於彈性。劉邵說到的明白之士、玄慮之人，等等，都可以視為賢人。明白與玄慮，相較而言，在動靜上各有側重、各有所偏。

明白的人表現在動上比較優秀，但是在靜的方面不夠深沉。玄慮的人在靜方面擅長，但是又太陰了，城府太深，心思太密，不能果敢獨行，快速反應，所以行動上難免拖泥帶水、有縛累。這種分析，顯然還是一種陰陽解釋。就好像火與水陰陽二端的關係，火能夠提供光明，但是人不能在火中照鏡子、看見自己的影像；鏡子能夠給人照，但是鏡子本身不發光，在黑暗中，人們照樣看不見自己。所以古人說，火提供光，鏡子提供明。光是向外施發的，屬於陽。鏡子是往裏內收的，屬於陰。所以有光無明、有明無光都不可以，只有光、明俱備，人才能看見自己。所以光屬陽，鏡子屬陰，陰陽不可偏廢。由此可見，古人按陰陽二分萬物，剖解得是相當細密、整齊的。陰陽是這樣，接下來的五行也是規則的。我們說古人對宇宙世界的歸結很早就定型了，無非陰陽與五行兩大，處處援陰陽、五行來解事，又哪裡有疑義呢？所謂五物，就是指金、木、水、火、土。考量人的材質，也要配合五行去看。從五物之象來說，血是對應水的，因為血和水都是液體，是流動、循環的。所以在象上它們是一類，山川大地是一個大人體，人體是一個小的山川大地，這就是天人對應。以此推之，木對應骨頭，因為骨頭是一根根的，硬的，像木頭，起中間支撐作用。肉對應土，豐滿肥厚。筋對應金，是線路性的。氣對應火，因為火和氣都是虛的，不是實的。這些是從物象上說。

　　那麼，氣是什麼呢？說白了，氣就是宇宙間的「彌滿元質」，是一個形象化的說法，這是因為古老，所以用形象說法。劉邵所謂弘毅，就是要有向外發揚、弘敞之性，如果只是一味內收，狹小到一定程度，就成了刻薄之性。所以從氣質上來說，仁性乃是一種敞開性。氣質清朗的，當然就顯得通透，通透之人很容易明理，而有

禮就是建立在明理的基礎上的。所謂理，就是禮的所以然根據，是禮的原理，而禮則是對理的兌現化。所以禮、理是一體的。體貌端正而堅實的人必然守信，我們從外表就能夠窺見一個人的內在。筋骨強勁而精悍銳利的人肯定勇敢，因為義士多半是從這一類人中產生。表情平靜而暢達的人，一定含著深遠的性質，也就是幽遠。這種幽遠的性質，使人能夠洞見很多微觀的、隱微的深處，發現別人不容易窺到的區域，所以深遠的人多智慧。這五大性質，是一切人類稟性中最高端、最有代表性的部分，所以要優先考慮。劉邵在這裏講的，還是仁、義、禮、智、信，包括智、仁、勇等儒家關注的核心問題，其看人的標準也是偏於儒道的。由此進一步衡論，五常之性表現出來就兌現為五德，這是性與德的關係。比如簡明暢快的，這是火爆脾氣。寬容的是厚德載物，像大地一樣相容並蓄。溫和仁厚的像木，郁郁蒼蒼，生命之象。樹木就是不斷生長的，只有仁和，才能不斷生長滋衍。至於剛硬的性格，當然像金。而靈活、富有彈性的則像水。雖然人的情性千差萬別，但是最要緊的，都可以從五大件去求得、把握。人的性質，與人的外貌，兩者之間有一個對應關係，這個關係是一切的基礎。正是從這個關係，我們能夠通過跡象把握人物。這就是劉邵說的各如其象，是一定的。所以內心亮直的人，外表動止就表現為勁固。因為心地光明、正直，所以容儀穩定堅勁。內心毅然決然的，容儀勇猛奮進。內心平和明理的，容儀便顯得安閒從容。其他都可依此類推。所以從一個人的外表、態度，就可以窺知他的內在。像外表勁直的，他的行動也是矯健直截，等等。所以，人的外表動作就一定是反映他的內心。比如氣得發抖，樂得發歪，這都是掩藏不住的。所以，人對自己內心的掩飾，只能達到一個輕重程度，而不可能左右有無。不容易看出，與完全

沒有、完全就不是，這是兩回事。所以古人認為，外在表現與內在心氣一定是對應的。因此，從動止就能夠看到人的內質，識人術就建立在這個基礎上。由此，就需要對人類行為進行歸總分析。首先是聲音的變化，比如人在發怒時，聲音、語調會變得激亢，就是證明。聲音也是氣，所以聲音與心氣是一體對應的關係。內心安寧，聲音也和平。動不動就生氣，聲音也多變。心境不佳，聲音也低迴。而最典型的，就是人類的音樂歌唱。有慷慨之歌，有蒼涼之歌，有幽遠之聲，有雀躍之聲，等等。所謂聲情並茂，表情與音樂是相伴隨的，無論演者或聽者都是如此。所以，演出就是人群的一個公開的情緒宣洩口。

劉邵說誠仁、誠勇、誠智，所謂誠，就是真實、確實、的確、真是的意思，也就是真。真正內心仁厚的，不含虛偽，一定有溫柔之色，這是假裝不好的。真正勇的一定有矜奮之色，的確智慧的一定有明達的外表，神情貌色，眼睛是窗戶。所以內心沒有鬼的，目光也不閃閃爍爍。內心勇敢的，目光堅強。但這些都還是偏於一端，並非全才。換句話說，就是所謂氣質之性太盛，不能戰勝自己的氣質之性。比如勇猛的人，如果一味勇猛，毫不加以掩飾，那麼過於銳利的，便很容易摧折。火爆脾氣的，就容易遭小人的構陷。所以劉邵說，如果只是直來直去，那麼這個人就不是正直，而是木直了，也就是有渾球氣，野而不文，就失禮。同樣的道理，如果僅僅是剛勁有力，而為人不精緻，那就是沒有教養和規範了。如果只是固執，只是固守、堅持，流於偏頗而不端正，那麼這個人只能說是頭腦僵化、蠢愚，有憨傻氣。所有這些，都是所謂過頭，或者就是規範不夠。所以，中庸之質是不這樣的。什麼是中庸呢？所謂中庸之質，就是要平淡沖和，無所不包，也就是要全，不能偏於一端，這個要

求是很高的，一般人當然做不到。劉邵舉列了九項：質、實、勢、植、決、情、形、動、壯，等等。這些當然都緣出於經驗，通過一個人的外形舉動和神情狀貌識別他，這是傳統的手法，並不高玄。如果一個人九項都合格，那麼這個人就很全面了。反之，如果以這九項為座標，違背、相去越遠，越是偏雜之才。如果是偏於一端，那麼就只能以材為名目。比如說這個人精於口技，其他都不行、不會，這就是所謂才藝。如果是兼若干項的，那麼這個人就可以以德為名目。比如說睿智、博學，等等。可見，材與德有一個層次的分別，德的層次當然要高得多。而至德就是中庸，這裏說得還是很樸素的。所以在這裏有一個三段劃分，實際上就是一、多、全。材只要有一項也就可以了，比如看大門看得好，就可以一輩子看大門。這是材，是具體的。德需要包含若干項，像歷史中的高道大德，都不是一材而已，而是兼具若干項的。至於大全的中庸聖人，我們可以淡化不提。所以問題的核心仍然是──材、德問題。劉邵在這裏講到的依似，其實就是孔子說過的惡似而非者。好像是什麼，而其實不是，只是個假冒牌，這種人最討厭。比如偽人文大師，就會把世人帶壞。好像是直來直去，其實這種人並不正直，而只是渾蛋氣重。比如對人講話：你覺得你是個東西嗎？這就是無禮。人而無禮，胡不遄死！真正正直的人會好好說：這樣不太好。所以似者（就是那些似是而非的人）就是亂德者。還有一種好壞參半、正邪之間的人，就屬於間雜情況，間雜的人是沒有定準的。所以依似、間雜以下的情況，雖然千差萬別，但是已經沒有總結的價值和意義了。因此，人物論是一種地道的優化思維。

　　關於君子、小人，古語說，君子者小人之師，小人者君子之資。這就是說，小人應該學做君子，但小人也不是沒有意義、價值，小

人是君子的案例和題庫，這是一大筆資源，使君子研究、認清這個世界。從儒家的立場來說，無非是風俗、政教，而政教是因襲風俗、不是「改奪」風俗的。至於風俗自己會變遷，那不是政教削割的理由，政教只應該起一個點化的作用。但是，古人所謂舉賢得人，卻常常因為歷史的怪圈而變得缺乏說服力。比如說，很多時候，連一個像樣的人也找不到，於是制度論者就抬頭了，說人性都是惡的，所以人治論害莫大焉云云。但問題是，再好的制度、辦法，也還是要靠具體的人去操作，這就是現管的事實。所以套用俗語來說，就是不怕無善制，唯懼乏善人。因此，教的目的和功用就是「善之」。有教至少可以起到一個緩解的作用。那麼，根本的情況是怎樣呢？就是：人的狀況很難中庸，這就是所謂的怪圈。比如說千年一聖，或者一年千聖。人是講「批」的，有時候趕到了一堆，有時候一個也沒有。實際上，這就是我們所說的本質律，即：人再多，其實只是一個人。所以要麼好、要麼壞，很難中庸。當一個人被引發出來以後，所有的人就都被引發出來，大家都變成這個人，反之也一樣。所以，中庸態是很難出現的，這就是《鏡花緣》所諷喻的，要麼是君子國，要麼是小人國，沒有中間態。因此，在君子國，制度沒有用；在小人國，制度用不上，所以一切都只是個滑稽的循環輪迴。總之是，制度休想有自己的安頓。因此，制治與人治之爭乃是無謂的，從力學上來講，事情只能倒向一端，而制度設置只是虛懸的那個中空的部分。這就是鐘擺原理，它擺過來還要擺回去，在不同的擺程上，人的景況是不一樣的。

　　所以說，德行為道義之門，志氣乃材智之根。對前一種說法，我們可以暫時懸起來。而後一種說法，卻是不易之論。因為人都是有才的，所謂無能其實只是錯位的反映。比如說喜歡畫畫的人要他

去學數學，當然才華就被扼殺了，顯得很笨，這只是因為沒有對上。因此，我們可以就古人的意思得出一個條律，即：

天才程度＝喜愛程度

越是喜歡一個什麼，在這方面所表現出來的才分越高，所以說世界上沒有無能者，只有錯位。因為很少有人是不喜歡任何事情、任何東西的，所以根據上面的公式，我們就可以知道，才分缺乏者是因為生性寡淡、平淡，或者就是被糟糕的外界環境因素、比如教育損傷了其天性，從而產生變異的結果。因此，在找到好的教育辦法以前，最好是行不教之教，亦即清靜無為。而且相對於身教（即行教）來說，言教是不管用的。言只對行後之人有用，所以任何教都是行教，這就是儒行的意義。像貪財的人，只要善加引導，其實可以成為合適的文物收藏家和保管員。所以，上天所賦之性並非簡單的善惡，而是一種資源，關鍵在於能否善加引導和開發利用。所以說天生之才必有用，點石成金，變有害為有利，化腐朽為神奇，這只是一個最簡單的經驗。沒有不好的人和事，只有還沒想出怎麼利用的辦法，如此而已。考慮到這一層，道德論、善惡論的基礎便需要重新擺定。人類的一切思想學說，都有一個基礎擺定的問題，這就是「正本」。比如說，詞語是否出現錯位，等等。《人物志》就是要把人的問題專門擺定，而這就是「正人」了。

第二章　思想的中轉

第一節　轉關

南北朝時期的思想，雖不及前代偉大，但還是有一些資源。比如《劉子》一書，內容不少。關於《劉子》，舊有的說法有多種：有的說《劉子》係劉歆所著，有的說是劉晝所著，有的說是劉勰所著，不一而述。但是，所有這些說法都缺乏充分的根據，著者到底是誰便成了懸案。所以，我們乾脆就說，《劉子》係劉子所著，這樣總不能算錯。案《四庫全書總目》云：

> 「案《劉子》十卷，隋志不著錄，唐志作梁劉勰撰。陳振孫《書錄解題》、晁公武《讀書志》俱據唐播州錄事參軍袁孝政序，作北齊劉晝撰。《宋史藝文志》亦作劉晝。自明以來，刊本不載孝政注，亦不載其序。惟陳氏載其序，略曰：晝傷己不遇，天下陵遲，播遷江表，故作此書。時人莫知，謂為劉勰、劉歆、劉孝標作云云，不知所據何書？故陳氏以為終不知晝為何代人。案梁通事舍人劉勰，史惟稱其撰《文心雕龍》五十篇，不云更有別書。且《文心雕龍》《樂府》篇稱，塗山歌於侯人，始為南音；有娀謠乎飛燕，始為北聲。夏甲歎於東陽，東音以發；殷整思於西河，西音以興。此書《辨樂》篇稱，夏甲作破斧之歌，始為東音，與勰說合。其稱殷

辛作靡靡之樂，始為北音，則與勰說迥異，必不出於一人。
又史稱勰長於佛理，嘗定定林寺經藏，後出家，改名慧地。
此書末篇乃歸心道教，與勰志趣迥殊。白雲霽《道藏目錄》
亦收之太元部無字型大小中，其非奉佛者明甚。近本仍刻劉
勰，殊為失考。劉孝標之說，《南史》、《梁書》俱無明文，
未足為據。劉歆之說，則《激通》篇稱班超憤而習武，辛建
西域之績，其說可不攻而破矣。惟北齊劉畫字孔昭，渤海阜
城人，名見《北史儒林傳》。然未嘗播遷江表，與孝政之序
不符。傳稱畫孤貧受學，恣意披覽，晝夜不息，舉秀才不第，
乃恨不學屬文，方復綴輯詞藻，言甚古拙，與此書之縟麗輕
蒨亦不合。又稱求秀才十年不得，乃發憤撰《高才不遇傳》，
孝昭時出詣晉陽上書，言亦切直而多非世要，終不見收，乃
編錄所上之書為《帝道》，河清中又著《金箱壁言》，以指
機政之不良，亦不云有此書。豈孝政所指，又別一劉畫歟？
觀其書末《九流》一篇，所指得失，皆與《隋書經籍志》子
部所論相同，使隋志襲用其說，不應反不錄其書；使其剽襲
隋志，則貞觀以後人作矣。或袁孝政採摭諸子之言，自為此
書而自注之；又恍惚其著書之人，使後世莫可究詰，亦未可
知也。然劉勰之名，今既確知其非，自當刊正。劉畫之名，
則介在疑似之間，難以確斷。姑仍晁氏、陳氏二家之目，題
畫之名，而附著其牴牾如右。」（《劉子》十卷，內府藏本）

　　《四庫全書總目》辯證得很清楚。我們看《劉子》一書的內容，
好像是對上古思想的一次重申。《四庫全書》把《劉子》定為南朝
時候的作品，這一意見是有見地的。因此，我們也可以把《劉子》

視為中古思想的一個過渡，畢竟《劉子》的理論是整齊而有系統的，非散漫篇章可比。案《審名》云：

> 「言以繹理，理為言本；名以訂實，實為名源。有理無言，則理不可明；有實無名，則實不可辨。理由言明，而言非理也；實由名辨，而名非實也。今信言以棄理，實非得理者也；信名而略實，非得實者也。故明者，課言以尋理，不遺理而著言；執名以責實，不棄實而存名。然則言理兼通，而名實俱正。」

正名是對正名實的簡稱，不僅要正名，更要正實，名實要一起正。名、言、辭，這些都是構成學說思想的單位元件，是為了把道理說清楚的，也就是「繹理」。理本身是立言的基礎，如果一種學說理論於理不當，那麼它就無法成立，站不住腳了，所以說理是言的根本。但是學說並不都是當理的，世上有很多歪論，所以，並不是每一種言都可以被當成道理的。從名實關係來講，實顯然是名的來源，而名是要「表指」實的。沒有實，根本就談不到名，因為連名的對象也沒有，這是指物論所決定的。所以，名只是用來訂正實的，也就是正指、正其指。包括言、理，也都要正，即正言、正理。言是用來說明理的，而明分兩種──說明與證明。通常情況下，我們說證明是很難的，只能說明。理是形而上先天本有的，就像 2，即使沒有宇宙，也會有 2。所以，明理只對人類自己有意義，對自然、對天都沒有意義。但是，把道理說清楚，必須靠言，所以墨辯把「說」放在核心的位置。同理，實也是自在的，與人無關。但是人覺得「實」和自己關係甚大，完全必要──人不可能離開實，所以才要制定名去指實。也就是說，辨實只對人自己有意義，對實自

己、實本身無意義。根據二分法，我們可以劃出兩邊——實與理，屬於自在的一邊。包括形而上、先天、本有等等在內，都是；而名、言則屬於人這一邊。人類所做的一切，首先都只是對自己有意義，要說對自在本身有意義，那是誇大其詞。簡單的講，比如歪曲事實，這只能損害人自己，要說事實會吃什麼虧，那是胡扯。所以，人永遠只能對自己負責或者不負責，這就是「我」，墨辯中講得很清楚。所以劉子說，理本身不是言本身、言本身不是理本身；實本身不是名本身、名本身不是實本身。它們只是功能性的關聯在一起，而這個功能作用是只對人有用的，只對人才有意義和價值。但世俗的表現往往是，他們不是直指理與實，而是更迷信語言，是以語言為終極。劉子的這一觀察是深刻的。所以，明是什麼呢？明就是名實、言理的同步確正。

劉子說：

> 「世人傳言，皆以小成大，以非為是。傳彌廣而理逾乖，名彌假而實逾反，則迴犬似人，轉白成黑矣。今指犬似人，轉白成黑，則不類矣。專以類推，以此象彼，謂犬似獲，獲似狙，狙似人，則犬似人矣；謂白似緗，緗似黃，黃似朱，朱似紫，紫似紺，紺似黑，則白成黑矣。黃軒四面，非有八目；夔之一足，必有獨脛。周人玉璞，其實死鼠；楚之鳳凰，乃是山雞。愚谷智叟，而像頑稱；黃公美女，乃得醜名。魯人縫掖，實非儒行；東郭吹竽，而不知音。四面一足，本非真實；玉璞鳳凰，不是定名。魯人東郭，空濫美稱；愚谷黃公，橫受惡名。由此觀之：傳聞喪真，翻轉名實；美惡無定稱，賢愚無正目。」（《審名》）

　　「似」在名理上佔有核心的位置。所謂似，就是不明顯的「異」。明顯的異，容易正別；不明顯的異，很難正別，所以孔子最討厭「似」。至於把明顯的搞得不明顯，那就是名理犯罪了。彎子繞得大，明顯性就會消失。明顯性一旦被消抹掉，非正也就達成了。可以說，「似」是各種「異」當中的一大類。別同異的人，應該是不考慮似的情況的。劉子在這裏揭示了一個最重要、最基本的巧轉情況，他稱之為翻轉，也就是「墊入臺階」──通過迂回而間接化地達到目的。這樣一來，萬物一馬、萬物似馬，馬一萬物、馬似萬物，就顯得自然而然、毫不奇怪了。所以，似、像、相當於、是、即、者也，等等，這樣的字眼可以把一切「淆綴」起來。關於理與實在現實中的變形和走樣，劉子說得很清楚，他舉了兩個極端的例子，與古義是相合的。就是：犬和人、白和黑的名實關係。犬似人、白成黑，這無異於說：犬、人也，白、黑也，反過來也一樣。但是，乍一看這樣的說法，任何人都會很明顯的知道其為詭論，可是，如果在其中墊入很多緩衝、變形的環節（臺階），那麼人們就會覺其有理了。所以，這裏有一個把明顯不明顯化的問題，從而達到某種立論的目的，或者是破立的目的。像先秦時代的萬物一馬之論，就是這樣來的。像這樣「轉類」下去，任何名實都可以彼此「相是」，而不僅僅是相似。所以劉子說的推類，其實應該是轉類，屬於巧轉範圍，因為推類是要求嚴格的正類基礎和步驟的。這就像收門票，不是說前面的收過了，後面的就直接進，沒有那回事。之所以要售門票，就是為了每個人都要驗看。所以正名也是要每個環節都細摳的。

　　這裏的轉渡很有意思，比如說直接講狗像人，那麼任何人都會認為是胡說八道。但是如果填進、墊入一些級階，事情就會發生變化。比如說狗像狒狒，狒狒像猴子，猴子像猩猩，猩猩像人，這樣

連接，就自然了。所以柔和變形是很可怕的。顏色也是如此，孔子
怕變色，也是因為深知正名的緣故。比如說白像淺黃色，淡黃色像
黃色，黃色像棕色，棕色像紅色，紅色像紫色，紫色像紺色，紺色
像黑色，等等。所以白色像黑色，白色成黑色，白色是黑色。這種
連續綿延變異，是一個過程長鏈。但過程與似、是、像、變成，顯
然是不同的。可人們還是混淆了這些，把過程的兩端，建立了是、
像的關係。這說明，是否打動他人，靠的是明顯度——明顯還是不
明顯，所以名理也是一個輕重的問題。有形與無形，形的明顯度、
形顯度決定一切、主宰一切。所以，名實的情況往往是不真實的，
在實際中。這是因為「翻轉」的緣故，而傳聞則是最表層的一種失
真因素。所謂定名、定稱、正目等等，稱謂、名目都是很脆弱的，
容易走形，這樣一來，善惡也就不好確正了。

劉子說：

> 「俗之弊者，不察名實，虛傳說者，即似定真。聞野丈人，
> 謂之田父；河上姹女，謂之婦人；堯漿、禹糧，謂之飲食；
> 龍肝、牛膝，謂之為肉。掘井得人，言自土而出；三豕渡河，
> 云彘行水上。凡斯之類，不可勝言。故狐、狸二獸，因其名
> 便，合而為一；蛩蛩巨虛，其實一獸，因其詞煩，分而為二。
> 斯雖成其名，而不知敗其實；弗審其詞，而不察其形。」又
> 說：「是以古人必慎傳名，近審其詞，遠取諸理，不使名害
> 於實，實隱於名。故名無所容其偽，實無所蔽其真，此之謂
> 正名也。」（《審名》）

審名就是要正名，一切問題其實都是名實問題。據統計，大熊
貓自古以來有二十種以上的稱謂，但是對常人來說，這些名字都很

陌生，而這就是一實廿名、廿名一實的情況──根據指物論。由此推之，一實萬名、萬名一實，一實多名、多名一實就決不稀奇。但所有這些名，比如大熊貓的，它們都是對的，不能說錯，這也就是名實的必然性和當然性。實際上，大熊貓之所以是世界上最奇特的動物，也表明了華文化的某種特質。說白了，大熊貓就是陰陽獸。他只有黑白兩色，而且分配非常獨特，不是其他黑白動物能比的。有的名、實相隔很遠，比如說玉璞，乍一看字面，還以為是玉石，其實是指死耗子。楚地叫鳳凰的，其實是指山雞，當然山雞往往長得很漂亮，具有觀賞價值。這些都是所謂不好的名，容易誤導人。所以，什麼是好的命名標準，就成了最基元的問題。我們說，所謂好的命名標準，就是要看名稱是否能夠使人望文生義、顧名思義，如果一看字面，就能準確的把握實，省力氣，容易理解，這就是好的名，反之就是不好的名。歷史中往往是人心好深曲，結果名目複雜，搞得人白首而不能言，不知所云，這都是「名言喪實」之弊。至於名言的僭奪情況，就更是嚴重而有害了，使得人們的頭腦根本無法思考和運轉。所以，似（相似性）與真（誠是）是最容易互亂的。孔子惡似，就因為似容易壞真。像牛膝這個名稱，其實是一種中草藥，但總是容易讓人想到肉，這就是名的作用，因為名往往會吊起很多東西。又比如掘井得人，謂自土而出，就是一個很缺德的說法，因為你不能說它不對、說它錯。生活中有很多缺德的說法，本身就是為了迷惑、誘導別人的。所以，很多人實際上是在玩弄名言，並不是為了求真，並非真的不清楚，而恰恰是要亂真。比如說：一個與三位同性同居的明星。原來，三位同性是明星的祖父、父親和兄弟。這種缺德的說法，根本無關於知識學問，僅僅是對人的一種單純迷惑、誘導。所以在討論學問知識問題時，此類人事因素和

情況是絕對要排除的、根本不予考慮。當然，有的名目是因為求方便，而派生了習慣性說法。但是這種方便，往往會造成「名成實敗」的結果，所以審詞察形就是必要的。畢竟語詞、詞語與名還是有一個日常化和專門化的分派。

由此而言，正名就是要去偽顯真。名、詞、理、實，無不關涉、牽扯到真、偽問題。劉子曰：

> 「名者，命之形也；言者，命之名也。形有巧拙，名有好醜，言有善惡。名言之善，則悅於人心；名言之惡，則忮於人耳。是以古人制邑名子，必依善名；名之不善，害於實矣。」（《鄙名》）

這裏是講善名的問題，雖然劉子論名實問題，都是原則性、總論型的，但卻為我們打開了歷史「例庫」，足以舉一反三。一般來講，名都是要「命指」有形物、有形者的，亦即有形。但是，有形是分虛實的。像桌子、椅子，這是實物，是實態的有形。而所謂無形，其實只是虛態的有形。比如「之」這個漢字，顯然就是指向一個虛態的對象的。所以，名是最基元的單位，而一句話、一個句子，無疑是由一串名組成、構建的，這就是言。言雖然也是基本單位，但是比名大。所以說名言，它們都是構成學說的基件。當然，言在古漢語中也指字數，比如說老子五千言，就是五千字的意思。當然，劉子論名，不是以這個意思為主。而且，劉子論名關善惡，也是以人事的吉凶禍福為主。比如人們對名的好惡，其著重在感覺。劉子曰：

> 「今野人晝見蟢子者，以為有喜樂之瑞；夜夢見雀者，以為有爵位之象。然見蟢者未必有喜，夢雀者未必彈冠，而人悅

之者，以共（其）名利人也。水名盜泉，尼父不漱；邑名朝
歌，顏淵不舍；裏名勝母，曾子還軔；亭名柏人，漢侯夜遁。
何者？以其名害義也。以螗雀之徵，無益於人，名苟近善，
而世俗愛之；邑泉之大，生人所庇，名必傷義，聖賢惡之。
由此而言，則善惡之義在於名也。」（《鄙名》）

善惡之義在於名，所以正名就是正善惡（春秋是也），就是正義。
比如叫盜泉的，給人的感覺就很彆扭，就不願意喝裏面的水。這還
是給事物命名的情況，至於給人取名，其實也是有講究的，說白了，
其原則就是要有禮，即非禮勿名。「非禮勿（　）」乃儒家行範，是
最普通的規則、規範。大體上來說，人名的講究，其實就是要本守
一個中和原則，要沖淡祥和，要中庸，不要流於怪亂乖張。比如孔
子給兒子取名叫鯉，就是和平之名，也不俗氣。有很多人給子女取
名叫宇宙，結果一輩子小得不得了，因為名是有反訓性的，所以中
性的方案比較好。像什麼用血、用器官、用火取名的，給人的感覺
都失於不祥、多有餘殃。劉子在這裏就舉了幾個悲慘的笑話，他說：

「昔有貧人，命其狗曰富；命其子曰樂。方祭，而狗入於室，
叱之曰：富，出！祝曰：不祥。家果有禍。其子後死，哭之
曰：樂！而不自悲也。莊裏有人字其長子曰盜，次子曰毆。
盜持衣出耨，其母呼之曰：盜！吏因縛之。其母呼毆！毆！
喻吏遽而聲不轉，但言毆！毆！吏因毆之，盜幾至於殪。立
名不善，而受其弊，審名之宜，豈不信哉！」（《鄙名》）

雖然人事與純粹學問、知識有別，但也不能不注意其雅正。像
很多用道德名目取名的，其實也不合適。比如包希仁，其實是一個

酷吏，這些都需要注意。墨辯中有一條說，叱狗，正可以與此對照。所謂叱，就是喝罵的意思。劉子曰：「昔畢萬以盈大會福，晉讎以怨偶逢禍。然盈大者不必盡吉，怨偶者不必皆凶，而人懷愛憎之意者，以其名有善惡也。」(《鄙名》) 可見，劉子的意思是想說，吉凶還是其次，那只是個感覺問題，善惡才是主要的。

《劉子》一書，在論九流各家時，有很多可資參考的意見，很可注意。案《九流》曰：

> 「儒者，晏嬰、子思、孟軻、荀卿之類也。順陰陽之性，明教化之本，遊心於六藝，留情於五常，厚葬文服，重樂有命，祖述堯舜，憲章文武，宗師仲尼，以尊敬其道。然而薄者，流廣文繁，難可窮究也。

> 「道者，鬻熊、老聃、關尹、莊周之類也。以空虛為本，清淨為心，謙挹為德，卑弱為行，居無為之事，行不言之教，裁成宇宙，不見其跡，亭毒萬物，不有其功。然而薄者，全棄忠孝，杜絕仁義，專任清虛，欲以為治也。

> 「陰陽者，子韋、鄒衍、桑丘、南父之類也。敬順昊天，歷象日月星辰，敬受民時，範三光之度，隨四時之運，知五行之性，通八風之氣，以厚生民，以為政治。然而薄者，則拘於禁忌，溺於術數也。

> 「名者，宋鈃、尹文、惠施、公孫捷之類也。其道主名，名不正則言不順，故定尊卑，正名分，愛平尚儉，禁攻寢兵；故作華山之冠，以表均平之制，則寬宥之說，以示區分。然而薄者，捐本就末，分析明辯，苟飾華辭也。

「法者，慎到、李悝、韓非、商鞅之類也。其術在於明罰，討陣整法，誘善懲惡，俾順軌度，以為治本。然而薄者，削仁廢義，專任刑法，風俗刻薄，嚴而少恩也。

「墨者，尹佚、墨翟、禽滑、胡非之類也。儉嗇、謙愛、尚賢、右鬼、非命、薄葬、無服、不怒、非鬥。然而薄者，其道太促，儉而難遵也。

「縱橫者，闞子、龐煖、蘇秦、張儀之類也。其術本於行仁，譯二國之情，弭戰爭之患，受命不受辭，因事而制權，安危扶傾，轉禍就福。然而薄者，則苟尚華詐，而棄忠信也。

「雜者，孔甲、尉繚、屍佼、淮南之類也。明陰陽、通道德、兼儒墨、合名法、苞縱橫、納農植，觸類取與，不拘一緒。然而薄者，則蕪穢蔓衍，無所擊心也。

「農者，神農、野老、宰氏、範勝之類也。其術在於務農，廣為墾闢，播植百穀，國有盈儲，家有蓄積，倉廩充實，則禮義生焉。然而薄者，若使王侯與庶人並耕於野，無尊卑之別，失君臣之序也。」

這是因為農家主張君民並耕，所以會有此議。泛耕主張當然不好，因為即使是普通人，有很多也不願意耕種。所以，農家的主張只要修正到合理的人群範圍，它就趨於完美了，無把柄可抓。像有的人想從商，根據齊物論，這種人就不應該耕種，三心二意也種不好。這是很簡單的道理，也容易分派。總之是，農家可責難的餘地最小。

　　但是儒家的弊端就大了，簡言之，就是儒家太複雜，簡單的事都會變繁。這裏把晏子歸入儒家，應該是合乎史實的。泛泛地說，我們當然可以講：晏子是齊儒，孔子是魯儒；晏子是簡儒，孔子是繁儒。但是，正如我們劃分過的那樣，有春秋道，有戰國道；有春秋儒，有戰國儒；有春秋法，有戰國法；有春秋兵，有戰國兵，等等等等。諸子百家，通常可以分為春秋、戰國二端。像晏子、孔子，就是春秋儒；而孟子、荀子則是戰國儒。像老子，就是春秋道，而莊子則是戰國道。管子是春秋法，而韓非則是戰國法。孫子是春秋兵，而秦始皇是戰國兵。依此類推，非常清楚。

　　劉子講得很明白，儒家的基本，是在於陰陽和教化。所謂六藝者，一說是詩、書、禮、易、春秋、樂，一說是射、御、書、數、禮、樂，要之，二者都是統一的。五常指仁義禮智信，儒家重喪禮和服制，明性命樂本，以孔子為宗師。但是儒家的流弊在於，儒家的那一套容易枝蔓開去，簡單的都變得複雜，很誤事。所謂薄，就是指弊病、弊端。各家、各派、各流，都有優點和不足，劉子說得很清楚。像道家就是以虛無為本，清淨謙退，係守弱之道。簡單的說，就是主清虛玄化，以柔弱為用。所以道家的流弊是絕棄禮法（忠孝仁義等），無為而治的極端氾濫是有危險的。陰陽家流的特點是法天而行，即什麼都按照自然天象來，引以為人類的法度，比如四時不亂，等等。但弊端是流於術數化，很容易滑入迷信禁忌，民間的神秘傾向之氾濫就說明了這一點。比如說，出行、做事都要講時間，等等。所謂名家者流，其主旨就是正名，也就是正名分，他們是和平主義的。為什麼要講名分呢？是為了能夠均平、區分，劉子講的這一點很重要。但名家之流弊是，分析明辯會導向枝節末梢，而最終把大本遺忘掉了，變成了純粹的辭飾、飾辭。法家的特點是

明賞罰，賞罰就是善惡，所以一切都要用法來通約。因此其流弊必然是，刻薄寡恩、純任刑罰，風俗生活從此就壞了。普遍軍管社會就是這樣，就應了這一條。墨者是主張兼愛的，但弊端是太刻苦自己了，所以根本不具有可行性。縱橫家的初衷是好的，就是要消弭戰爭，而致太平。其手法是翻譯國情，合縱連橫，所以他們都是實行者、踐行家，而不是學說家。因為他們的信條是事，而不是辭，這是最關鍵的。也就是說，縱橫家是篤行的，而不是學問思辨的，這一點與儒家正好形成對比。所以，縱橫家是在立事，而不是在立言、立辭，不是在製造什麼學說理論。縱橫之行就是理論、就是一切。思想學說都是由辭構成的，但縱橫家立事也不是常規的立功、立德，他們只是在做事，僅僅是就事而已。所以對先秦這些人，他們留下的精神資源就是史，案例題庫都在那裏。縱橫的流弊是詐術盛行，身不由己。雜家就是把各種資源合在一起，比如陰陽、道德、儒墨、名法、縱橫、農植等等，全都合在一起，像《淮南子》就是這樣。因此，其弊端自然就是雜湊了，好像還是簡單的混合，而不是化合。農家的原則最簡單，就是以食為本，沒有食，亡國可待，而這個根本，也就是農國的根本。所以，農家應該是中國的第一基礎。但是，農家雖然最樸實，卻也有感人的理想，就是憑倉廩而致禮義，這是別家所不及的，尤其為儒家餓死以守禮所不逮。雖然克己用來要求自己很偉大，但是用來要求別人就很藐小了。農家的弊端是：很難被好高騖遠的人接受，尤其是不被踐踏常識的人接受。實際上，在劉子的各種評說中，唯有農家的所謂不足，其實算不得什麼不足，這是很顯眼的。這說明，最樸實的、最無話可說。

劉子曰：

> 「觀此九家之學，雖旨有深淺，辭有詳略，偕儷形反，流分
> 乖隔，然皆同其妙理，俱會治道，跡雖有殊，歸趣無異。猶
> 五行相減，亦還相生；四氣相反，而共成歲；淄澠殊源，同
> 歸於海；宮商異聲，俱會於樂；夷惠同操，齊蹤為賢；二子
> 殊行，等跡為仁。」（《九流》）

劉子的這一論見是很有見地的，這也是為什麼我們要說百家實際上
是一家的原因，因為各家的差別不在於認同與共識，而在於方案與
辦法。所以劉子說跡雖有殊、同其妙理，歸趣無異，俱會治道，乃
是經驗之談。這也就是理一跡殊的道理，古人講同歸殊途、百慮一
致，本來都很清楚。又說：

> 「道者玄化為本，儒者德教為宗；九流之中，二化為最。夫
> 道以無為化世，儒以六藝濟俗；無為以清虛為心，六藝以禮
> 教為訓。若以教行於大同，則邪偽萌生；使無為化於成康，
> 則氛亂競起。何者？澆淳時異，則風化應殊；古今乖舛，則
> 政教宜隔。以此觀之，儒教雖非得真之說，然茲教可以導物；
> 道家雖為達情之論，而違禮複不可以救弊。今治世之賢，宜
> 以禮教為先，嘉遁之士，應以無為是務，則操業俱遂，而身
> 名兩全也。」（《九流》）

可見，清虛玄化確實是道家的根本認同，而儒家則是講德教
的，德教也就是政教。儒、道無疑是中夏人文的二大端，所以劉子
會說，九流以二化為最。化世濟俗，儒、道之本。最可注意的是劉
子在這裏的最終觀點和結論，顯然還是偏於以道為終極，而不是以
儒為究竟，他只是說要以儒為輔助。這就使我們不得不敏感到《劉

子》一書的成書年代，因為此書之年代與作者尚不能確定。而此處論儒、道，一下就使我們想到晉人的名教與自然之辯。應該說，《劉子》成書年代的問題還可討論。從最後之文義觀察，我們覺得像晉代的名教與自然之爭，這裏顯然有「規導」之意，是針對性的——指對當代最流行的普遍風氣而發，而規勸、勸導之。這種折中調和的論調，一定是去晉不遠的，因為在別的時代，再講這些沒有必要、缺乏對應性，不是正好扣得上。不同的時代，語氣、場景、味道都會發生巨大的變化。所以劉子說，方今宜以禮教為先，遁者可以守無為，這樣就身名兩全，名教與自然遂兼顧、並得了。所以《劉子》應該是偏早的作品，即使到了南朝，也不會太晚。劉子論儒、道是很有見地的，尤其是他強調儒、道在不同的場合有不同的用場和利弊，講辨得非常清楚，這些都說明《劉子》是一部有準備的書。

　　劉子對農的意見最簡單，這與農家的主張比較得理是分不開的。《貴農》曰：「衣食者，民之本也；民者，國之本也。民恃衣食，猶魚之須水；國之恃民，如人之倚足。魚無水，則不可以生；人失足，必不可以步；國失民，亦不可以治。先王知其如此，而給民衣食。」這裏說的基礎，不僅第一，而且唯一，這就是本質。簡單的說，吃穿無憂，人就不會恐慌，剩下的僅僅是對生活滿足還是不滿意的問題。所以，治國的底線也非常簡單、直截，就是要保障民食，這是食貨論的根本，是萬古不變的。人類有史以來只有一種經濟思想和理論是百證百驗的，那就是食貨論。因為只有食貨論是以事實為基礎，而不是以假設為基礎、以假設來構建的。就中國的民性來說，只要每天有一碗稀飯喝，老百姓就不願鋌而走險造反，這是一個血腥的事實，所以歷史中天下治理不好，只是因為腐爛，沒有多的原因可找。所謂民為國本者，其實是一句多餘的話，因為國家就

是民群，如果沒有人了，哪裡來的國呢？只是話還得那麼說罷了。
劉子曰：「故農祥旦正，晨集婺訾，陽氣憤盈，土木脈發，天子親
耕於東郊，後妃躬桑於北郊。國非無良農也，而王者親耕；世非無
蠶妾也，而後妃躬桑；上可以供宗廟，下可以勸兆民。神農之法曰：
丈夫丁壯而不耕，天下有受其饑者；婦人當年而不織，天下有受其
寒者。故天子親耕，後妃親織，以為天下先。」(《貴農》)

　　所謂天子躬耕者，其實只是一種禮儀姿態，說實話，天下也不
稀罕天子一人的勞作。所以，政治勸導的作用和功能才是主要的，
也就是社會總動員、全民總動員。這裏有一個清晰的陰陽配套關係：

　　陰：后妃、織、兆民、下、蠶妾、婦人
　　陽：天子、耕、宗廟、上、良農、丈夫

劉子說：

　　「是以其耕不強者，無以養其生；其織不力者，無以蓋其形。
　　衣食饒足，奸邪不生；安樂無事，天下和平；智者無所施其
　　策，勇者無以行其威。故衣食為民之本，而工巧為其末也。」
　　(《貴農》)

劉子在這裏所表達的思想，其實就是傳統的餘力論。所謂行有餘
力、可以（ ）。經濟就是如此：衣食有餘，可以工巧。所以，消費
永遠是第二位的，在生存問題面前。從這個意義上來說，食應該屬
於戰略問題，還不是經濟。「本」在這裏的理解，就是環節序列、
環節排序。比如衣食排第一環，什麼排二、三，等等。食永遠排在
貨前面，這就是食本論。在安樂和平的好社會，智者、勇者都賦閑
無用了，所以很明白，智、勇是非常之事，不是庸常、平常之事，

古代思想更著重平時。由此，我們就可以得出一個條律，就是：非常的比例越高，社會越是風險；平常率越高，越是安穩、良性。亂世多英雄，正說明了這一點。

劉子說：

> 「是以雕文刻鏤，傷於農事；錦繡綦組，害於女工。農事傷，則饑之本也；女工害，則寒之源也。饑寒並至，而欲禁人為盜，是揚火而欲無炎，撓水而望其靜，不可得也。」
> （《貴農》）

如前所說，消費通常來講是行有餘力的事情，所以消費是人類生活進展以後富餘出來的部分。因此，消費永遠是不可以放在第一基礎環節的，同戰略考慮相比，否則會很危險。也就是說，食可以不顧及貨，但貨必須永遠先考慮食。人類與動物的區別，就在於動物沒有餘力顧及消費。所以，歷史中的思想並不是反對貨，而是先要保證食不成問題，很多人把歷史中的思想讀反了。因為貨而妨礙食的事情在歷史社會中是經常的，劉子說：

> 「衣食足，知榮辱；倉廩實，知禮節。故建國者必務田蠶之實，棄美麗之華，以穀帛為珍寶，比珠玉於糞土。何者？珠玉止於虛玩，而穀帛有實用也。假使天下瓦礫悉化為和璞，砂石皆變為隋珠，如值水旱之歲，瓊粒之年，則璧不可以禦寒，珠未可以充饑也。雖有奪日之鑑、代月之光，歸於無用也。何異畫為西施，美而不可悅；刻作桃李，似而不可食也。衣之與食，唯生人之所由，其最急者，食為本也。霜雪岩岩，苦蓋不可以代裘；室如懸磬，草木不可以當糧。」（《貴農》）

可見，食本身還是食教，它是有任務的。這裏無疑是實用的態度，因為玩好本身是無可無不可的。經濟的事情本來多端，並沒有定數。可以說，經濟完全是一個主觀領域的東西，主宰經濟的是權力，它只是最低限度的受所謂客觀事實的制約。就以買車來說，真正需要常備車馬的永遠只是一部分人，並不是買得起車就一定要買的。比如我嫌煩，平時不怎麼出門，那麼，車的置備便成為一種負擔，因為還要照顧它。因此，沒有建設性的消費就是應該汰除的，因為那是負消費。可人們往往出於虛榮、人事或者心理等等因素而消費，而不是出於真需要。所以，必要與需要之間，在這裏就有一道鴻溝。比如說，我不買點東西就會得罪人，這時候與其說是我需要的，不如說是必要的。因此，古人樸素、實用的態度，就是主張修正、格正、導正社會心理和世俗習慣，不要讓多餘、無謂的東西成為人群生活的累贅。所以良性的風俗，本身就是經濟利益。與其說人類財富的有限是因為創造不夠，不如說是糟蹋得太多。劉子說得很形象，就是：我們身處一個珠玉世界，沒有吃穿，也還是不行的。所以消費成立的根源依據，就是人類的興趣。沒有興趣，就無法成立買賣點。而人類的需要說白了就是二分，即——生理的與心理的需要。生理的需要就是吃穿，這是前提條件，所以永遠要排在第一位；心理的需要就是興趣，所以心如死灰的人不消費。買賣點一旦成立、達成，就是經濟了。因此，食、貨的二分是清楚的，也是概括性的。從這裏來說，任何經濟行為，都是心理消費。

劉子說：

> 「故先王制國，有九年之儲，可以備非常、救災厄也。堯、湯之時，有十年之蓄；及遭九年洪水，七載大旱，不聞饑饉相望，

> 捐棄溝壑者，蓄積多故也。穀之所以不積者，在於遊食者多，
> 而農人少故也。夫螟螣秋生而秋死，一時為災，而數年乏食。
> 今一人耕而百人食之，其為螟螣，亦以甚矣！」（《貴農》）

其實不僅人是這樣，國也是如此。夫一國作而萬國食，則其道窮矣。畫上的西施再好看，但是不能過性生活，也是無用。這反映了華民族最重實際的性格。但是要說草木不可以當糧，卻言過其實了。因為歷史上不要說草木，就是土，都被中國老百姓當糧吃。不可以不等於「不」。所以，劉子提出了一些基本的硬標準，從最低限度來說，就是：國家要有九年坐吃不空的糧食儲備。這一點達標了，就能夠杜絕非常災厄，這是一個美好的前景。從歷史實例來說，堯、湯有十年蓄積，所以任何災難都沒晃動過他們。當然，史實如何已經不重要了，重要的是事實效果和理論，有實際效果就足夠了。堯、湯的時候人口少，民食問題還容易解決。要是現在，如以 16 億人論之，每人每天一斤糧，那麼十年共需 29 億噸，其蓄積才夠。劉子認為，歷史上之所以蓄積不起來，是因為遊食的人太多，務農的比例小了。所以劉子說，遊食分子都是害蟲。

> 「是以先王敬授民時，勸課農桑，省遊食之人，減徭役之費，
> 則倉廩充實，頌聲作矣。雖有戎馬之興，水旱之沴，國未嘗
> 有憂，民終為無害也。」（《貴農》）

敬授民時是古人的基礎思想，因為時間就是國家基礎。簡單的說，我們發不起錢，我們可以發時間。有了充裕的時間，也就有了自由的保證。尤其對農國來說，如果不保持舒緩的慢節奏，時間單位太短，就無異於揠苗助長（拔國助長），經濟生活最怕的也就是

這個。所以，一是節奏問題，一是對位問題。時間單位太短當然不可以，比如說天天大役，則萬事作廢，因為幹任何事情都必須有成塊的時間。而時間對錯位了，也同樣會百事俱廢，比如耕種的時候要去大興土木。所以，「齊時論」是多麼重要，也就不煩贅言了。因此，敬授民時也就是齊時思想，這是儒家主敬的反映，表現為人文政教，也就是時政、時教、主時。授時思想，就是主張向國人「贈時」，寬鬆的時間和節奏是事情的保障。從廣義上來說，徵收制度當然也包括時間的徵收，所以奪時是儒家最反對的（勿奪民時）。至於說戎馬，顯然是指防備胡人的侵犯。自然災害無非就是旱澇之類，但只要儲備、蓄積充足，這些都不成問題；反之，國民無食，就會加入為害的行列。可見陰陽之道，儲積富餘可以胡人歸化，儲積不足則民為盜。畢竟，古代社會只要吃飽了肚子，什麼都好解決，一切好說。所以農家的思想學說理論，其實就是農牧社會的終極方案。

劉子所講的，其實也就是一個經濟裝飾、裝飾經濟的問題。經濟生活怎樣才算成功，需要自己去追問、思考並制定標準和方案，否則以人為準、以人為法，則自居誇父矣。歷來的治國者，就是因為大多不懂農家的思想，所以亂搞一氣。應該說，儲備是一種生物本能，也是一種生物需要。

第二節　齊家之學

我們通常說修齊治平，就齊家之學來說，當然首推《顏氏家訓》，這是歷史上不二的經典，是隋代最重要的思想成果。由此

可見，歷史中的理論配置及資源還是很齊全的。案《四庫全書總目》云：

「舊本題北齊黃門侍郎顏之推撰，考陸法言切韻序作於隋仁壽中，所列同定八人，之推與焉，則實終於隋，舊本所題，蓋據作書之時也。陳振孫書錄解題云，古今家訓，以此為祖。然李翱所稱太公家教，雖屬偽書，至杜預家誡之類，則在前久矣。特之推所撰，卷帙較多耳。晁公武《讀書志》云，之推本梁人，所著凡二十篇，述立身、治家之法，辨正時俗之謬，以訓世人。今觀其書，大抵於世故人情，深明利害，而能文之以經訓，故唐志、宋志俱列之儒家。然其中《歸心》等篇，深明因果，不出當時好佛之習；又兼論字書音訓，竝考正典故，品第文藝，曼衍旁涉，不專為一家之言。今特退之雜家，從其類焉。又是書隋志不著錄，唐志、宋志俱作七卷，今本止二卷。錢曾《讀書敏求記》載，有宋鈔淳熙七年嘉興沈揆本七卷，以閩本、蜀本及天臺謝氏所校五代和凝本參定，末附考證二十三條，別為一卷，且力斥流俗並為二卷之非。今沈本不可複見，無由知其分卷之舊，姑從明人刊本錄之。然其文既無異同，則卷帙分合，亦為細故，惟考證一卷佚之可惜耳。」（《顏氏家訓》二卷，江西巡撫採進本）

《四庫全書》的意見是對的，《顏氏家訓》應該屬於雜家。案《治家》云：「夫風化者，自上而行於下者也，自先而施於後者也。是以父不慈則子不孝，兄不友則弟不恭，夫不義則婦不順矣。父慈而子逆，兄友而弟傲，夫義而婦陵，則天之凶民，乃刑戮之所攝，非訓導之所移也。」十分重要的是，顏之推在這裏揭出了「凶民」

一說，是很深刻的。因為現實中確實存在著一些性質囂頑、難以移易的人，這種人就是所謂戾氣太重，是不可以理論的，因此也就不適合於成家，那等於是害人。所以，顏之推講的，不是在表達偏見，而是在陳述事實、經驗。我們可以看到，顏之推的議論是從一正一反兩面說的。從正面來說，中國社會是一個自上而下的社會，所以其風化應該是從上往下灌輸。亦即，首先父、兄、夫應該像一個人樣子，如果沒有人樣子，子、弟、婦也就不可能要求他們好了。但是從反面而論，如果父、兄、夫已經盡到了自己的本分，其表現無話可說，而子、弟、婦仍然惡凶，那麼他們就應該被交給刑律管束，不再是教育、引導所能湊效的了。顏之推在這裏給出的原則比較抽象，從書面上說，當然沒有什麼不對。但是古代社會具體以什麼為好壞，什麼是不可容忍的，這個很費討論。因為在古人那裏以為天經地義的，我們現在來看可能不盡人情，所以對人的評定是一件很困難的事情。這裏面的標準、講究落差很大，十分懸殊，古今之異不易把握，而齊家之學的困難也在這裏。當然，對有些古今所通認的好壞，我們也是不能否認的，這是共識基礎。顏之推說：

> 「笞怒廢於家，則豎子之過立見；刑罰不中，則民無所措手足。治家之寬猛，亦猶國焉。」（《治家》）

國家有肉刑，治家也是有體罰的，所以說治家跟治國一樣，是同構的關係。體罰就像刑罰一樣，是對人起到一個約束、管制的作用，所以小孩一定要打，否則太寬了會很不聽話。顏之推講的當然也有道理，因為《顏氏家訓》是從現實中的實際教訓來的，所以對這部書我們須要經驗地去把握它，而不是絕對地去把握它，否則就流於糾纏了。從一般情況來說，比如老百姓家裏的子女，小時候一定要多管

束一些，免不了挨打，因為小孩畢竟不懂事。但是像孔子、朱熹那樣的小孩，就不用多管了，因為他們能夠很好地打理自己，如果體罰，打一次就傷一次自尊心，這是實實在在的差別。所以顏之推的理論，不是為少數人預備的，而是為多數人準備的，故《顏氏家訓》是歷史中難得的大眾教範，我們對它的觀照也是通俗的。顏之推說：

> 「孔子曰：奢則不孫，儉則固；與其不孫也，寧固。又云：如有周公之才之美，使驕且吝，其餘不足觀也已。然則可儉而不可吝也。儉者，省約為禮之謂也。吝者，窮急不恤之謂也。今有施則奢，儉則吝，如能施而不奢，儉而不吝，可矣。」（《治家》）

孔子的這種言說習慣，實際上就是處處講求中庸。所謂害之中取小也，非利之中取大也，也就是害處最小化原則，是一種退步考慮。顏之推的意思是說，寧可儉也最好不要吝嗇，因為一個人即使有周公之美才，如果驕吝，那麼這個人也就不足觀了。所以看人看本體，而非枝節。比如說這個人學問怎麼樣，學問再大，這個人不行，也還是不行、不值一論的。所以，不本質地看問題，就容易勢利。一般來說，人都是佈施、施捨的時候大手大腳，不能把握好分寸、量力而行；而一旦從儉，又容易滑向吝嗇的極端，這些都不是中庸，過猶不及，當然不好。如果能夠做到給與而不流於鋪張，省約而又避免吝嗇，效果就好了。我們看顏之推這些話，就可以觀察出南北朝時的生活境況。雖說是士大夫之家，但是也必須簡約做人，否則難以處世，災難必多。所以，括囊、無咎無譽很是要緊。所謂貴省約、避窮急者，也就是處柔的立身行世之道，這是顏之推的經驗總結，也是其家政原則，不惹閒事。他說：

「生民之本，要當稼穡而食，桑麻以衣。蔬果之蓄，園場之
所產，雞豚之善，塒圈之所生。爰及棟宇器械，樵蘇脂燭，
莫非種植之物也。至能守其業者，閉門而為生之具以足，但
家無鹽井耳。今北土風俗，率能躬儉節用，以贍衣食，江南
奢侈，多不逮焉。」（《治家》）

　　這裏顏之推把民生的基本要素說得極為樸實，過日子、保證基
本生活的元件，歸納一下就是：耕織為吃穿之本。要種糧食，保證
一家人每年的口糧；衣服不求奢華，能夠穿暖、潔淨就行。果園、
菜園，養雞、餵豬，這樣蔬菜、水果、肉食就有了，就齊備了。種
的樹還可以提供燃料，打傢俱、製器物，一舉多得。比如油可以點
燈，柴可以生火做飯，等等。人類的基本生活，莫過於此。用心安
排一下，可以活得很有條理。雖在清貧中，但是人的尊嚴可以保證，
除非碰到暴政。這樣，雖然是單家獨戶、封閉的單位，但是也能夠
自給自足，這也就是「自具足」，可以不依賴、仰仗別人，這是現
實問題。生活的元素一齊備，人就可以自立，要做到這些其實並不
困難，這是人生的底線。顏之推因為流離南北，所以他有一個清晰
的對比。他說，北方的風俗比較實際，很樸厚，量力而行，能夠自
給自足、量入為出，所以生活無憂，不成問題；但是南方比較鋪張，
愛面子，生活習慣、態度是不知滿足，所以經常搞得自己入不敷出。
因為支出多、消耗大，這一點就比不上北方了。我們說，從顏之推
所論來看，其實中國的歷史社會歷來是很容易穩固的。即以此處所
及而論，北方的生活態度務實、穩當，所以，只要保證北方的軍事
防務不成問題，那麼中國社會的平穩基礎就是恒定的，斯即軍政基
礎穩定。至於南方，其實倒不容易亂，因為有北有南、無北無南，

只要北方穩定，南方的經濟生活怎樣，那是民間自己的事情，是自
己的問題，是不用太多地擔心和理會的。所謂南北之分，大體上說
是以長江為界，因此，綜合一算起來，中國的問題並不複雜，並不
困難，還是相當有利於治的——欲致太平其實很方便、很容易。因
此，中國歷史中的不治，究竟還是人的問題。可以說，長江以南根
本用不著打仗，至於近代太平天國從南省鬧起來，需要檢討的因素
很多，主要其時代情勢與南北朝已大不相同了。顏之推在講齊家之
術的時候，結合了大量實例，這對於今人具有案例的價值和意義。
《治家》說：「梁孝元世，有中書舍人，治家失度，而過嚴刻，妻
妾遂共貨刺客，伺醉而殺之。」

　　這就是說，有的官員治家過於刻薄，搞得家人受不了，於是就
雇殺手把他給幹掉了。其實，不要說一般的官員，就是皇帝待下刻
薄，亦不能免。比如明嘉靖帝被宮人勒殺，險些送命，就是明證。
因為嘉靖服丹，又是湖北佬，極其暴躁，所以遭此橫禍。因此，顏
之推講治家，全是從現實與歷史實例而發，務在實用有效。苛刻固
然不可，但是一味柔仁卻也不妥，剛柔失度，皆非中庸，所以顏之
推要對比著講。他說：

> 「世間名士，但務寬仁，至於飲食饟餽，僮僕減損，施惠然
> 諾，妻子節量，狎侮賓客，侵耗鄉黨，此亦為家之巨蠹矣。」

> 「齊吏部侍郎房文烈，未嘗嗔怒，經霖雨絕糧，遣婢糴米，
> 因爾逃竄，三四許日，方復擒之。房徐曰：舉家無食，汝何
> 處來？竟無捶撻。嘗寄人宅，奴婢徹屋為薪略盡，聞之顰蹙，
> 卒無一言。」（《治家》）

　　這個人涵養也太好了，又走向了另一個反極。無論發生什麼事情，都是一味隱忍、一言不發，頂多皺皺眉而已。顏之推所舉的這位官員，其處世風格，可能與在官場深於利害是一貫的，雖然各人的秉性天生是有種種的不同。比如說，有的人性質剛暴，有的陰柔、城府，但是正如顏之推所言，怕得罪人，或者覺得與人爭執頭大、頭疼，這都是人情之常；可如果不硬著頭皮維護規矩，家是遲早要敗的，絕對維繫不住。因為人不能靠自覺，總需要管束，也就是他律，絕對自律是不成立、不存在的，尤其是普遍自律。因此，齊家之學，也處處脫不掉儒家所討論的自律與他律問題。其實他律完備了，並不需要多少人的自律，這是從實際效果上去說。古代婢女逃竄，還要擒回，用現在的眼光看，當然是沒有必要了，因為可以另外雇人。這裏有三個案例，說：

> 「裴子野有疏親故舊饑寒不能自濟者，皆收養之。家素清貧，時逢水旱。二石米為薄粥，僅得遍焉。躬自問之，常無厭色。」（《治家》）

　　裴子野的行事原則，就是有飯大家吃。大家一起喝稀飯，所有人都是均平的。這一原則也就是治平天下的法則。所以古人說不患寡、而患不均，在裴子野那裏，就做到了身體力行。能夠像裴氏一樣，擴而充之，就可以治國、致太平。所以嚴格來說，裴子野已經不是在治家了，而是在治眾。這是正面的例子，還有十分可笑的，

> 「鄴下有一領軍，貪積已甚，家童八百，誓滿一千。朝夕每人肴膳，以十五錢為率，遇有客旅，更無以兼。後坐事伏法，籍其家產，麻鞋一屋，敝衣數庫，其餘財寶，不可勝言。」（《治家》）

這與裴子野博施濟眾就完全不同了，此軍漢乃是貪大、虛榮，而又極度的卑瑣，可見鋪張與鄙吝，本來就是同出異名的關係。連破衣服、爛鞋子也要留，什麼都留、全捨不得丟，生活習慣完全就是一個貧民，家裏破破爛爛多，財寶也多，還發誓養上千人，完全就是一個小軍隊，這樣有什麼必要呢？顏之推舉這些極端的例子，當然不認為這就是治家。但還有更甚者，是因為吝嗇的家風而引起殘殺的。

> 「南陽有人，為生奧博，性殊儉吝，冬至後女婿謁之，乃設一銅甌酒，數臠獐肉。婿恨其單率，一舉盡之。主人愕然，俯仰命益，如此者再。退而責其女曰：某郎好酒，故汝常貧。及其死後，諸子爭財，兄遂殺弟。」（《治家》）

這就是所謂報。南陽的民風本來就不好，這種事情與個人有關係，與地域也有關係。中國各地情況本來就有差別，很不一樣。可見，顏之推是很反感儉吝的家風的。所以他的治家標準很明確，就是：

> 「天地鬼神之道，皆惡滿盈，謙虛沖損，可以免害。人生衣趣以覆寒露，食趣以塞饑乏耳。形骸之內，尚不得奢靡，己身之外，而欲窮驕泰邪？周穆王、秦始皇、漢武帝，富有四海，貴為天子，不知紀極，猶自敗累，況士庶乎？常以二十口家，奴婢盛多，不可出二十人；良田十頃，堂室才蔽風雨，車馬僅代杖策，蓄財數萬，以擬吉凶急速，不嗇此者，以義散之。不至此者，勿非道求之。」（《止足》）

這就說得很明白，就好像我們現代人，總是留幾萬塊錢預備不測一樣，保持一定的數字，但也就幾萬塊錢，多了就散掉，少了就

賺錢補上，總是那麼多，最適度、恆定，最好。財富數千億，麻煩不斷，所以說，錢多到一定程度，就只是一個數字，沒有意義。錢夠用就行，這是一種中庸的數字觀。家裏的人數最好不要超過二十，田也不要超過十頃，一切用物夠用就行，注意條理和整潔，清清爽爽的，不足的時候，千萬不要以不好的途徑去取得，就幾萬塊錢，也不值得。這當然是古代的標準了，我們現在的家庭單位更小，所有人加起來，一家最好不要超過三、五人，多了就得分散。因為人怕久處，人多了在一起，沒有不出事的，所以宜分不宜合。顏之推的這些意見都是經驗之談，其實他說得已經很保留、很客氣了。我們看《顏氏家訓》這樣的書，也許會發現一點，就是：在歷史社會中，社會化的教化正在潛自生長，最後理學大盛，乃是必然的。所謂水到渠成，歷史總是要醞釀到那一步的。

《勉學》有很多獨到的見解，比如這一件事，

> 「齊孝昭帝侍婁太后疾，容色憔悴，服膳減損。徐之才為灸兩穴，帝握拳代痛，爪入掌心，血流滿手。後既痊癒，帝尋疾崩，遺詔恨不見太后山陵之事。其天性至孝如彼，不識忌諱如此，良由無學所為。若見古人之譏欲母早死而悲哭之，則不發此言也。孝為百行之首，猶須學以修飾之，況餘事乎！」

顏之推的態度極明確，就是說，一切都要以學為本。修身要用學去修，齊家要用學去齊，治國要用學去治，平天下要用學去平。日常生活要用學去生活，做人要用學去做，等等。就連孝，也要用學去孝。一切唯學，否則不學無術。孝順要用學去孝，齊孝昭正是因為不學，所以他不會孝順，說了很不得體的話，自己還病死了。孝是古人生活中第一個不用說的事情，還得學，其餘可見了。常人

總以為有了主觀的良好願望就可以了，其實這正是根本的錯誤，想法的好壞不能說明問題，你是否受過相關的學問、知識訓練，這才是唯一重要的。這就是說，常人沒有把好心與學識的關係理清楚，所以顏之推治家才強調以學為本。實際上，道德與知識的關係，在歷史中始終是一個大問題。天性純孝而昧於道理，可見性、理並不是重合的，所以後來理學的許多說法都有問題。這裏講的，其實就是帝王教育學，而領袖教育就在聖人論中。也就是說，但凡是有此方面修為的人，都具備領導的素質。最高教育分為四大部分，即修、齊、治、平，對應身、家、國、天下，這是不用再囉嗦的了。而實際情況是，歷史中就此四端總有偏倚、參差，很難發展全面。正如五經同為經典，但是精通五經的全才卻不多，往往是通一經就不錯了。對四端來說，也是這種情況。當然，如果換一個角度來看，歷史中的學問部門，最終卻是配齊了的。比如心學重在修身，這是毫無疑問的。而《顏氏家訓》則是齊家之學的要典。至於治國、平天下之學，技術講求就更多。像實學就是關於治、平的。歷史中的學問部門，其分工是彼此配合、整齊完全的。無論心學、性學、道學、理學、實學、性理學、心性之學，等等，各種名目，萬變不離其宗。在這個大座標上，我們就能更深透的看到歷史思想的意義。顏之推治家是以學為先的，

> 「鄴平之後，見徙入關。思魯嘗謂吾曰：朝無祿位，家無積財，當肆筋力，以申供養。每被課篤，勤勞經史，未知為子，可得安乎？吾命之曰：子當以養為心，父當以學為教，使汝棄學徇財，豐吾衣食，食之安得甘？衣之安得暖？若務先王之道，紹家世之業，藜羹縕褐，我自欲之。」（《勉學》）

　　顏之推所表達的，是一種十分堅持的人文榮譽。也就是，只要有稀飯喝，就要研究學問，不主張把寶貴的時間、精力浪費在糊口上。這也是儒家的學教傳統，所謂顏子之樂。學教就是向學以教化，這是顏氏的家風。所以上有顏回，下有顏師古、顏真卿，等等，名士輩出，這些都是必然的。顏師古訂正五經，儒風綿延，構成中夏人文的中樞。簡單的說，顏氏是很重名教的，他們都是名教中人。《名實》說得好，

> 「或問曰：夫神滅形消，遺聲餘價，亦猶蟬蛻、蛇皮，獸迒、鳥跡耳，何預於死者，而聖人以為名教手？對曰：勸也。勸其立名，則獲其實。且勸一伯夷，而千萬人立清風矣；勸一季札，而千萬人立仁風矣；勸一柳下惠，而千萬人立貞風矣；勸一史魚，而千萬人立直風矣。故聖人欲其魚鱗鳳翼，雜遝參差，不絕於世，豈不弘哉。四海悠悠，皆慕名教，蓋因其情而致其善耳。抑又論之，祖考之善名美譽，亦子孫之冕服牆宇也。自古及今，獲其庇蔭者亦眾矣。夫修善立名者，亦猶築室樹果，生則獲其利，死則遺其澤。世之汲汲者，不達所意，若其與魂爽俱升，松柏偕茂者，惑矣哉。」

　　這裏問者之辭顯然有虛無之嫌，比如他從形、神去解事，可能與六朝時佛教盛行的風氣有關。而我們知道，佛教是一個形而下的思維，所以，用此來論名，顯然是悖理的。因為名教言道，道都是形而上的。形而前、形而後，名實不存在隕滅的問題。顏之推因為對佛教的態度不徹底，所以這裏的話也沒有說到點子上去，他只是從勸世的立點去回答了一下。因此我們說，《顏氏家訓》不是絕對理論，而是經驗之談。顏之推說立名獲實，其實就是名至實歸的道

理。所謂清、仁、貞、直的風氣，都是名教的效果和結果，無怪乎顏之推將名教視為廣植善果之源。關於名，顏之推有明確的看法。《名實》曰：

> 「名之與實，猶形之與影也。德藝周厚，則名必善焉。容色姝麗，則影必美焉。今不修身而求全名於世者，猶貌甚惡而責妍影於鏡也。上士忘名，中士立名，下士竊名。忘名者，體道合德，享鬼神之福佑，非所以求名也。立名者，修身慎行，懼榮觀之不顯，非所以讓名也。竊名者，厚貌深奸，干浮華之虛稱，非所以得名也。」

所謂上士忘名者，很有點道家聖人無名的味道了。立名只能靠修身，別無二途。

> 「人足所履，不過數寸，然而咫尺之途，必顛蹶於崖岸，拱把之梁，每沉溺於川谷者，何哉？為其旁無餘地故也。君子之立己，抑亦如之。至誠之言，人未能信，至潔之行，物或致疑。皆由言行、聲名無餘地也。吾每為人所毀，常以此自責。若能開方軌之路，廣造舟之航，則仲由之言信，重於登壇之盟。趙熹之降城，賢於折衝之將矣。」（《名實》）

餘地，這個意思很關鍵。太真的話，別人反而不敢相信了，因為這個世界是壞的，所以人類沒有信心。因此，名聲也要有餘地才行。這就像腳的面積雖然不大，但是懸崖峭壁上可以落腳的地方如果比腳還要小，人也容易掉下去，站不住。這個比方說明什麼呢？說明世俗的名氣、聲望是不可少的。至少，想要做事是需要這些的。如果孔子沒有名聲，一個人都不知道他，他再能，有什麼用呢？還

是不能發揮對這個世界的作用。所以，名大於實固然不好，名小於實則更為糟糕。因此，名要大一些才好，也就是要留有餘地，要富裕點。名上留有一定的餘地，落腳的地方就有了，人就可以運行了。所以一切都是一個對比，別看腳小，如果以為天經地義應該站得住，那是定式思維，如果地方比腳還小呢？怎麼辦？就應該站不住。所以從餘地來說，要允許適當的名大於實，只要不是太過分就行。可以說，顏之推的這一意見是有見地的，只是他的話說得不太明白，耽誤事。所以說，人必須出名，否則不能做事，出名須儘早。

顏之推說：

> 「吾見世人，清名登而金貝入，信譽顯而然諾虧，不知後之
> 矛戟毀前之干櫓也。宓子賤云：誠於此者形於彼。人之虛實
> 真偽在乎心，無不見乎跡，但察之未熟耳。一為察之所鑒，
> 巧偽不如拙誠，承之以羞大矣。伯石讓卿，王莽辭政，當於
> 爾時，自以巧密。後人書之，留傳萬代，可為骨寒毛豎也。
> 近有大貴，以孝著聲，前後居喪，哀毀逾制，亦足以高於人
> 矣。而嘗於苫塊之中，以巴豆塗臉，遂使成瘡，表哭泣之過。
> 左右童豎不能掩之，益使外人謂某居處飲食皆為不信。以一
> 偽喪百誠者，乃貪名不已故也。」（《名實》）

前面講名聲之必要，這裏複說貪名之不可，一正一反，無非言過猶不及。這種思維習慣，就是孔子講的叩其兩端，是見中庸的一種辦法。所謂一陰一陽之謂道，中庸最難。俗語云，認真還自在，作假費工夫，一時矇騙他人，不可能一世欺騙別人，等到暴露的時候，連本來真實的都會連帶被否定。老子說世間崇尚什麼，就會有人趨之若鶩，反而為害，這是肯定的。世俗以孝為德行，於是就有

人在孝上面作偽；而現代中國不講孝了，人們在這上面也就淡化了。這就是世風的升降、隆替，因歷史而不同。至於當時計程車族因為貪名而鬧笑話的，亦複不少。

> 「有一士族，讀書不過二三百卷，天才鈍拙，而家世殷厚，雅自矜持，多以酒牘珍玩交諸名士。甘其餌者，遞共吹噓。朝廷以為文華，亦嘗出境聘。東萊王韓晉明篤好文學，疑彼製作多非機杼，遂設宴言，面相討試。竟日歡諧，辭人滿席，屬音賦韻，命筆為詩，彼造次即成，了非向韻。眾客各自沈吟，遂無覺。韓退而歎曰：果如所量。韓又嘗問曰：玉梃杼上終葵首，當作何形？乃答曰：梃頭曲圓，勢如葵葉耳。韓既有學，忍笑為吾說之。」（《名實》）

可見，歷史中的人物，其名望之得來，與人事上的幫佐不無關係。顏之推所敘述的當時人們在學問上鬧的笑話，現在人看來已經很專門了。可見，學問之事，與時代、與習氣是需要分清楚關係的。顏之推所講的，其實還是語文上的事情。他說：

> 「治點子弟文章以為聲價，大弊事也。一則不可常繼，終露其情；二則學者有憑，益不精勵。」（《名實》）

幫助子弟修改文章其實是不好的，因為他們會養成依賴習慣，而且，你總不能一輩子幫助他們，必須自立。像現在的研究生制度，顯然便有此方面的問題，正當引以為戒。又說：

> 「鄴下有一少年，出為襄國令，頗自勉篤，公事經懷，每加撫恤，以求聲譽。凡遣兵役，握手送離，或齎梨棗餅餌，

> 人人贈別,云:上命相煩,情所不忍;道路饑渴,以此
> 見思。民庶稱之,不容於口。及遷為泗州別駕,此費日
> 廣,不可常周,一有偽情,觸途難繼,功績遂損敗矣。」
> (《名實》)

這是行私惠的例子。本來公事公辦,用不著如此的,盡可以直來直
去。因為行恩惠的最大問題就是如何保持。我們知道,人的財力、
精力、心力都是有限的,一旦不能繼續,給人的感覺總是不好。畢
竟,往寬處走人人歡迎,往窄處去人人氣沮,這是現實問題。所以
寧肯不及、不能過。不及還可以補,過了就不好損了。中國古人在
為人處事上是有經驗的,其奧竅就是以清淡為本,可以長久。畢竟
熱情是一時的,很難維持,所謂熱情如舉重,正是這個道理。故與
人交、宜淡不宜濃,名聲也是如此。顏之推論名,不是名理上的,
而是人事上的。

　　順便說一下,名怎樣才算好呢?所謂好的名,標準只有一個,
就是看它能否顧名思義、望文生義。《文章》云:

> 「沈隱侯曰:文章當從三易——易見事,一也;易識字,二
> 也;易讀誦,三也。邢子才常曰:沈侯文章,用事不使人覺,
> 若胸臆語也。深以此服之。祖孝征亦嘗謂吾曰:沈詩云崖傾
> 護石髓,此豈似用事邪?」

這裏引用了沈約的說法,文章須明白易見,命名更不用說了。比如
看見馬字,誰也不會混淆為牛,這是顯然的。所以說一個名的好壞,
就看它是否能夠望文生義、顧名思義,立名是越明白、越清楚直接
越好。

第三節　儒道

　　王通大概是隋代很重要的思想家了，他是一位中轉性的人物，傳世的書只有《中說》，是模仿《論語》的一部書，因為王通自比孔子。我們知道，漢代揚雄的《法言》也是仿照《論語》的，可見《論語》在歷史中的勢力（吸引力）。從漢代以下，非獨宋儒高抬《論語》，漢朝的皇帝上學就讀它。案《四庫全書總目》云：

　　「舊本題隋王通撰。唐志《文中子中說》五卷，《通考》及《玉海》則作十卷，與今本合。凡十篇，末附《序文》一篇，及杜淹所撰《文中子世家》一篇。通子福畤錄唐太宗與房、魏論禮樂事一篇，通弟績與陳叔達書一篇，又錄關子明事一篇，卷末有阮逸序，又有福畤貞觀二十三年序。晁公武《郡齋讀書志》嘗辨通以開皇四年生，李德林以開皇十一年卒，通方八歲，而有德林請見，歸援琴鼓蕩之什，門人皆沾襟事。關朗乙太和丁巳見魏孝文帝，至開皇四年通生已相隔一百七年，而有問禮於朗事。薛道衡以仁壽二年出為襄州總管，至煬帝即位始召還。又《隋書》載道衡子收，初生即出繼族父儒，及長不識本生，而有仁壽四年通在長安見道衡，道衡語其子收事。洪邁《容齋隨筆》又辨《唐書》載薛收以大業十三年歸唐，而《世家》有江都難作，通有疾，召薛收共語事。王應麟《困學紀聞》亦辨《唐會要》載武德元年五月始改隋太興殿為太極殿，而書中有隋文帝召見太極殿事，皆證以史傳，牴牾顯然。今考通以仁壽四年自長安東歸河汾，即不復出，故《世家》亦云大業元年一徵又不至。而《周公》篇內

乃云子遊太樂，聞龍舟五更之曲。阮逸注曰：太樂之署，煬帝將遊江都，作此曲。《隋書職官志》曰：太常寺有太樂署，是通於大業末年復至長安矣，其依託謬妄，亦一明證。考《楊炯集》有《王勃集序》，稱祖父通，隋秀才高第，蜀郡司戶書佐，蜀王侍讀。大業末，退，講藝於龍門，其卒也，門人諡之曰文中子。炯為其孫作序，則記其祖事必不誤。杜牧《樊川集》首有其甥裴延翰序，亦引《文中子》曰，言文而不及理，王道何從而興乎二語，亦與今本相合，知所謂文中子者實有其人。所謂《中說》者，其子福郊、福畤等纂述遺言，虛相誇飾，亦實有其書。第當有唐開國之初，明君、碩輔不可以虛名動。又陸德明、孔穎達、賈公彥諸人，老師、宿儒，布列館閣，亦不可以空談惑，故其人其書皆不著於當時，而當時亦無斥其妄者。至中唐以後，漸遠無徵，乃稍稍得售其欺耳。宋咸必以為實無其人，洪邁必以為其書出阮逸所撰，誠為過當！講學家或竟以為接孔、顏之傳，則慎之甚矣。據其偽跡炳然，誠不足採；然大旨要不甚悖於理。且摹擬聖人之語言自揚雄始，猶未敢冒其名；摹擬聖人之事蹟則自通始，乃併其名而僭之。後來聚徒講學，釀為朋黨，以至禍延宗社者，通實為之先驅。坤之初六，履霜堅冰；姤之初六，系於金柅。錄而存之，亦足見儒風變古，其所由來者漸也。」

（《中說》十卷，副都御史黃登賢家藏本）

這就說得很不客氣了——作偽、結黨，什麼都幹了。這就是挑明：中國傳統的讀書人，都有一個教主情結在心中。但是只要稍微不當心，就會搞成邪教！案北宋阮逸《中說序》云：「文中子，聖

人之修者也，孟軻之徒歟？非諸子流矣。」這就講得很明白，阮逸是要把王通歸入儒家者流，作為一代儒宗，而有別於諸子。這雖然是後人的認可，但與歷史中的本人相較也有一致之處，因為王通就是自比為孔子的。只是王通之學在歷史中不大顯赫，與後來的程朱、陸王之學比起來，王通之學在後人眼裏還是比較陌生的。阮逸的說法是，「房、杜諸公不能臻師之美，大宣其教，故王氏續經抑而不振。」這就是說，王通的所謂門人們，對其師之學說也是宣揚不力，致使王學未能彰顯。另外，客觀的人事因素也是不可忽略的。「貞觀二年，御史大夫杜淹始序《中說》及《文中子世家》，未及進用，為長孫無忌所抑，而淹尋卒。故王氏經書，散在諸孤之家，代莫得聞焉。二十三年，太宗沒，子之門人盡矣。」所以，王通著書雖多，儘管心大，流傳下來的卻只有《中說》。實際上，我們看得很清楚，王通的所謂門人們，也未必盡心盡力，他們都是只顧自己的，並不和諧。阮逸說「後人責房、魏不能揚師之道，亦有由焉」，為什麼不能弘揚師道，恐怕人事上的意見才是主要原因。阮逸說：「夫道之深者，固當年不能窮；功之遠者，必異代而後顯。方當聖時，人文復古，則周、孔至治大備，得以隆之。」「是用覃研蘊奧，引質同異，為之注解，以翼斯文。夫前聖為後聖之備，古文乃今文之修，未有離聖而異驅，捐古而近習，而能格於治者也。」這就是阮逸注解《中說》的想法，也是儒道在歷史復蘇過程中的跡象。但是古人之間，也是意見相左的，或者就是暗關重重。比如韓愈講道統，就不提王通。而王通也不提孟子。這表明已經有了看法在先，所以會有各種痕跡流露。阮逸說：「彼韓愈氏力排異端，儒之功者也。故稱孟子能拒楊、墨，而功不在禹下。孟軻氏，儒之道者也，故稱顏回，謂與禹、稷同道。愈不稱文中子，其先功而後道歟？猶

文中子不稱孟軻，道存而功在其中矣。」實事求是，莫作調人。阮逸的話當然不確，其實一切都是人事，不會很複雜。關於《中說》之名「中」，阮逸有一番說法。「大哉！中之為義。在易為二五，在春秋為權衡，在書為皇極，在禮為中庸。謂乎無形，非中也。謂乎有象，非中也。上不溺於虛無，下不局於器用，惟變所適，惟義所在，此中之大略也。《中說》者，如是而已。」

這是阮逸對《中說》的解釋。揚雄因為著述模仿《周易》、《論語》，為世所笑。那麼，對於《中說》仿效《論語》，又有什麼說辭呢？阮逸說：「或有執文昧理，以模範《論語》為病，此皮膚之見，非心解也。」態度極明瞭，就是說看事情不要以形式論之，須本以「心解」。畢竟阮逸還是看好《中說》的。「子之道其天乎？」正是這樣。關於《中說》一書的佈局和安排，《敘篇》說得很好，

> 「文中子之教，繼素王之道，故以《王道》篇為首。古先聖王，俯仰二儀，必合其德，故次之以《天地》篇。天尊地卑，君臣立矣，故次之以《事君》篇。事君法天，莫如周公，故次之以《周公》篇。周公之道，蓋神乎易中，故次之以《問易》篇。易者，教化之原也，教化莫大乎禮樂，故次之以《禮樂》篇。禮樂彌文，著明則史，故次之以《述史》篇。興文立制，燮理為大，惟魏相有焉，故次之以《魏相》篇。夫陰陽既燮，則理性達矣，窮理盡性，以至於命，故次之以《立命》篇。通性命之說者，非易安能至乎？關氏，易之深者也，故次之《關朗》篇終焉。」

由此可見，古人言事，總喜歡排序，非要編出個佇列關係不可。易在《中說》裏所占的位置尤其顯眼，足見王通之教的主題就是素

王之道，這是真正的核心、魂魄。顯然，王通也是以在野的素王自居的。他說：「甚矣，王道難行也。吾家頃銅川六世矣，未嘗不篤於斯，然亦未嘗得宣其用。退而咸有述焉，則以志其道也。」（《王道》）然後就講了自己輝煌的家族史，當然是著述方面的。可見王氏一脈是以王道相標榜，不能立功就立言。所以王通自稱余小子「服先人之義，稽仲尼之心，天人之事，帝王之道，昭昭乎！」（《王道》）客觀的說，雖然阮逸替王通辯解，說不要因為《中說》模仿《論語》的形式而就瞧不起它，但事實是，《中說》裏面的很多做派也確實讓人臉紅：那種端起聖人架子、關起門來作揖的舉止，的確是太滑稽了一點，對此我們就不引文了。總之前人也不是瞎子，事情是怎樣的，大家都看得明白。為什麼王通之學不能像朱、王之學那樣興盛呢？這還是因為歷史機運及自身的實力限制。我們只能說，王通是歷史中的一個過渡環節，其地位僅此而已。王通也像歷來所有的讀書人一樣，感歎自己運命的不濟。他說：「生民厭亂久矣。天其或者將啟堯、舜之運，吾不與焉，命也。」「道之不勝時久矣，吾將若之何？」（《王道》）至於他周圍的人的幫腔吹捧，則更是肉麻。「仲尼沒而文在茲乎？」「夫子自秦歸晉，宅居汾陽，然後三才五常，各得其所。」（《王道》）這叫什麼話！好像自己坐在家裏，就能夠萬物位焉似的。王通說：「帝王之道其暗而不明乎？天人之意其否而不交乎？制理者參而不一乎？陳事者亂而無緒乎？」（《王道》）又說詩、書、春秋，「此三者同出於史而不可雜也，故聖人分焉。」（《王道》）對當代看得還是很清楚。

　　王通曰：「漢之統天下也，其除殘穢，與民更始，」（《王道》）這講的是「帝國轉換」的事情。他也想模仿《春秋》，「天下無賞罰三百載矣，」「昔者明王在上，賞罰其有差乎？《元經》褒貶，所

以代賞罰者也，其以天下無主而賞罰不明乎！」(《王道》)《元經》
是王通自己的著書，在他看來，春秋的褒貶就是政治賞罰，即名賞
名罰，屬於正名。所以他要把這種賞罰繼續下去，對自己以前的歷
史與政治都給以一個終極的評判和審定。其實不要說古代世界數百
年無賞罰，就是現代世界，哪裡又有道義終極呢？所以古今都是一
樣的，說古＝道今。當然，《元經》沒有流傳下來。薛收說：「今乃
知天下之治，聖人斯在上矣；天下之亂，聖人斯在下矣。聖人達而
賞罰行，聖人窮而褒貶作，皇極所以復建，而斯文不喪也，不其深
乎！」(《王道》)雖然我們今天看來頗嫌做作，但是古人的心理是
明確的，就是：聖人能夠主宰人文政治，就行賞罰；聖人不能主宰
人類政治，就行褒貶。褒貶本身就是政治正名，是終極性的。《春
秋》就是萬國正名論，一言以蔽之。此兩者（能與不）不過是一軟
一硬罷了。可見，王通之流是以周、孔為統的。所以他說周、孔其
神乎！順之則吉、逆之則凶，就是說為政之道要絕對按照周、孔的
一套來。所以王道就是春秋，春秋就是王道。我們今天看《中說》，
簡直就像漫畫版的《論語》。《論語》往往不是《論語》，可《中說》
卻無處不是《論語》。這裏有一段王通會見大隋政要的活寫劇，讀
後真是能夠讓我們舉一反三。文曰：

> 子在長安，楊素、蘇夔、李德林皆請見，子與之言，歸而有
> 憂色。門人問子，子曰：素與吾言終日，言政而不及化。夔
> 與吾言終日，言聲而不及雅。德林與吾言終日，言文而不及
> 理。門人曰：然則何憂？子曰：非爾所知也。二三子皆朝之
> 預議者也，今言政而不及化，是天下無禮也。言聲而不及雅，
> 是天下無樂也。言文而不及理，是天下無文也。王道從何而

興乎？吾所以憂也。門人退，子援琴鼓《蕩之什》，門人皆沾襟焉。

　　我們看這一段實在是幼稚，自己想當教主，把別人都視為門人，或者就是等待教訓的對象，難怪歷史中的所謂王門中人如魏徵等會不買賬了。我們只能說，王通的意義，就是讓我們看看隋代有過哪些思想、哪些想法，如此而已。王通以孔子自居，但說實話，孔子這個人有不少缺點，習氣也重，最大的問題就是善於把簡單的事搞複雜，這一點與晏子不同，正好相反；晏子善於把複雜的事情變簡單。所以，即使孔子活著，他也只適合於從事文職工作。王通大談王道，但說實話，如果王學得勢，弄不好就會導國家入於迂途。我們知道，《論語》也是一部評議、品藻人物的書，這種特點，在《中說》一樣明顯。王通自己喜歡製作，但是卻津津於壓抑別人，不令妄議、妄評、妄作。比如，

> 「繁師玄將著《北齊錄》，以告子，子曰：無苟作也。」

又：

> 「子遊孔子之廟，出而歌曰：大哉乎！君君臣臣、父父子子、兄兄弟弟、夫夫婦婦，夫子之力也。其與太極合德，神道並行乎！王孝逸曰：夫子之道，豈少是乎？子曰：子未三複白圭乎？天地生我而不能鞠我，父母鞠我而不能成我，成我者夫子也。道不啻天地父母，通於夫子受罔極之恩，吾子汩彝倫乎！孝逸再拜謝之，終身不敢臧否。」（《王道》）

　　這就是所謂習氣，已經不是什麼思想了，不可以冒充思想。非要搞得人一輩子不敢講話，這種夫子也是十足可笑。在歷史中，這

樣的角色正是不少。又如這一段模範《論語》不以小人之事為然的，「越公以《食經》遺子，子不受，曰：羹藜含糗，無所用也。答之以《酒誥》及《洪範》三德。」（《王道》）這就有些無聊了，兩種事情之間，也不是這麼去助長的，它們有什麼關係呢？這就是拿一心向道而廢日用，過猶不及了。王通說：「小人不激不勵，不見利不勸。」（《王道》）對小人必須用激將法，否則他不會努力，因為自覺性低。而且，要小人做事，必須用好處去引誘他、誘惑他，這就是辦法論。王通說：「夫樂，象成者也。象成莫大於形而流於聲，王化始終所可見也。」（《王道》）顯然，這是禮樂思想的延續。我們說，隋唐素無綱紀禮教，像王通這樣的人，乃是歷史中儒道之僅存一線、不絕如縷的遺留。就這個意義上說，我們對前人的些許做作，似乎也能夠理解、同情了。畢竟六朝（吾人所謂六朝者，晉、宋、齊、梁、陳、隋）之際，漢家失統，胡道昌行，及宋乃變。所以王通、韓愈之屬，也算是不容易了。由此可見歷史中儒道的慘澹。又說：「易樂者必多哀，輕施者必好奪。」（《王道》）

　　王通講的，乃是經驗之談。而其中的原理並不複雜，形象的說，就是「鐘擺原理」。擺幅越大，來回跨度越長，盪秋千也是這樣。所以，越是反端的、彼此互相反對的，越是容易相互滑入。比如樂與哀、施與奪，等等。「無赦之國，其刑必平；多斂之國，其財必削。」（《王道》）正是這樣。一切按規定辦，平時規矩好的，小處也不苟且通融、輕易馬虎，就不會有大災難，因為平時都消化了。施法上尤其容易出現王通所說的問題。同樣，喜歡斂財的政府，實際上搜刮不到多少錢，因為社會全面緊縮，根本生長不出公共財富。王通說：「叔恬曰：舜一歲而巡五嶽，國不費而民不勞，何也？子曰：無他道也，兵衛少而徵求寡也。」（《王道》）古代君主出行，

場面太大，拖泥帶水，根本就不是工作的樣子，能不耗費天下嗎？就現在來說，其實一輛汽車也就夠了。舜是因為早，那時候天子的威權還有限。王通的這些議論，就是表達儒家輕斂薄賦的思想，是最基本的常識和標準。又云：「韋鼎請見，子三見而三不語，恭恭若不足。鼎出，謂門人曰：夫子得志於朝廷，有不言之化，不殺之嚴矣。」(《王道》)像這種歷史中的人事，其是非我們是很難論定的，因為根本就沒有感性的認識，所以只能姑妄言之姑聽之了，作為一種消息。

　王通是怎樣議論人物的，我們可以看得很清楚。《天地》曰：

> 「義也清而莊，靖也惠而斷，威也和而博，收也曠而肅，瓊也明而毅，淹也誠而屬，玄齡志而密，征也直而遂，大雅深而弘，叔達簡而正。若逢其時，不減卿相，然禮樂則未備。或曰：董常何人也？子曰：其動也權，其靜也至，其顏氏之流乎！」

這就是教主的姿態，這樣的人是很不喜歡別人品議他的。房玄齡、魏徵等人，這裏都評論到了。所以說，《中說》像《論語》一樣，都喜歡議論人。其實像王通這種人，雖說旁觀者清，但是偏見最深。薛收曰：「吾嘗聞夫子之論詩矣，上明三綱，下達五常，」(《天地》)這說明王通認同的是綱常一套，至少他自己是以道義相標榜。所以王通論詩論樂，不是看其韻味、旋律，而是看其中的政教含量，這是顯然的。其答人問，也處處准此。

> 「李密問王霸之略，子曰：不以天下易一民之命。李密出，子謂賈瓊曰：亂天下者必是夫也，幸災而念禍，愛強而願勝，神明不與也。」(《天地》)

　　這裏已經有一些墨家「殺一不辜不為也」的味道了。「子躬耕，或問曰：不亦勞乎？子曰：一夫不耕，或受其饑，且庶人之職也。亡職者罪無所逃，天地之間，吾得逃乎？」（《天地》）此處又親自為庶人之事，可見小人、庶人者，這些只是跡象，其真正內核，乃係政教。應該說，王通的歷史價值，不是別的，就在於當時只有他肯那麼做，也就是──恢復行孔子之道。所以態度是主要的，除了王通，別人連這一套態度也沒有。思想史的評定往往是這樣：取決於態度。儘管王通或有幼稚處，但是當時只有他這一位「大儒」──孔教這條線沒有斷絕。這時候，形式意義本身已經是高於一切了，其歷史價值即在於此。至於學問工夫，那只是次一位的，屬於末節。叔恬曰：「文中子之教興，其當隋之季世，皇家之末造乎？將敗者吾傷其不得用，將興者吾惜其不得見，其志勤，其言徵，其事以蒼生為心乎？」（《天地》）這就說得很高了，王通自謂：「如有用我者，吾其為周公所為乎？」（《天地》）

　　儒者都是一個「用我」的思維，歷史依附性就是這樣根深蒂固。所以儒家永遠只能在幻想中討生活，儒家都是守株待兔的。這當然不行，要謀歷史自用，否則不會有出路。因為他人再好，也是指望不上的。王通這樣論漢代說：

> 「二帝三王，吾不得而見也。舍兩漢將安之乎？大哉七制之主。其以仁義公恕統天下乎？其役簡，其刑清，君子樂其道，小人懷其生，四百年間，天下無二志，其有以結人心乎？終之以禮樂，則三王之舉也。」（《天地》）

這就說在了根本處，正如我們前面講過的，晉以下，漢家失統，根本不足論、不能夠說，可見漢代之高出了。所以，王通推尊漢代是

當然的。另外，歷史中的學者考論問題，是有一定的時期限制的。比如董仲舒言必稱三代，因為他自己就身處漢初，他以前的歷史也只有夏、商、周，所以其歷史思考很自然就講到三統上面去了，很容易就是那些東西。王通身處隋代，此前的晉、宋、齊、梁各代都不行，不推漢朝還能夠講什麼呢？歷史就是這樣，我們每個人都一樣。當然漢朝也確實不錯，只是在教化上更進一層就好了。

王通曰：

> 「吾視千載已上，聖人在上者，未有若周公焉。其道則一而經制大備，後之為政，有所持循。吾視千載而下，未有若仲尼焉。其道則一而述作大明，後之修文者，有所折中矣。千載而下，有申周公之事者，吾不得而見也。千載而下，有紹宣尼之業者，吾不得而讓也。」（《天地》）

這就是當仁不讓的意識。所以道統譜系中應該有王通這一環節。「三傳作而春秋散。」「是非相擾，能無散乎？」「必也傳又不可廢也。」（《天地》）不僅要有統，而且還必須絕對統一，道統不一致，就成多歧亡羊了。所謂「吾於天下，無去也，無就也，惟道之從。」（《天地》）

事情往往就是這樣，總是在不斷地作退步考慮：三代難求，就是有一個漢朝的局面也不錯啊！哪裡想得到呢！人就這麼可憐！關於當代的人和事，如楊素，王通是這樣評價的，「作福作威玉食，不知其他也。」（《事君》）所以，楊素要王通出仕，他肯定是不幹的。「房玄齡問事君之道，子曰：無私。問使人之道，曰：無偏。曰：敢問化人之道。子曰：正其心。問禮樂，子曰：王道盛，則禮樂從而興焉，非爾所及也。」（《事君》）從此處的問答來看，還是

正心誠意一路。王通認為，房玄齡可以從政，得到高位，但要做
到「道化天下」，卻是不能的。魏徵亦然。「房玄齡問郡縣之治，
子曰：宗周列國八百餘年，皇漢雜建四百餘載，魏、晉已降，滅
亡不暇，吾不知其用也。」(《王通》)這是王通對前代政治的意見，
晉以下是被徹底否定的。但是周代就好嗎？春秋、戰國？關於郡
縣與封建的問題，後來柳宗元有透闢的論述。如果王通一味崇古，
推封建而貶郡縣，那真是迂腐之見了。我們說，秦以前是封建社
會，秦以降是郡縣社會（雖然封建仍殘留），這是一點不錯的。所
謂封建，就是封國土、建諸侯，是一種古制，對此，柳宗元講得
很透。

　　應該說，王通論郡縣與列國，很可以與柳宗元的《封建論》對
校。王本仁義，而柳本於「勢」，古之文學與經濟之爭，亦同類也。

　　「郡縣之政，其異列國之風乎？列國之風深以固，其人篤，
　　曰：我君不卒求我也，其上下相安乎？及其變也，勞而散，
　　其人蓋傷君恩之薄也，而不敢怨。郡縣之政悅以幸，其人慕，
　　曰：我君不卒撫我也，其臣主屢遷乎？及其變也，苛而迫，
　　其人蓋怨吏心之酷也，而無所傷焉。雖有善政，未及行也。
　　魏徵曰：敢問列國之風變，傷而不怨；郡縣之政變，怨而不
　　傷。何謂也？子曰：傷而不怨，則不曰猶吾君也，吾得逃乎？
　　何敢怨。怨而不傷，則不曰彼下矣，吾將賊之，又何傷？故
　　曰三代之末，尚有仁義存焉。六代之季，仁義盡矣。何則？
　　導人者非其路也。」(《事君》)

　　很明顯，王通的評價，完全是道德主義的，而不是歷史觀念的，
所以根本缺乏可行性。他說：「變風、變雅作而王澤竭矣，變化、

變政作而帝制衰矣。」(《事君》)其論詩教，亦是道德路線的。所以，道德主義是一貫的主線。「房玄齡曰：書云霍光廢帝舉帝，何謂也？子曰：何必霍光，古之大臣廢昏舉明，所以康天下也。」(《事君》)這就很激烈了——君主不好，是可以、也應該廢除的！我們知道，《儒行》中講過，儒有上不臣天子、下不事諸侯，其特立獨行如此。這不是孔子對魯哀公講的橫話，很多人確實有此心結。王通顯然又推進了一步，講到舉帝的問題，他這種廢舉思想，不受制裁就算是萬幸，怎麼還能夠期望暢行呢？

　　王通的認同，還是先德而後刑的，德、刑本是固定搭配，也就是恩威、剛柔之道。「古之為政者，先德而後刑，故其人悅以恕。今之為政者，任刑而棄德，故其人怨以詐。」(《事君》)又云：「古之從仕者養人，今之從仕者養己。」(《事君》)這些都是《論語》的翻版，是隋代版的《論語》。從政都成了為自己，只顧自己，不再是為政了。「子在河上曰：滔滔乎昔吾願止焉而不可得也，今吾得之止乎？」(《事君》)王通在在模仿孔子，給人的感覺的確做作。這樣的機械對應，隨處可見，不煩枚舉。這算什麼呢？「無定主而責之以忠，無定民而責之以化，雖曰能之，末由也已。」「矜而愎，難乎免於今之世矣。」(《事君》)可見，王通認為他所處的時代，乃是一個無定的時代。

　　所以，王通不打算出仕。他說：「必不得已，署我於蜀。」(《事君》)這是王通的表白，因為總有人勸他出仕，如果不得不仕，他願意在四川。「房玄齡問史，子曰：古之史也辯道，今之史也耀文。問文，子曰：古之文也約以達，今之文也繁以塞。」(《事君》)其實，王通論他人之文，動輒說誰誰傲、冶、急、怨、怪、怒、纖、碎、誇、誕、鄙、淫、貪、繁、淺、捷、詭、虛，等等。照這樣，

我們也可以說，王通之文「習」，也就是習氣重。又說：「是輕重之
權衡，曲直之繩墨也，失則無所取衷矣。」(《事君》)衷就是座標、
標準，古人凡事都要講一個座標，沒有標準就麻煩了。只是王通的
標準太流於「習」。

《事君》謂：「子之鄉無爭者。」這是說王通的敦化之功，《中
說》講了王通生活中的很多事情，都是具體、細微的內容，所有這
些，還是模仿《論語》。

> 「子閒居儼然，其動也徐，若有所慮；其行也方，若有所畏。
> 其接長者，恭恭然如不足；接幼者，溫溫然如有就。」

> 「子之服儉以絜，無長物焉，綺羅錦繡，不入於室，曰：君
> 子非黃白不御，婦人則有青碧。」

> 「子宴賓無貳饌，食必去生，味必適。果菜非其時不食，
> 曰：非天道也。非其土不食，曰：非地道也。」「鄉人有
> 窮而索者，曰：爾於我乎取，無擾爾鄰里鄉黨為也，我則
> 不厭。」

> 「鄉人有喪，子必先往，反必後。」

> 「子之言應而不唱，唱必有大端。」

> 「或問人善，子知其善則稱之，不善則曰：未嘗與久也。」

> 「子濟大川，有風則止，不登高，不履危，不乘悍，不奔馭。」

> 「鄉人有水土之役，則具畚鍤以往，曰：吾非從大夫也。」

「銅川府君之喪，勺飲不入口者三日，營葬具，曰：必儉也。吾家有制焉，棺槨無飾，衣衾而舉，惟車而載。塗車芻靈，則不從五世矣。既葬之，曰：自仲尼已來，未嘗無志也。於是立墳，高四尺，不樹焉。」

「子之他鄉，舍人之家，出入必告。既而曰：奚適而無稟。」

「萬春鄉社，子必與執事，翼如也。」

「婚娶而論財，夷虜之道也，君子不入其鄉。古者男女之族，各擇德焉，不以財為禮。」

「子之族，婚嫁必具六禮。曰：斯道也，今亡矣。三綱之首不可廢，吾從古。」

「惡衣薄食，少思寡欲，今人以為詐，我則好詐焉；不為誇衒，若愚似鄙，今人以為恥，我則不恥也。」（《事君》）

由此可見王通的脾氣——我就是這麼一個人。其核心標榜，還是在一個仁字。比如，「叔恬曰：山濤為吏部，拔賢進善，時無知者。身歿之後，天子出其奏於朝，然後知群才皆濤所進。如何？子曰：密矣。曰：仁乎？子曰：吾不知也。」（《天地》）人事就是這樣，無論行善為惡，都免不了機關，未必一味賢德。比如說暗中操控，深於利害，等等，都是難免的。王通深於人事，其看法當然不會單純化。無論山濤還是王通，都一樣表現了古人的性格的種種面向，誰也別說誰。很明顯，這裏有一個思想的句型，通常表達為：某某可謂仁乎？答曰：（　）也，仁則不知。在括弧裏，我們可以

把各種具體的名目，根據需要選擇性地填進去。所以，握住了思想的基本句型，把握了思維的基本句式，歷史中的學說也就一目了然了，不費糾纏、牽扯。由此可見，仁的標準高得像玄學一樣，這就是「道德玄化」的歷史問題，是一個根本的癥結。

我們看王通所用的區別法，比如說把寬、慎、恕、智、義、剛、介等等區別於仁，說那些還不是仁；但什麼是仁，卻不肯輕易定下來，只是說不是。不是什麼、什麼不是，是什麼、什麼是，這些現象，我們在歷史學說中見得太多了。那麼，歷史與現實中的人物，哪些仁呢？我們看，

「羊祜、陸遜，仁人也。」

「仁哉樂毅，善藏其用。」

「使諸葛亮而無死，禮樂其有興乎？」

「仁者吾不得而見也，得見智者斯可矣。智者吾不得而見也。得見義者斯可矣。如不得見，必也剛介乎？剛者好斷，介者殊俗。」

「裴晞問曰：衛玠稱人有不及，可以情恕，非意相干，可以理遣，何如？子曰：寬矣。曰：仁乎？子曰：不知也。阮嗣宗與人談，則及玄遠，未嘗臧否人物，何如？子曰：慎矣。曰：仁乎？子曰：不知也。」（《王道》）

「愛生而敗仁者，其下愚之行歟？殺身而成仁者，其中人之行歟？游仲尼之門，未有不治中者也。」（《事君》）

「李靖問任智如何，子曰：仁以為己任。小人任智而背仁為賊，君子任智而背仁為亂。」（《天地》）

　　無論愛生敗仁還是殺身成仁，王通都不願意，所以儒者貪生愛死是有名的。當然也是對的。儒者柔也，故儒家全生，也就是「生家」。我們統計一下諸名與仁的關係，就可以知道仁是統名，而其他種種名目為別名。比如密、溫、斷、厚、俊，等等。「子曰：王猛有君子之德三焉，其事上也密，其接下也溫，其臨事也斷。」「或問蘇綽，子曰：俊人也。曰：其道何如？子曰：行於戰國可以強，行於太平則亂矣。問牛弘，子曰：厚人也。」（《天地》）我們看仁與諸名的關係，就像體與端的關係：各個名目如密、厚等，構成一個大仁，而它們只是具體的德、能。仁是大者，所以孟子說大體；端是小體，是器，所以說君子不器，要大。王通只是說還不是，怎樣才是，不好說。我們只知道仁是最大端，是體、是統德，其他的都只是個別。如果加上前面所說的，我們表列一下，大概可以看得更清楚。這是地道的、典型的儒統思路。即：

　　仁：密、溫、斷、厚、俊、智、勇、惠、忠、恕、明、改、
　　　　義、公、道、德、禮、信、敏、才、富、靖、思、剛、
　　　　介、文、理、賢、（　）

　　由此可見，王通言仁，和《論語》一樣，都是有一定格式的。即：某某可謂仁乎？（　）也，仁則未知。在這個括弧裏，我們可以填進一切漢語字詞。其根本思維如此！而王通言恕，又類乎老子。老子曰：聖人無常心，以百姓心為心。王通講恕道，就是自我無常心，以他人心為心。「賈瓊問君子之道，子曰：必先恕乎！曰：敢

問恕之說。子曰：為人子者，以其父之心為心。為人弟者，以其兄之心為心。推而達之於天下，斯可矣。」（《天地》）由此看來，孔子學於老子，或有恕之一義存焉？而實際上，以父兄之心為心，還是從上之教的表達。王通說：「夫廢肉刑害於義，損之可也。」（《事君》）正可知仁是有條件限制的。

第三章　唐

第一節　太宗朝的治論

有唐之盛，莫過於太宗朝。唐太宗為治之道，盡在《貞觀政要》
一書中。案明憲宗序曰：

> 「朕惟三代而後，治功莫盛於唐，而唐三百年間，尤莫若貞
> 觀之盛。誠乙太宗克己勵精圖治於其上，而群臣如魏徵輩，
> 感其知遇之隆，相與獻可替否以輔治於下，君明臣良，其獨
> 盛也宜矣。厥後史臣吳兢採其故實，編類為十卷，名曰《貞
> 觀政要》。有元儒士臨川戈直，複加考訂注釋，附載諸儒論
> 說以暢其義。而當時大儒吳澄又為之題辭，以為世不可無，
> 其信然也。朕萬幾之暇，銳情經史，偶及是編，喜其君有任
> 賢納諫之美，臣有輔君進諫之忠，其論治亂興亡，利害得失，
> 明白切要，可為鑒戒，朕甚嘉尚焉。顧傳刻歲久，字多訛謬，
> 因命儒臣重訂正之，刻梓以永其傳。於戲！太宗在唐為一代
> 英明之君，其濟世康民，偉有成烈，卓乎不可及已。所可惜
> 者，正心修身有愧於二帝三王之道，而治未純也。朕將遠師
> 往聖，允迪大猷，以宏至治，固不專於是編，然而嘉尚之者，
> 以其可為行遠登高之助也。序於篇端，讀者鑒焉。成化元年
> 八月初一日。」

這些評價是客觀的，清高宗序也說：

「夫三代以上，君明臣良，天下雍熙，世登上理。自東遷以
降，風俗日薄，天下無復熙皞之美。雖有質美之主，望治甚
切，而所以以屈己從諫、力行善政者，終不能有以震古而鑠
今。及唐貞觀，太宗以英武之資，能用賢良之士，時若房玄
齡、杜如晦、魏徵、王珪諸人，布列左右，相得益彰。蓋自
三代以下，能用賢納諫而治天下者，未有如此之盛焉。史臣
吳兢纂輯其書，名之曰《貞觀政要》，後之求治者，或列之
屏風，或取以進講。元至順間，戈直又刊其書，以行於世。
余嘗讀其書、想其時，未嘗不三復而歎曰：貞觀之治盛矣！
然其所以致治，則又在於用此數賢。而數賢之中，又推魏徵
裨益為多。然魏徵不能自必信用於太宗，以見其功業，則又
知太宗所以獨信魏徵，言聽計從，而見效若彼者，固人君所
當服膺書紳而勿失也。書中分目，目中有條。條之末，引先
儒之言而論斷之，其有望於後王也深矣！人君當上法堯舜，
遠接湯武，固不當以三代以下自畫，然觀爾日君臣之所以持
盈保泰，行仁義，薄法術，太宗之虛己受言，諸臣之論思啟
沃，亦庶幾乎都俞籲咈之風矣。」

可以說，《貞觀政要》是唐太宗及近臣留給後人的一部寶典。
太宗是歷史上最善於脩省的皇帝，這從《悔過》篇就能看到。《悔
過》不長，只有短短的四則，這說明，人君要保持低姿態是很難的，
而唐太宗已屬難能。我們說過，人一生之行事，重點在「改」，而
不是無（過）。不在於不犯錯，除非生而知之，可以無過。所以很
多人的面子心理是完全沒有必要的，是不恰當的。但凡是人，都是

一個後天不斷學習的過程，這個卑之無甚高論的道理，人類至今不明白。生而知之的人有沒有呢？有，就是孔子心目中的那個人。除了孔子心目中的那個人，任何人都只能學而知之。改過就是學而知之，政治尤其是學。所以歷史中的前代事件，就是後代政治的案例資源。比如皇帝批閱奏章，就是最直接的案例──每一件事情，當時是怎麼處理的，都是後人的參照系，所以必須存檔，檔案制度是首要的。而且，國家官方政府還需要定期總結，議出政治法，並不斷修改、修訂。可以說，像《貞觀政要》這樣的書，在歷史中就提供了很好的示範，惜乎太短，此道未能擴而充之。案《悔過》云：

> 「貞觀二年，太宗謂房玄齡曰：為人大須學問。朕往為群凶未定，東西征討，躬親戎事，不暇讀書。比來四海安靜，身處殿堂，不能自執書卷，使人讀而聽之。君臣父子，政教之道，共在書內。古人云：不學，牆面，莅事惟煩，不徒言也。卻思少小時行事，大覺非也。」

這就說得非常清楚，唐太宗完全認同政道在學的古訓。孔子也說過，人而不學，就好像面牆而立，什麼也不懂，什麼也看不見。而什麼也不知道的人尤其頑固，所謂愚而好自用，賤而好自專，正是這個道理。唐太宗因為早年征戰，顧不上讀書，後來安定了，讀書思考，慢慢明白了很多道理。回顧以前，覺得很多事情做得不對，或者不好，本來應該能夠更好地處理的，當初卻做得不漂亮。話雖然說得很泛，實際上包括極廣，這裏的意思，應該是包括太宗自己所做的一切重要事情在內，首先是軍政上的。這種反省的精神，在帝王中自屬難得。但是也能夠看到，事後心清涼，唐太宗對往事一定有諸多的遺憾，所以才這樣說。道理之外，當然也包含很多情緒。又：

「貞觀中，太子承乾多不修法度，魏王泰尤以才能為太宗所
重，特詔泰移居武德殿。魏徵上疏諫曰：魏王既是陛下愛子，
須使知定分，常保安全，每事抑其驕奢，不處嫌疑之地也。
今移居此殿，使在東宮之西，海陵昔居，時人以為不可。雖
時移事異，猶恐人之多言。又王之本心，亦不寧息。既能以
寵為懼，伏願成人之美。太宗曰：我幾不思量，甚大錯誤。
遂遣泰歸於本第。」（《悔過》）

　　這是如何處置皇子的一段，因為政治繼承權是最敏感的，所以
特多忌諱。而唐朝又是一個最沒有君父法度的王朝，所以避嫌的問
題尤其大。應該說，唐朝是非常簡單的，其一時之盛，其實也得益
於這種簡單。可以說，事情搞複雜了，反而不容易做大。但是，唐
王朝最終也要為此付出代價，那就是，唐之盛極，並不具備堅實的
必然基礎。而沒有必然性，凡事就好像中彩相似。唐朝正是中了個
歷史頭彩，其盛不過數十年而已，又乙太宗朝之二十三年為極，後
來便長期陷於分裂、動亂。因此，唐朝是一個迷惑人的王朝——它
總是給後人以某種不真實的、虛妄的假像，以為繁榮之極。但是稍
加統計，便知不然。朱子說唐朝無禮法綱教，並非貶低。如宮闈之
事混亂，足見唐朝是一個胡化王朝，非漢家之正。所以史家有評論
說，得國之正，唯漢與明，誠非虛語也。唐太宗因為寵愛魏王泰，
所以放在自己的身邊，十分親近。但是魏徵提醒說，這樣做很不妥
當，會有很多嫌疑。因為帝王家的父子關係與一般小老百姓不同，
裏面糾結著許多政治利害，所以應該嚴格遵守回避制度。這時候，
天倫就要給利害讓道了。所以說，親情是一個很虛弱的東西。由此，
綱常倫教便不是倫本位的，而是政本位的，倫理必須服從於政治，

一貫如此。一切都以安穩、不出事為歸，這是底線。底線不保證，一切都是空談。儒家思想也是這種倫理功能型的東西，所以它講的是一種專門的倫理，即綱常性倫理、政教倫理，而這些都是必要的。

唐太宗能夠聽取意見，是因為他聰明，所以很快把魏王泰打發回原位，因為名分的定分是絲毫不能亂的。父子再親也不能近，因為不能越制。《悔過》曰：

> 「貞觀十七年，太宗謂侍臣曰：人情之至痛者，莫過乎喪親也。故孔子云：三年之喪，天下之通喪，自天子達於庶人也。又曰：何必高宗？古之人皆然。近代帝王遂行不逮漢文以日易月之制，甚乖於禮典。朕昨見徐幹《中論復三年喪》篇，義理甚深，恨不早見此書，所行大疏略，但知自咎自責，追悔何及！因悲泣久之。」

政治是需要表演的，政之不文，其行不遠！文就是包裝、妝飾。不管太宗悲泣久之是真是秀，總之，這裏是表白了自己對儒家三年喪的認同。但是，唐皇室並沒有禮教化，而且唐朝的大臣，如魏徵等，也不是儒家化的人物。又云：

> 「貞觀十八年，太宗謂侍臣曰：夫人臣之對帝王，多承意順旨，甘言取容。朕今欲聞己過，卿等皆可直言。散騎常侍劉洎對曰：陛下每與公卿論事，及有上書者，以其不稱旨，或面加詰難，無不慚退，恐非誘進直言之道。太宗曰：朕亦悔有此問難，當即改之。」

這就是「改」的核心。直言其實是不可能的，倒不是因為帝王的特別權力，而是人性天生使然。簡言之，即使不夾帶任何利害，

每個人也不喜歡別人糾正自己，或者與己相異、比自己強。這是一個簡單的事實，無法改變。唐太宗要臣下直話直說，這種姿態已經算不容易了。但人都是敏感的，又都很靈活，勇於退而不勇於進。唐太宗為英銳之主，一旦與臣下對談，臣下不是對手，以後便會採取守勢，保全其身，不輕易言。所以這裏的問題就是，君臣關係作為人際關係的一種，根本上還是取決於雙方的實力對比。如果君太弱，臣下就不是進直言，而是要凌壓君主了。比如萬曆讀錯一個字，張居正就大聲咆哮，聲震屋瓦，太無人臣之禮。萬曆在張死後才處置之，可以說是相當忍耐、夠客氣了。簡言之，一切都要按道理辦。君不對，就說君；臣不對，就說臣；都不對，就通說。決沒有一味批評君的道理，好像顯得自家不買權威的賬，很有人格道義似的，沒有這樣的道理。臣下要愛護、尊重君主，而不是好像說起公家、大家都可以占點便宜似的，那很醜。歷史中的厚道之臣，絕是少數，所以政治被搞壞，臣也一樣說不起話。歷史經驗就是這樣一陰一陽地循環推移，所以，如果皇帝比大臣更有思想，也會造成臣下的窒息。因此，指責政治，不如研究政治、參與政治，因為政治首先是由勢決定的，這是一個人文力學的問題、事理問題。就像溫差造成氣壓改變，形成真空人就會窒息，等等。所以，政治是很難單純指責的，雖然輿論必不可少。因為政治之學涉及的理法太多，很多時候不是簡單的意願問題，要拿捏好其中的分寸是很難的，一定要有專門的教育和訓練才行，才能使人類政治脫離原始。所以說，政治在學。但是直到現在，人們並沒有達成一個統一的共識——政治是一門純學問，而且是優先的學問。這門學問，其進展還相當有限。

　　古人說，遷善改過就是盡善盡美之道，這是有根據的。因為，我們只要稍微留心，就可以發現，很多事情其實經不起三改，改兩、

三次便趨於飽和了，所以改進的威力是相當強大的。所謂吾日三省
吾身，完全可以說吾日三改吾身，這樣便可以日日新、又日新。《君
臣鑒戒》曰：

> 「貞觀三年，太宗謂侍臣曰：君臣本同治亂、共安危，若主
> 納忠諫，臣進直言，斯故君臣合契，古來所重。若君自賢，
> 臣不匡正，欲不危亡，不可得也。君失其國，臣亦不能獨全
> 其家。至如隋煬帝暴虐，臣下鉗口，卒令不聞其過，遂至滅
> 亡，虞世基等尋亦誅死。前事不遠，朕與卿等可得不慎，無
> 為後所嗤！」

我們從唐太宗的思想可以看到一點，就是：居最高位的人，理
論往往最平白，想法往往最簡單，基本上都是經驗，沒有什麼空洞
的玄言大道理，直來直去。倒是民間的理論家，往往喜歡作深曲之
解，過度探討。誠如是，恐帝王自家亦不識矣。可以說，遷善改過
是唐太宗的核心思想。這裏講得十分明白，政治的成敗、好壞，是
君臣雙方的事，不是哪一邊的。提醒其實就是幫助剎車，一個人再
賢明，如果太順了，也很容易出事。國事敗了，大臣也會受牽連，
很難置身事外。唐太宗平時的言談，雖然是把臣下拴住的技巧，但
也是實話。很清楚，這裏唐太宗並沒有唱高調，而是攤利害──君、
臣各愛其身，以免於滅亡。看上去似乎是為一己之私，實際效果上
卻是達成了對公共的良好治理，這種平實的為政態度，在歷史上亦
為典範，是穩妥可行的。所謂義、利也，真正的安全，就在良性的
政治治理中。實際上，這是合於義利合一論的。又：

> 「貞觀十七年，太宗謂侍臣曰：自古草創之主，至於子孫多
> 亂，何也？司空房玄齡曰：此為幼主生長深宮，少居富貴，

未嘗識人間情偽，治國安危，所以為政多亂。太宗曰：公意
推過於主，朕則歸咎於臣。夫功臣子弟多無才行，藉祖父資
蔭遂處大官，德義不修，奢縱是好。主既幼弱，臣又不才，
顛而不扶，豈能無亂？隋煬帝錄宇文述在藩之功，擢化及於
高位，不思報效，翻行弒逆，此非臣下之過歟？朕發此言，
欲公等戒勖子弟，使無愆過，即家國之慶也。太宗又曰：化
及與玄感，即隋大臣受恩深者子孫，皆反，其故何也？岑文
本對曰：君子乃能懷德荷恩，玄感、化及之徒，並小人也。
古人所以貴君子而賤小人。太宗曰：然。」（《君臣鑒戒》）

　　這裏的理論非常樸實，但內容不少。儒家有言，唯君子能好人、
能惡人，對於宇文化及那樣的人，受恩再重，能夠要求他什麼信義
呢？所以說，期（期求值、期望值）不下小人。唐太宗在這裏問的
是一個根本的問題，就是：打天下的君主再英明能幹，他總有死的
一天，而第一代君主死了以後，或者是第二代，或者不出三代，也
就不行了。如何才能持續下去呢？這是根本問題。並且，一直穩定、
始終富強是歷代君主最關心的。房玄齡的回答雖然有理，但也只是
宏觀上的。實際上，這裏面有很多書面以下的講究，所以，皇家教
育學、政治教育學是必不可少的。當然古人不可能凡事都一步到
位，他們還是以日常經驗總結為主。拿皇子（包括大臣的子弟）的
教育來說，最好的教育是身教而非言教，政治教育都應該是身教
的。誠如唐太宗所說，草創之君，往往最有才略。以生物法則論，
就是進入最後一輪的、最優者獲勝。因此，最好的教師，莫過於草
創之君本人。這就像師傅帶徒弟，這時候是父帶子——帶在身邊，
子便如父，才略才能最大機率地維繫下去。如果交給一些不相干的

人去教，除了學得一點書面的語文外，恐怕沒有多少建設性。教育是簡單的，人使教育變得複雜。尤其當教育關係到政治利害時，更須探究其中的藝術與學問。實際上，教育只分初級與高級兩種。所謂初級就是識字，一旦不是文盲，便可以直接進入文本閱讀，年限到了，自然明理。就像唐太宗聽人念書，慢慢便明白了道理。當然唐太宗書法很好，他讓別人念是圖安逸，帝王總要享受別人伺候，但效果是一樣的。

　　房玄齡講的，其實是最溫和的真話。皇子在宮中長大，與宮女、太監廝混，為人容易陰柔化、封閉化，不知世事、不曉事務，甚至不知羊為何物，這在歷史中都是血淋淋的事實。所以名為享福，實同軟禁，大非栽培之道。因此皇家教育，須以讀書為餘事，以辦事歷練為主導，所謂功夫在書外，用而後知不足，更有針對性地讀書，學以致用，才能效率奇高。專事讀書，則口味敗矣。就像古書中講的，須是軍政之間，手不釋卷，或聽人念誦，乃能有得。總之，就是化整為零、見縫插針地學習，按自己的節奏去走，充分利用身邊的資源，時間到了自然成就。所以說，古今中外真正懂教育的，決不超過十人，而教育的真傳就在「齊物」二字。像三國時候的司馬氏父子，就是父帶子的典範，雖然父子三人皆非善類，但是個個有才，精誠團結，終成大事。而諸葛父子平時分處，有心而無能，卒致全敗。所以從教育論上看，諸葛絕對不及司馬，相去遠甚。

　　唐太宗明言，皇子雖然需要管教，但是大臣的子弟尤其要加以教導、督責。平心而論，唐太宗與房玄齡都沒有說錯，無論是君還是臣的子女，不管教都不行。我們應該清楚，太宗的時代，還處在中國歷史比較早的時期，那時候像科舉制度就還沒有發育起來，而理學所遵奉的綱常名教也還沒有社會化，沒有蒙被士人、士林。我

們看唐朝的大臣，比如唐太宗的大臣，一般都是雜家，沒有純儒。
而唐太宗所思所問的隋煬帝的重臣，為什麼會有那麼多受恩謀逆之
人，也是歷史中最本質的問題。因為隋煬帝的大臣，如宇文化及之
流，根本就沒有君父名教的念頭，當然便不以盡臣道為意了。因此，
為什麼中國歷史上的學者、思想家普遍瞧不起隋、唐，並不是無緣
無故的。試想，像朱熹、王陽明那樣的理學名臣，一代大儒，會幹
出宇文化及那樣的勾當嗎？根本是不可想像的。所以岑文本對以君
子、小人，真是空話！太大而化之了。或者，非名教中人，你就不
可能君子！從這裏來說，隋、唐根本就不是漢統，而是胡統，是沒
有綱常倫教法度的。也就是說，唐王朝還沒有建立起起碼的君臣倫
理，所以唐朝是一個無政治倫理的社會。雖然幾位賢君有過想法，
但是還沒有兌現。另外，子孫承襲前人的爵位，本來是一種榮譽，
但是如果變成特權，甚至連前人的官位也接續，因前人而居官，便
大大有妨於國家了。雖然巨姓人家多有子弟賢良者，但這畢竟是很
危險的。由此，科舉的興起也就是必然的，它是為了解決現實中的
人才及使用問題、以及社會平衡而生長出來的。哪一種操作規則更
好，這個不能不問。由此可以說，南朝、隋、唐是中國的倫理斷層
期，也是佛教流行期，兩者是一件事、兩個面向。這個時候是無教
（不是宗教，是綱常）可言的，因為沒有教，所以人們無所不為。
很明顯，中國歷史上，就沒有像南朝、隋、唐那樣缺乏思想、淺薄
無聊的了。

　　另外，事後來說，皇帝生子也是有講究的。像康熙皇帝兒子多，
他又不精於家庭教育，所以亂成一鍋粥。幸好康熙有觀察力，傳位
雍正，一個最具決斷力的人，才能夠延續事業。所以教育子弟，老
師必須統一。如果是一個人一位老師，師傅都希望自己的學生能夠

繼位，非引起亂局不可。而鍛煉子弟，最好的辦法就是適當地辦事，學藝必須與實戰同步，體用互證。皇子幼弱，大臣輔政是最糟糕的一種局面。皇子繼位最好是在三十歲以後，那時候比較懂事。像明成祖、雍正都是中年（四十歲）以後為帝，又有乃父的遺傳，辦事多年，所以俱有才略，國運得以不墜。尤其是明成祖，很多方面還超過朱元璋先生。像這樣父子英雄、並為頂尖人物的情況，在歷史帝王群中僅此一例、絕無僅有。由此可見，老朱先生還是很會造成人才的。但是有唐三百年，雄略之君僅兩個半——唐太宗、武則天、唐玄宗。玄宗不懂軍事，胡亂干預、瞎指揮，卒亂而不治，成為教訓。

這裏有一道分水嶺：看好唐朝的，定是淺人，必無深致；而不看好、或者不那麼看好唐朝的，定有獨到見解。當然，唐朝有它大氣、絢爛的地方，這個不容抹殺。但是觀照問題一定要看根本處，而非枝節。其實對唐太宗影響最深、構成其經驗基礎的，還是前隋往事。所以他從宇文氏看到了子弟世襲其官而致禍亂的根源，也是平時觀察思考的結果。實際上，魏徵對唐太宗有中肯的評價，《君臣鑒戒》曰：

> 「貞觀十六年，太宗問特進魏徵曰：朕克己為政，仰企前烈。至於積德、累仁、豐功、厚利，四者常以為稱首，朕皆庶幾自勉。人苦不能自見，不知朕之所行，何等優劣？徵對曰：德、仁、功、利，陛下兼而行之。然則內平禍亂，外除戎狄，是陛下之功。安諸黎元，各有生業，是陛下之利。由此言之，功利居多，惟德與仁，願陛下自強不息，必可致也。」

魏徵在這裏所說的可算是根本，就是：國家元首必須自強不息，有遠大的念頭和想法，及長遠的規劃。唐太宗之所以異於其他

帝王,成為歷史上四大帝王(秦皇漢武、唐宗明祖)之一,就因為他有著別人不具備的諸多優點。比如這裏提到的四端——德、仁、功、利,就說明唐太宗對根本的東西看得很清楚。說到這裏,我們必須知道,像儒家之學,是對德、仁過於偏重,而於功利之學發展不夠,所以歷史上儒者之評價太宗,多有失當之辭,這個應該注意。唐太宗徵求魏徵的意見,問自己在德、仁、功、利方面的表現應該如何評價,其輕重如何校論,魏徵講得很清楚,文治武功,唐太宗做得不錯。對內重新統一了天下,對外平滅了突厥,這都是太宗的功業成就,是其功德。但軍政是外在的,就皇帝本人來說,內在的修為才是一個沒有止境的過程。所謂仁,其實應該理解為溫和政治。但這裏的問題是,正如韓非說的,與其求不可得之事,不如立必可致之制。所謂人自脩其德仁是靠不住的,必須謀不得不德仁的辦法。當初韓非講用制度、辦法使臣對君不得不愛,就是這個思路。天下安定,民樂其業,這當然是利。但是我們也要知道,唐代市民社會的發育與後來相比還有限,當社會情況相對比較單純、簡單時,治理是易於為功的。所以,良性的社會應該時時注意保養一種簡單性,否則人為地複雜化了,即使有善政,由於各種人事利害因素及紐結,也不易有善的推行,這一點非常重要。所謂簡則得、繁則惑,唐之易盛,與它具備相當的簡易基礎分不開。所以尊重適度的簡單性(社會的),這本身就是在為國家培養元氣。宋代的社會比唐代複雜得多,也細密得多,但宋代是中國歷史上效能最低的時代,就因為它高度爛熟。像王安石變法,就是歷史中最難簡單地以好壞論之的變法,就因為當時的情況不是那麼單純。結果,宋代之內部變革、整頓的要求總不能兌現,及至蒙元光臨,一切打爛,重新造起——重新更換套路、整個兒換系統,還回到了原始。所以,

一個歷史國家和社會，最怕進入這種糟糕的、夾生化的爛熟的自身內循環，那樣，整個國家和社會就開始進入死亡倒計時，亦即搶救拖延期，而最終的死機乃是必然的，無藥可救，只能等待外力來絕滅它。然後再如朱子所言：一切打爛、重新造起。所以說，國熟三分生，一個國家要想保持機力，必須有幾分生，不能太熟，尤其不能爛熟。這就像定期修剪草木一樣，雜草不定期修剪，就會滋蔓，最後引來一把火燒光，然後風吹又生。因此，歷史中最堅實的國家和社會，就是對經濟依賴最小的社會，比如蒙古高原的民族，冷兵時代始終是地上最強。宋代經濟最發達、經濟社會形態最高，但是宋最為脆弱，不堪一擊。所以，經濟與文化的意義，不是讓人活得更強，而是讓人活得更好，它的軟化作用是不可低估的。所以，為了在宇宙中生存，必須有一個「由熟返生」的作為，這個老子早講過，就是原始要終。

唐太宗給予後人的啟示可謂多矣，《君臣鑒戒》曰：

> 「貞觀六年，太宗謂侍臣曰：朕聞周、秦初得天下，其事不異。然周則惟善是務，積功累德，所以能保八百之基。秦乃恣其奢淫，好行刑罰，不過二世而滅。豈非為善者福祚延長，為惡者降年不永？朕又聞桀、紂帝王也，以匹夫比之，則以為辱；顏、閔匹夫也，以帝王比之，則以為榮。此亦帝王深恥也。朕每將此事以為鑒戒，常恐不逮，為人所笑。魏徵對曰：臣聞魯哀公謂孔子曰，有人好忘者，移宅乃忘其妻。孔子曰：又有好忘甚於此者，丘見桀、紂之君乃忘其身。願陛下每以此為慮，庶免後人笑爾。」

這裏很誠實地表白了帝王心理，唐太宗在這裏引了儒家的意思，所講的無非是人性、人心善善、惡惡的道理。說到恥感，其原

則應該是非禮勿恥，也就是要會恥，很多人就是不會恥，往往以不該恥的為恥，應該恥的反而不覺其恥。確實，帝王與匹夫，只是一種世俗的地位、身份之別，主要還是得看這個人，即本體觀。即使是平常人、小老百姓，如果有人拿他比桀、紂，他也會惱怒；就算是帝王，如果有人說他比顏回還賢明，他也會高興。可見，人才是本質。歷史中的君主那麼多，可是被後人記得、還說得出名字的有幾個呢？後人真正崇仰、紀念的，還是文化上有貢獻的普通人。唐太宗以周、秦相比，可見他還是很有歷史觀察力與穿透力的。周當初得天下的情形，後人已經很難有什麼感性認識了，而對秦的直感卻多一些。大概周得天下，沒有秦那麼大的強度，而且周對輿論的假借也要多一些，畢竟歷史早，雖然通過武力解決，周、秦都是一樣的。所不同者，在於效果。正如唐太宗所說，周得天下，所行很有步驟，比較緩；而秦則過於嚴暴，節奏快急，超出了國人能夠承受和忍耐的限度，所以顛覆了。由此可見，政治的節奏最重要，也就是以「時」為關鍵，不單是有德、無德的問題。不過話說回來，周雖享國八百多年，超過其他王朝，但只是名分上的，實際上周代長期陷於紛亂。我們說，帝制必然是天子制的後代，這是由勢決定的。這也是我們不那麼怪罪周王朝的原因，因為天子制的絕症就是僭越，這是必然的，禮法很難維持。僭越的最後結果就是一個──秦，這一最強單位，來統一一切。歷史要想不陷於悲慘的二過和循環、輪迴，就必須走出一步──從此進入帝制，這是最不壞的一個不好的結局。辦法只有這個，因為周代那種臺階似的政治結構太方便越級了。但是在秦之後，我們還是看到了相當程度的諸侯邦國制的殘留和反復，這說明帝制的歷史道路也是坎坷不平的。總之大家都不容易，所以只能平心而看。由此觀之，

道德說辭在歷史統計面前是很虛弱的，因為很多事情不是願望問題，而是理勢問題。當然，君主脩身、真正的脩身，對良性政治會有奇效，而且是主宰性的作用，這個我們也不想否認。但是此道陳義之高，絕非一般人所能兌現。這就像臺階越低，人們才能登之，否則壁立萬仞，則人不能進、無由進矣。所以要化壁為階，這個意思最關緊要。因此，與其講內聖外王，不如講內賢外王。所謂聖哲，也不過是極賢而已，只有將絕對化為輕重，才是不二法門。

「貞觀十四年，太宗以高昌平，召侍臣賜宴於兩儀殿，謂房玄齡曰：高昌若不失臣禮，豈至滅亡？朕平此一國，甚懷危懼，惟當戒驕逸以自防，納忠謇以自正。黜邪佞，用賢良，不以小人之言而議君子，以此慎守，庶幾於獲安也。魏徵進曰：臣觀古來帝王撥亂創業，必自戒慎，採芻蕘之議，從忠讜之言。天下既安，則恣情肆欲，甘樂諂諛，惡聞正諫。張子房，漢王計畫之臣，及高祖為天子，將廢嫡立庶，子房曰：今日之事，非口舌所能爭也。終不敢復有開說。況陛下功德之盛，以漢祖方之，彼不足準。即位十有五年，聖德光被，今又平殄高昌，屢以安危繫意，方欲納用忠良，開直言之路，天下幸甚。昔齊桓公與管仲、鮑叔牙、寧戚四人飲，桓公謂叔牙曰：盍起為寡人壽乎？叔牙奉觴而起曰：願公無忘出在莒時，使管仲無忘束縛於魯時，使寧戚無忘飯牛車下時。桓公避席而謝曰：寡人與二大夫能無忘夫子之言，則社稷不危矣！太宗謂徵曰：朕必不敢忘布衣時，公不得忘叔牙之為人也。」（《君臣鑒戒》）

　　唐太宗用兵，雖為歷史之盛舉，但亦有其特點，就是快。如果陷於持久戰，便不行了，對朝鮮用兵就是說明。所以，唐太宗的軍事才能是快捷型的，不是重量型的，適合於四兩撥千斤一路，所以後人說他神奇。其實各人性質不同，歷代帝王凡能戰者，都有自己專屬的特點，所謂一個師傅一種法，能做成功業就行。法無定準，不竭如江河，正是此義。這裏講的意思很明白，就是為政不能忘本。像唐太宗這樣安危繫意的，歷史上恐無二例。這就難怪後人多視太宗朝為第一時代了。所以後人說，帝王心學，居敬用事，之所以要主敬，就是因為，只有敬才能夠行健、自強不息。從這裏來說，漢朝當然是不足論了。但問題是，漢朝的總體實力強，比較均勻；而唐朝只有太宗堪稱英明之主，武則天能幹，唐玄宗只有一半，所以有唐之盛，不過數十年，還不足以為歷史法。當然，唐太宗是個例外。我們說，太宗之興，得益於他的自省，這個從《貞觀政要》便可以看得很清楚。唐太宗每天的自檢決不下於三次，所謂常自危懼者，非虛語也。太宗愛思考，也會思考，這在帝王中很難得。皇帝的思想，是中國歷史思想中最高層的資源，必須充分重視。乙太宗而論，他善於從生活周圍的細事想到大的問題，這很合乎儒家觀物之道。比如習射，《政體》曰：

　　「貞觀初，太宗謂蕭瑀曰：朕少好弓矢，自謂能盡其妙。近得良弓十數，以示弓工。乃曰：皆非良材也。朕問其故，工曰：木心不正，則脈理皆邪。弓雖剛勁，而遣箭不直，非良弓也。朕始悟焉。朕以弧矢定四方，用弓多矣，而猶不得其理。況朕有天下之日淺，得為理之意，固未及於弓。弓猶失之，而況於理乎？自是詔京官五品以上更宿中書內省，

每召見，皆賜坐與語，詢訪外事，務知百姓利害、政教得
失焉。」

　　理學講即事觀理，格物窮理，這裏唐太宗正是就弓以知理。而
且從禮節上說，皇帝與大臣坐著談話、討論事情，也堪為後世法，
只是不能也。唐太宗射藝絕世，矢無虛發。正如射禮、射義所強調
的，習射為脩身之本──動作道德。現代人沒有習射的條件，所以
很難脩身，也就不能理解和超過古人了。射是什麼呢？射就是中
庸。習射的人，永遠是向自身找原因，所以射也是內省。射就是要
每個人都養成內省的習慣，所以蒙古民族很聰明，雖然沒讀書，但
是我們說他們已經學習了。弓工對太宗講的，是材料力學上的事，
而太宗觸類旁通，想到了理，雖然那時候理學還沒有建設起來。但
是，理學與力學確有類通處，即所謂心、理須正，否則剛勁雖然有
餘，但準度卻不會很高。朱元璋為政，就是剛勁有餘，準度不夠，
正應了弓工的話。由此可見，唐太宗年輕時候的思維也是力量型
的，即──有實力就有一切，但是對引導此力的方向和軌道還沒有
細心的體認。如果路頭不對，方向錯了、偏了，那麼發出來的力就
只能是一種浪費和破壞源。所以定向在力先，無向之力不如無力。
唐太宗用弓用了好多年，可是被點醒卻在一瞬間。老子說，人之迷、
其日固久，誠非虛語也。多數人都是活了一輩子，但在道理上卻憒
然而過，渾不覺得。當然唐太宗不是迷，而是不知。所以，太宗皇
帝由弓事進而憂懼理事，危懼於理，可見這種危懼又升進了一層，
到了最高地段。而太宗能實際力行，以觀利害、政教得失，這是其
他帝王不及的。由此來看，人就像弓一樣，其行如箭，只有心、理
皆正，方向定準，行事才不會偏失。正面營建，才能事半功倍。尤

其是人君施政，關係就更大，弄不好對天下就會有傷害性，而不是只限於自己。古人常常是通過向皇帝自己本人擺切身利害，從而誘引他對公共有益，這是以私利（私德）釣公德，成了傳統。唐太宗因為自知理不足，所以慎自用。所謂習射者，就是欲人反求諸己。

我們說過，唐太宗的經驗資源主要是前隋，所以他常常與近臣討論隋亡的原因。《政體》云：

「貞觀四年，太宗問蕭瑀曰：隋文帝何如主也？對曰：克己復禮，勤勞思政。每一坐朝，或至日昃。五品已上，引坐論事。宿衛之士，傳飧而食。雖性非仁明，亦是勵精之主。太宗曰：公知其一，未知其二。此人性至察而心不明。夫心暗則照有不通，至察則多疑於物。又欺孤兒寡婦以得天下，恒恐群臣內懷不服，不肯信任百司，每事皆自決斷，雖則勞神苦形，未能盡合於理。朝臣既知其意，亦不敢直言，宰相以下，惟即承順而已。朕意則不然，以天下之廣，四海之眾，千端萬緒，須合變通，皆委百司商量，宰相籌畫，於事穩便，方可奏行。豈得以一日萬機，獨斷一人之慮也。且日斷十事，五條不中，中者信善，其如不中者何？以日繼月，乃至累年，乖謬既多，不亡何待？豈如廣任賢良，高居深視，法令嚴肅，誰敢為非？因令諸司若詔敕頒下有未穩便者，必須執奏，不得順旨便即施行，務盡臣下之意。」

從這一段對答我們可以知道，隋文帝是一個很勤快的人。朱元璋、秦始皇都很勤快。任何人都會有他的優點，王莽也有很多優點，這不能說明什麼。重要的是，要優在點子上。如果不得其要，政治上必然失敗。說白了，隋文帝這個人是精而不明，太精的人都沒有

好結果，所謂小精即大愚，真正的明白是至簡的。我們看歷史中的帝王，可以粗分為兩大類：一種是能幹型的，就是個人能力強，也能夠憑個人魅力拉住一班人，聰明勤快、辦事有效。但是這種人有一個致命的缺陷，就是到了一定的地段，就再也上不去了，僅能維持自己的權力範圍，能保住範圍、格局很有限的個人權力就不錯，如此而已。另一種是明理型的，就是有讀書問學的根器，具有知識，這種人能夠有想法，按照自己的理想治國，並做長遠規劃，不是盲目的，而是有步驟、有計劃。當然，能幹型與學識型都是少數，絕大多數皇帝都是庸人，他們在浪費歷史。唐太宗的難得，就在於他是比較全面的人才，既能幹又能讀書思考。當然我們都是相對來看，人是不能夠絕對地去要求的。隋文帝是非常能幹的人，但是正如太宗皇帝所指出的，隋文帝在政治上自開初就面臨著很大的被動，他讓周禪位給自己，所謂欺孤兒寡母者就是指此。雖然禪讓了，但隋文帝總不安心，所以事必躬親，不能知人善任，弦總是繃得很緊。而以一人之能是不能夠經理天下的，誠如《大學》所講，心安而後能定，安心是一切的根本和始發點。不能安心，便四大皆空了，一切全完蛋。隋文帝既然有政治輿論上的被動、先天不足，他當然不能從容施政，這是唐太宗總結的致敗根源，可見太宗確實是總在思考。相比於隋文帝而言，太宗的踐祚，也是幹掉了自己的兄弟，所以心理上亦懷有疑懼。他說隋文帝性至察而心不明，把心、性關係擺得很明確。所謂人至察則無徒，生性明察多疑，當然不能用人。帝王之學，首先在於用人，這是由政治分工決定的。所以儒家講知人、知言，就因為儒家學說首先是帝王之學。所謂心暗者，是說隋文帝不明理，心不明理，這是後天的，性至察，這是先天的、天生的，是天性。所以隋文帝這個人，心性皆不管用，敗是必然的。後

來宋、明之儒喜歡討論心性問題，但是對照來看，不如唐太宗講得樸素近真。太宗皇帝說到，每天行政的不當，經年累月積加起來，非敗不可。所乙太宗的重心在於用人，而非自用、役己。生怕政權不穩、最怕政權不保的人來統治，行政便是不可能的，國家只能拖，而不能進展。

唐太宗講的，還有一個剎車系統的意思，如果臣下盲目照行，也會有嚴重損害，這在隋煬帝時有一些案例。《君臣鑒戒》云：

> 「貞觀四年，太宗論隋日。魏徵對曰：臣往在隋朝，曾聞有盜發，煬帝令於士澄捕逐。但有疑似，苦加拷掠，枉承賊者二千餘人，並令同日斬決。大理丞張元濟怪之，試尋其狀。乃有六七人，盜發之日，先禁他所，被放才出，亦遭推勘，不勝苦痛，自誣行盜。元濟因此更事究尋，二千人內惟九人逗遛不明。官人有諳識者，就九人內四人非賊。有司以煬帝已令斬決，遂不執奏，並殺之。太宗曰：非是煬帝無道，臣下亦不盡心。須相匡諫，不避誅戮，豈得惟行諂佞，苟求悅譽？君臣如此，何得不敗？朕賴公等共相輔佐，遂令囹圄空虛。願公等善始克終，恒如今日！」

隋煬帝時因為盜發大案，牽連兩千多人，全部殺了，其中有不少是冤枉的。這裏就提出一個問題，就是「治眾法」的問題。所謂法不責眾，但是，如果真的是面臨群體犯罪，那麼應該如何處置呢？正義不能以人數多少論，枉殺固然是歷史之污，但是治眾的問題也從來都是歷史中的大問題，這個亦須平心而論。唐太宗說，不完全是隋煬帝無道，臣下也不盡心，深於利害，不相爭取奏報。但事實是，如果臣下一說話就會死，那麼應該怎麼做呢？畢竟人人都怕

死，淫威是不可反抗的。唐太宗說得很明白——勇敢地去死，一定要說實話。但是我們說，這是皇帝的勇氣，不是庶民的道德任務，一般人不要說達不到，就是達得到，也不公平。蕭瑀稱隋文帝是勵精之主，還說他克己復禮，以後來的理學的思維和觀點來看，這簡直是淺陋之至、無以復加，是只觀皮相。這說明，有唐之世還不具備、還沒有樹立起真正完全意義上的儒臣，至少太宗朝沒有。有的只是文臣，純儒是沒有的，文和儒是不同的，是兩回事，文臣 ≠ 儒臣。所以說，唐代文盛、儒不盛。所謂文臣，語文之臣就可以。所以，唐太宗身邊的人，只能說他們很有文墨，但都是雜家。他們對儒家的東西知道、瞭解，甚至於精通，但卻只是一般學問、知識意義上的，不是朱熹、王陽明那種立身行事、安身立命、以聖人為己事、為自家分內事意義上的東西。所以說，跟宋、明諸大儒、跟理學名儒比起來，唐朝的儒不叫儒。包括韓愈、顏真卿等等在內，都不行。當然唐朝有唐朝的優點，各代是參差的，難得其全。並且，唐朝正為後世之醞釀，比如韓愈提倡道統。

　　隋文帝勤而少功，唐太宗逸而有成，因為道理本來是這樣的，所謂無為才能天下治。儒家早就講過，垂手而治天下，因為為學、為政都必須以悠游、從容為歸，要以悠閒為趣，所以只能閑、不能忙，繁忙只能做項目、不能做學問，而政治是學問、不是項目。所以，勤快氣質，不適合於元首素質，只適合於幹活、做具體工作、當職員，元首需要的是學習與思考。之所以隋文帝勤而無功，唐太宗逸而有成，是因為一個道理，就是所謂分職。即，皇帝是不管細事的，具體事務應該由各個官員去辦理。皇帝只管用人、只負責委任，所以一定要知人。如果不善任，會影響行政。應該說，這一基

本認識，是只能如此的，因為一個人根本不可能經理萬事。不過這裏面也有輕重，簡單地說，就是軍政大事皇帝要監控好，只要軍政方面不出事，國家就是穩的，而這方面的事務也比較簡單，很直截，管得過來。至於民間事務，軟事務，包括文化經濟生活等，都可以責有司管理。

這裏有一段很能說明問題，曰：

> 「太宗自即位之始，霜旱為災，米穀踴貴，突厥侵擾，州縣騷然。帝志在憂人，銳精為政，崇尚節儉，大布恩德。是時，自京師及河東、河南、隴右，饑饉尤甚，一匹絹才得一斗米。百姓雖東西逐食，未嘗嗟怨，莫不自安。至貞觀三年，關中豐熟，咸自歸鄉，竟無一人逃散，其得人心如此。加以從諫如流，雅好儒術，孜孜求士，務在擇官，改革舊弊，興復制度，每因一事，觸類為善。初，息隱、海陵之黨，同謀害太宗者數百千人，事寧，復引居左右近侍，心術豁然，不有疑阻。時論以為能斷決大事，得帝王之體。深惡官吏貪濁，有枉法受財者，必無赦免。在京流外有犯贓者，皆遣執奏，隨其所犯，置以重法，由是官吏多自清謹。制馭王公、妃主之家，大姓豪猾之伍，皆畏威屏跡，無敢侵欺細人。商旅野次，無複盜賊，圄圉常空，馬牛布野，外戶不閉。又頻致豐稔，米斗三四錢。行旅自京師至於嶺表，自山東至於滄海，皆不齎糧，取給於路。入山東村落，行客經過者，必厚加供待，或發時有贈遺，此皆古昔未有也。」（《政體》）

唐太宗即位的時候，天下並不安寧，到處都是問題。外部有突厥的侵擾，內有天災人禍。糧價飛漲、貴得驚人。但是這種困難的

局面持續時間卻不長，到貞觀三年就穩定下來了，情況迅速好轉。
這說明治理得法，所以天下易安，三月之內國變完全是可能的，根
本不用幾十年。但最重要的是，這些事情說明了一些根本問題，就
是中國的歷史國民性。應該說，中國是最容易治理的國家，因為中
國人民自古開化，講道理，容易妥協。但是弊端也在此，因為好說
話，所以政治容易滑坡。我們看中國歷代的大亂，都是因為長期政
治失規、出軌造成的。首先是饑饉問題，國人吃不飽肚子，先是啃
樹皮、草根幾個月，然後吃土，後來連土也沒得吃了，最後才反。
但是這裏仍然有一個限制條件，就是：這一切都要是由壞政治造成
的，老百姓才會造反；如果僅僅是因為天災，而沒有人禍，那麼即
使是整村的餓死，官方救濟不到，老百姓依然很有秩序，絕不反亂。
此類事情，歷史中的筆記多有記述。所以為治之道，主要是看一個
態度。唐太宗志在憂人，百姓雖四處逐食，決不嗟怨、而人人自安，
這就是安心政治的效果。就因為心安，國民知道所有這些都是暫時
的，不日即變，所以心裏有底，才會竟不逃散一人，組織法寓於其
中矣。另外治者憂勤，國人也無話可說，所以政治奇效就產生了。
唐太宗之所以為後來的歷代帝王所不及，就因為他做了最簡單的
事，安人心，安心就是得人心，這就是大學之道。像崇禎那樣在位
十七年還失國的，除了無能，不能有其他的解釋，朱元璋打天下才
用十五年。至於幫崇禎委過於萬曆的，則更是昧於道理了。因為儒
家早講過，只要政治得法，三月之內天下必變，任何危局都能扭轉。
三月不能逆轉局面的，必不得法，唐太宗用事就是最好的說明。所
以，並不是太宗有什麼奇絕之處，只是因為他能夠盡本分，平平常
常而已。大道在平淡間，如此而已。其他的帝王只是表現太壞，所
以反襯出了唐太宗的偉大聖明。

　　司馬光評價說，唐太宗文武之才高出前古，能夠用人，聽得進意見，拯救萬民於水火之中，坐在那裏就能夠化成天下，盜賊成君子、呻吟變謳歌，衣食有餘，刑罰不用，平定突厥，疆域遼闊，一千數百萬平方公里的範圍內，盡為州縣，三代以來，中國從未如此之盛也。這個評價是客觀的，可以說，中國以後也不可能再這樣強盛了，因為唐太宗出不來了。太宗皇帝的寬容大度是歷史上有名的，不像明成祖滅十族。歷史中的帝王有兩種情況，一種是人好，溫和寬容，但是太懦弱，容易受欺；另一種是雄才大略，但是手段辛辣，像明太祖、明成祖都是有雄才偉略的人，但是過於嚴暴，深為後世所病。所以像唐太宗這樣既有雄才偉略，又能寬容待下的，在歷史中可謂完全，絕無僅有。後來的康熙也是此類人物，康熙比唐太宗強的地方，就是他的後續更好，陣容更整齊。自康熙即位到毒品戰爭以前，承平一百八十年，為歷代所未有。所以中國歷史各朝，其長短處不一。當然這裏也有一點形似處，就是唐太宗、武則天、唐玄宗三段，有一點像康熙、雍正、乾隆三段，只是清代做得更好。當初李建成、李元吉要害唐太宗，參與的人有上千，但事後太宗並不深究，還像平常一樣，這是很不容易的，表現出了自信。但是他治吏很嚴，貴冑不敢欺凌小民，世風良好。其實說到吏治，只要一切按規定辦就足夠了，並不需要過於嚴厲，所謂嚴而不暴，政治的建設在正面不在反面，人性不是禁得好的。當時糧價極便宜，走多少里路都非常安全，出門不用帶乾糧，因為到處都有供應，很方便。尤其山東民風淳厚，對外客不僅殷勤款待，而且走的時候還有饋贈。這些雖然說明了唐太宗的治功，但是也有一點，就是山東的民性，總體上是偏於良民型的，所以對山東可以寬鬆治理。中國各地的民性，其輕重是有所不同的，瞭解清

楚了，可以省力不少。當然總體而言，華人都好治理，只要不是暴政。

　　宋儒論評唐太宗，如歐陽修、曾鞏等人，純以庸懦之道而議雄武之略，局量狹陋，甚所不取，故此處不贅引。太宗朝制度完備、人才興盛，而又能愛人親民，所以貞觀之治就是必然的了。但缺點是，唐太宗只能讓國家在他統治的時候好轉，這以後並不能繼續，所以說，唐初之治也只是中了一個歷史頭彩罷了。案太宗雅好儒學，他統治的時期，文化學術建設，以孔穎達等人所修撰之《五經正義》為最高成就，即《十三經注疏》的核心部分。此一成果統一了經解，奠定了以後儒學之文本基礎，成為歷史的高峰。《崇儒學》云：

> 「貞觀四年，太宗以經籍去聖久遠，文字訛謬，詔前中書侍郎顏師古於秘書省考定五經。及功畢，復詔尚書左僕射房玄齡集諸儒重加詳議。時諸儒傳習師說，舛謬已久，皆共非之，異端蜂起，而師古輒引晉、宋以來古本，隨方曉答，援據詳明，皆出其意表，諸儒莫不嘆服。太宗稱善者久之，賜帛五百匹，加授通直散騎常侍，頒其所定書於天下，令學者習焉。太宗又以文學多門，章句繁雜，詔師古與國子祭酒孔穎達等諸儒，撰定五經疏義，凡一百八十卷，名曰《五經正義》，付國學施行。」（《貞觀政要》）

案顧炎武《日知錄》云：

> 「《舊唐書儒學傳》：太宗以經籍去聖久遠，文字多訛謬，詔前中書侍郎顏師古考定五經，頒於天下。又以儒學多門，

章句繁雜，詔國子祭酒孔穎達與諸儒撰定五經義疏，凡一百七十卷，名曰《五經正義》，令天下傳習。《高宗紀》：永徽四年三月壬子朔，頒孔穎達《五經正義》於天下，每年明經令依此考試。時但有《易》、《書》、《詩》、《禮記》、《左氏春秋》五經，永徽中，賈公彥始撰《周禮》、《儀禮》義疏。《宋史李至傳》：判國子監，上言：五經書既已板行，惟二《傳》、二《禮》、《孝經》、《論語》、《爾雅》七經疏未修，望令直講崔頤正、孫奭、崔偓佺等，重加雕校，以備刊刻。從之。今人但知《五經正義》為孔穎達作，不知非一人之書也。《新唐書》穎達本傳云：初，穎達與顏師古、司馬才章、王恭、王琰受詔撰五經義訓百餘篇，其中不能無謬冗，博士馬嘉運駁正其失，詔更令裁定，未就。永徽二年，詔中書門下與國子三館博士、弘文館學士考正之。於是尚書左僕射於志寧、右僕射張行成、侍中高季輔，就加增損，書始布下。」（《十三經注疏》）

可見，《五經正義》在唐高宗時做了一個掃尾的工作，使之更加完善。唐仲友說，太宗命名儒為義疏，以便統一，這是有益於經的。「然亦崇其教而已，道未也。」確實，唐太宗雅好儒學，做了很多關鍵的工作，但是唐朝政治並沒有因此而綱紀化，唐朝政治最不穩定，這是很「自諷」的。所以說，唐太宗僅僅是崇尚儒教，還沒有、並沒有真正切實地按照儒道去做，這與宋、明以降是最不相同的。理學名儒一旦拿出了什麼，就一定要在政教中力行、推布，真正能夠知行合一，所以說理學最不容易。跟理學名儒、諸大儒比起來，唐朝的儒不叫儒。當然孔穎達這樣的人另論，但他們主要還

是偏於學者型，而不是表率型，不是學、表的合一體。朱熹就不一樣，朱子就是要明擺出聖人派頭的，他就是聖人的「活樣子」。唐仲友說：「自漢以來，經學分析，傳習不同，重以南北之分，浸益訛舛。師古家世齊周，乃能通晉、宋舊文，故能釐正南北之謬，其有益於學者多矣。」這種評價是客觀的。在這裏教與道二名要分清，否則看古人的用語容易混淆。我們現在說教，一般是指宗教而言，比如佛教、道教，等等。中國的道教是准宗教、玄學是准玄學。但是古人說教，首先是指教化，比如說儒教，就是指用儒家的一套教化天下。但是，教字的使用仍然是多端的，要結合上下文左右聯觀，具體看情況而定。像這裏的教，就是指：唐太宗把儒學《五經正義》這些都搞出來了，卻不能最終按照儒家的根本處去做，就差最後一口氣，這是很可惜的，所以唐朝政治最終不行。這裏道比教更高一層，教主要還是指學術研究建設方面的工作，是具體的，比如表面化的講學，等等。姿態不錯，但實質精神呢？而道則是內在的，是那一個最根本的東西。唐朝政治顯然沒有按儒家的一套法度、法統、綱紀要求去操作，所以理學家罵唐朝是行夷狄之教，素無紀綱。唐朝不是沒有儒學的外形和形式，而是沒有、是缺乏儒家的「骨子裏」。像唐玄宗注《孝經》，外在形式一點不缺，但是明皇帝這個人，哪裡又算是一代儒皇孔帝呢？所以唐仲友的話是不錯的，儘管他跟朱熹合不來。關於教化政治、軍政教化，這裏有一段相當重要的敘說。《崇儒學》曰：

> 「貞觀二年，詔停周公為先聖，始立孔子廟堂於國學，稽式舊典，以仲尼為先聖，顏子為先師，兩邊俎豆干戚之容，始備於茲矣。是歲大收天下儒士，賜帛給傳，令詣京師，擢以

不次，布在廊廟者甚眾。學生通一大經以上，咸得署吏。國
學增築學舍四百餘間，國子、太學、四門、廣文亦增置生員，
其書、算各置博士、學生，以備眾藝。太宗又數幸國學，令
祭酒、司業、博士講論，畢，各賜以束帛。四方儒生負書而
至者，蓋以千數。俄而土蕃及高昌、高麗、新羅等諸夷酋長，
亦遣子弟請入於學。於是國學之內，鼓篋升講筵者幾至萬
人，儒學之興，古昔未有也。」

可見，儒學在歷史中的地位變化，包括孔子歷史地位的變化，
都乙太宗為轉關。孔子與周西歷史地位的交換，唐太宗是重要的一
環。這裏周公與孔子地位的升降，是歷史中一個重要的消息。這裏
說太宗即位之初就大收天下之儒，這與他一切在人的思想是一脈相
承的。所以通一經的就可以入仕，並且報銷路費，讓他們到首都集
合，效率非常之高。國學不僅增修房舍，而且生員擴招，設有文科
博士和算學博士，還有研究生，學科門類配置齊全。並且唐太宗還
多次親臨視察，讓司業、導師們登壇講學，進行教學評比，完事後
發獎金。各地儒生帶著書卷來的，數以千計。一時間，從來儒學還
沒有這樣興旺過。當時在國學講論的就差不多有一萬人，足見盛
況。按照唐制，國子、太學、廣文、四門、律、書、算凡七學，皆
置博士。國子，掌教三品以上及國公子孫，從二品以上曾孫為生者。
太學掌教五品以上及郡縣公子孫，從三品曾孫為生者。廣文館掌領
國子學生業進士者。四門館掌教七品以上侯伯子男為生，及庶人子
為俊士生者。律學、書學、算學，掌教八品以下及庶人子為俊士生
者。又有五經博士，掌以其經教國子。這樣看來，唐代制度雖然細
緻，但是也嫌繁碎，其實沒有必要分這麼多名目，反而搞散了，只

統一用一個太學或者國學之名就夠了。名數太多，其實不利於統領，不便於集中。從這些名目來看，基本上還是人事方面的東西太多，而不是純學問的，所以應該省並，以期更加精煉、精簡。當然唐朝計程車族還很強，所以等級總不免是要講的，學制分割自然細碎一些。

唐太宗重視儒學，很早就開始了（自他繼位之初）。《崇儒學》云：

> 「太宗初踐阼，即於正殿之左置弘文館，精選天下文儒，令以本官兼署學士，給以五品珍膳，更日宿直，以聽朝之際引入內殿，討論墳典，商略政事，或至夜分乃罷。又詔勳賢三品以上子孫為弘文學生。」

這說明，唐太宗即位之初就著手延攬天下名儒，給以優厚待遇。政務之餘暇，便抓緊時間討論經學，並且讓高官之子弟從學，教養新人，以為政治儲備，這些都是可以為歷史垂範的。常常是唐太宗與儒臣討論問題直到深夜還不願散去，而且儒臣還有輪值安排，以備講論。所以理學名儒真德秀說：

> 「後世人主之好學者，莫如唐太宗。當戰攻未息之餘，已留情於經術，召名儒學士以講磨之，此三代以下之無有也。既即位，置弘文館於殿之側，引內學士番宿更休。聽朝之暇，與討古今，論成敗，或日昃夜艾，未嘗少息，此三代以下之所又無也。故陸贄舉之以告德宗，謂言及稼穡艱難，則務遵節儉，言及閭閻疾苦，則議息徵徭，此所以致貞觀之治也。後之人君有志於帝王之事業，則貞觀之規模，不可以不復。」（見《崇儒學》注）可謂中肯。

　　唐太宗在戰爭之餘，就開始與儒士講論經術了，即位以後更是擴而充之。所以帝王事業，就是對貞觀之治照搬，照搬就行，不需要更複雜。因為基本的要素，貞觀之治都已經包括了，已經飽和了，無可損益。而帝王事業，就是人極，人極就是帝王事業。簡單的說，治國就兩件事：吃飯成問題了，就蠲免；民生苦了，就罷徭役。總之就是在徵收上調控、做文章，讓政治天平始終保持平衡。但是後儒對於太宗講學，卻有頗為質疑的地方。那就是，唐太宗所講的真是儒學嗎？如果所講的真是得儒學之正，那麼為什麼有唐一代的政治卻那麼亂呢？這個不好解釋。由此看來，前人的觀察、思考還是很敏銳、很冷靜的。所以，唐太宗所講、所討論的，與其說是儒學，不如說是文學。因此，唐代的文學發達，而宋以降才是真正的儒學「復興」。所以由唐而宋，在中國歷史上是一個關鍵的轉鈕，即由文學而儒學。所以，我們看唐太宗延聘的都是些文學之士，如虞世南、褚亮、姚思廉、歐陽詢、蔡允恭、蕭得言等等，都是文學之士。博學歸博學，但是博學不等於儒學。儒學的標準和追求是純正，即正統。而文學的標準和追求是寬博，即趣味。所以有唐只是文學之士的王朝，不是儒教之朝，文學之朝的政治是沒有法度保障的。像李、杜，詩寫得再好，唐書家運筆再妙，也還是無與治道的。這是很殘酷的事實，亦即有、是之辯，就是如此。後儒有言，每獨怪君臣問答之際，詔令章疏之間，一事之微，無不講也；一物之細，無不講也；獨於統宗會元之地，乃無一語及之。是則太宗之學，非堯、舜、禹、湯、文、武、孔、顏之學也。周公沒而百世無善治，詎不信哉？由此可見，後儒對太宗朝的評價並不高，而這裏面的標準是很明確的。所謂百世無善治，這是古人的無奈。客觀來講，表面化是太宗朝的根本不足。

　　那麼，我們從貞觀之治、從太宗朝能夠得到什麼啟示呢？有兩點是肯定的：一、沒有武化就沒有文化，有了武化，文化在其中矣。這就是文治武功的陰陽關係。以武功論，歷代乙太宗為盛；以文功論，《十三經注疏》（後人略補之）為中夏第一書，此二者皆成於太宗之手，無話可說。抬孔子、崇儒學，定向之作用，更不容忽略。二、制夷之法，寓於國學，此可為萬世作則，自不待言。所謂國學安諸部，辦法上也最高明。

　　可以看到，治平天下之道，就在國學之中。像土蕃、高昌等地的部落酋長，都想派子弟來學習，儒家所奉的只聞來學、不聞往教的原則，其實已經兌現了。而且，中國的統一之道也在其中達成，這就是讀書制度的宏偉效果。說白了，「陪太子讀書」是最好的招撫諸部的辦法。我們知道，蒙古高原的草原諸部，歷來為中國患，故如何安平之，乃是一個永不過時的問題。那麼，什麼是陪太子讀書呢？即：蒙、滿、新、藏只要派遣子弟來京讀書、就學，那麼，他們回去以後，就可以成為各部汗位的繼承人，而內附就是一定的了。可以說，儒學本身就是鐵打的江山，這江山就寓於國學之中、就在太學中，這就是修齊治平、大學之道。古人沒有用大學之道安定蒙古，這是很遺憾的。皇子當然是要在大書房讀書的，而各部的子弟圍在皇子身邊，在旁邊一起跟著讀書上學，那麼，等他們這些人用事以後，整整一代人之間，自然就會有某種默契和信義，政治便利於穩定了，而這就是陪太子讀書。在一起同學長大的，關係自不一般。想像一下，如果鐵木真與朱熹同學，會有怎番景象呢？擴大了說，後來鄭和下西洋，遠至非洲各地，帶回長頸鹿、犀牛等奇珍異物，那麼，物產之外，是否也有非洲部落的子弟願意來華讀書向學呢？由此，學成回去以後，他們就可以繼位治理各部落，於是，

平治天下的宏願也就輕易達成了──非洲從此開化，是為心服的世界政治。所謂萬國盡科舉，非虛言也。當我們遊歷世界各地時，到處都是誦讀之聲，此有何不可想像呢？即以招撫蒙古而論，讀書法就比打仗強得多。當初明成祖征漠北，還不如以《永樂大典》頒賜各部為上，賜書以資教化，乃順理成章之事，誰不願受？如果蒙古各部的子弟都在北京國子學讀書上學，回去以後用《大典》輔助治理，不用一兵，北方早就搞定了，並且世代不為中國患，這怎麼就不可能呢？學的力量豈是兵力可比的！所以古人做事未得其要。賜書是一種榮譽，這些，很可惜歷史中都沒有做。而《永樂大典》僅有兩部，卒以絕傳。而且，讀書還會牽涉到繼承資格的角逐，比如各部汗位的競爭，如果有人問：你的兒子到北京讀書了嗎？我的兒子讀了，所以只有他具備資格，為合適人選，這是顯然的。這樣，權力就可以脫離武化，從此文化。而且草原之人心向京師，向心力便從此形成，這比大明朝每年耗費不知多少軍餉，不是勝強萬倍嗎？並且還不排除出現很多意外的情況，比如草原子弟貪念京師舒適的生活，不願回去繼位，或者提早退休安居京城享受，都未可知。但不管怎麼說，總是有利於和平之路，而非戰爭之途了。

所以，歷史的教訓就是，儒道未得擴而充之，這是以後應該注意的。中國歷代蒙北邊之害，其實解決之法不在長城，而在讀書。唐太宗之論長城，便極為精闢。唐代不修長城，是最好的說明。一旦蒙古各部的酋長、頭人分遣子弟入京讀書，不學者沒有繼承資格，那麼朝廷對內外蒙古之招撫也就完成了，根本不用發一卒。正所謂太上伐學，其中伐交，下下發兵。這才是四量之道，四量政治是修齊治平的魂魄，也就是儒道，即純粹人文政策，連經濟都不用，只須一個名義即可，斯即以名取天下、名教同化。只要

江浙、齊魯、閩粵有經濟，中國就足夠了──是為南北三點一線經濟帶。

范祖禹嘗說：

「古之教者，家有塾，黨有庠，遂有序，國有學。士修之於家而後升於鄉，升於鄉而後升於國，升於國而後達於天子。其教之有素，其養之有漸，故成人有德，小子有造，賢才不可勝用，由此道也。後世鄉里之學廢，人君能教者，不過聚天下之士，而烏合於京師。學者眾多，眩耀於一時而已，非有教養之實也。唐之儒學，惟貞觀、開元為盛，其人才之所成就者，亦可睹矣。孟子曰：學所以明人倫也，無學則人倫不明。故有國者以為先，如不復三代之制，未知其可也。」

范祖禹的意見是對的，古人一級一級地鍛煉上來，其基礎是實的，形成龐大的後備隊，這就是鄉學的功勞。但是後人沒有這個基礎、缺乏根底，即使朝廷能夠聚集天下賢達，也只能是場面上的效應，充其量只是烏合之眾罷了，不可能有真正實質性的建設，其衰微是隨時的。就好像一時的興盛，一席華筵，其實底子都是虛的。由此可見古代學制的重要，而鄉學（基層教養）是關鍵。《崇儒學》云：

「貞觀十四年詔曰：梁皇侃、褚仲都，周熊安生、沈重，陳沈文阿、周弘正、張譏，隋何妥、劉炫，並前代名儒，經術可紀，加以所在學徒，多行其講疏，宜加優賞，以勸後生，可訪其子孫見在者，錄姓名奏聞。二十一年詔曰：左丘明、卜子夏、公羊高、穀梁赤、伏勝、高堂生、戴聖、毛萇、孔

安國、劉向、鄭眾、杜子春、馬融、盧植、鄭玄、服虔、何休、王肅、王弼、杜預、范寧等二十有一人，並用其書，垂於國冑，既行其道，理合褒崇。自今有事於太學，可並配享尼父廟堂。其尊儒重道如此。」

這裏舉列的，都是經學傳承中的核心人物，唐太宗對他們一律優禮。而現在流傳下來的《十三經注疏》，就是用的諸儒師說。他們或者配享孔廟，或者後人受禮遇，這有利於學術傳承的榮譽心。唐仲友說，南北朝時，儒學墜地，像劉炫這樣的學者，雖然饑餓流離，仍然無怨無悔，傳承儒學，唐太宗優禮他們的後人，也是一種安慰。由此可見，六朝之際，儒道窮矣！天下有亂無治，全賴有數之儒者，傳承經學，得以一線不斷，後人方有所資。可見華文化能流傳到今天，完全是慘澹維繫下來的。尤其是儒學，很多次都要絕了。由此可見，歷史人文的維繫，往往繫於二三人。雖然唐太宗尊儒是表面化的，並不深刻，但是就這個，已經是前代帝王所遠遠不及的了。

《崇儒學》云：

「貞觀二年，太宗謂侍臣曰：為政之要，惟在得人。用非其才，必難致治。今所任用，必須以德行、學識為本。諫議大夫王珪曰：人臣若無學業，不能識前言往行，豈堪大任？漢昭帝時，有人詐稱衛太子，聚觀者數萬人，眾皆致惑。雋不疑斷以蒯瞶之事。昭帝曰：公卿大臣，當用經術明於古義者，此則固非刀筆俗吏所可比擬。上曰：信如卿言。」

這就是說，從事政治的人，如果沒有一點思想史的素養，是不堪大任的，終其一生只是個俗吏罷了。唐太宗認為，政治的要領全在於得人，因為再好的制度，也還是要具體的人現官現管。所以用人錯了位，政治是治理不好的，不可能治好。因此，為政必須往學政的軌道上引導，這就是唐太宗的認識。我們說，這一認識是對的，但是必須實做、兌現，如果僅僅是理論，也還是無濟於事的。這裏舉了一個例子，就是漢朝雋不疑斷偽太子案，是援據春秋中的成例，以春秋為案例資源，這正是對經術的活學活用，真正體現了儒道的精義，所以說雋不疑不是一般照章辦事的格式化官吏可比的。而國家所需要的，正是這種處處活潑體現儒道的能吏，這才是真正的智者治事，決不是唯唯諾諾的俗吏所可同日而語的。這就是以春秋治國斷事的現成例子，唐太宗深為認同，即政治以學業為基礎。

《崇儒學》曰：

> 「太宗嘗謂中書令岑文本曰：夫人雖稟定性，必須博學以成其道，亦猶蜃性含水，待月光而水垂；木性懷火，待燧動而焰發；人性含靈，待學成而為美。是以蘇秦刺股，董生垂帷。不勤道藝，則其名不立。文本對曰：夫人性相近，情則遷移，必須以學飭情，以成其性。禮云：玉不琢不成器，人不學不知道。所以古人勤於學問，謂之懿德。」

這是唐太宗學以成性的思想。他認為人是有定性的，就好像木頭具有可燃性一樣自然。可燃性就是一種定性，亦即本有。所以後儒說：「善者吾性之所本有，非學則無以復之也。」所以學就是對人性的美化，就是要把人性中所稟有的特定的東西引發出來、召喚出來，認為有益的那一部分，就要擴充之。人性是相近的，人情是遷移的，

這個怎麼理解呢？也許我們可以借助一些例子來說明。比如說，以前人們認為男人留鬍子很美，後來世風變了，不喜歡留鬍子了，我們能夠說，人性變了嗎？其實是人情變了。因為愛美的人性本身並沒有變，只是具體的時代口味遷移了，而這屬於人情的部分。所以人情是隨世遷移的，而人性則是內在的「元核」。古人分性、情二端，應該有這種變與不變的關係包含其中。性是固定的，情是易變的。所以漢語說愛情，不說愛性。因為對某個人的愛情是具體的，對這個人的情感發生了變化，不等於說這個人的愛性就發生了變化，它的想愛與被愛的人性是不會丟的，只是它要找下一個目標對象罷了。所以性、情之分，有一個常與不常的核心關係。後來的儒家學者評論此一節說，唐太宗慎於外而怠於內，沒有理學那種心性修養的根基，這是唐太宗及有唐一朝最大的遺憾。而太宗周圍的大臣也不能導引皇帝於性學要義，這是臣子的不力，是有君無臣的歷史性遺憾。因為這樣好的皇帝以後很難找了，而大臣們卻不能抓緊利用此大好良機去經營作為，真是太可惜了。其實，這樣的批評也要看怎麼說，畢竟性善論的理學在當時還不可能產生，它是歷史教訓堆積到一定的時候才能爆發出來的，怎麼可以作事後的苛評呢？歷史就是這樣，它是不理會後人的遺憾的。當時的文臣能夠引據經典，這已經不錯了。而且，真要按照所謂孟子那樣的純儒、真儒的一套去搞，可能效果還更壞——把本來簡單的事情反而變複雜了。觀有宋一代之治，似乎就沒有太多的資格去批評太宗朝。當然，好皇帝碰不見好大臣、好大臣碰不見好皇帝，歷史總是參差的，這確實也是問題。如何才能是最好的君碰到最好的臣，而且總是碰到一起，這是人們總不免要想的。

第二節 諫諍

唐太宗號稱最善於納諫，這是就他的性格而說。唐太宗最富有納諫的精神和決心，有內省的習慣和認同。但是，僅有良好的願望就足夠了嗎？我們說，當然還需要在辦法上深入，這就是諫諍之學。即怎麼諫，應該上升到學問的程度，這才是主要的。因為諫議關係到整個政治的決策和治理，也就是直接的君臣對話、商議和討論，所以至關重要。可以說，《貞觀政要》就是一部納諫之書，裏面有大量鮮活的案例，我們應該從這裏入手，得到啟發。

案《求諫》云：

> 「太宗稱善，詔令自是宰相入內平章國計，必使諫官隨入，預聞政事。有所開說，必虛己納之。」

這就是制度的設立，即諫官隨入。其實，唐太宗在納諫這件事情上一直是很自覺的，其根源並不複雜，就是不忘前隋的教訓。從這裏來說，太宗的思想是最簡單樸素的，這正是唐太宗能夠成功治理的原因。任何事情一旦搞複雜了，沒有不敗的。宋朝就是以複雜而致敗的典型，什麼事都做不成。誠如老子所說：少則得，多則惑！《求諫》云：「每見人奏事，必假顏色，冀聞諫諍，知政教得失。」這種表示是自覺的，太宗說：

> 「人欲自照，必須明鏡；主欲知過，必藉忠臣。主若自賢，臣不匡正，欲不危敗，豈可得乎？故君失其國，臣亦不能獨全其家。至於隋煬帝暴虐，臣下鉗口，卒令不聞其過，遂至

> 滅亡，虞世基等，尋亦誅死。前事不遠，公等每看事有不利
> 於人，必須極言規諫。」（《求諫》）

我們說，這裏講的，還只是一種主觀良好的願望，如何操作，形成
具體的制度辦法，這才是主要的。唐太宗說：

> 「正主任邪臣，不能致理；正臣事邪主，亦不能致理。惟君
> 臣相遇，有同魚水，則海內可安。朕雖不明，幸諸公數相匡
> 救，冀憑直言鯁議，致天下太平。」（《求諫》）

唐朝是鮮卑族建立的，所以比較簡易，不像漢人容易搞得繁瑣，成
事不足而敗事有餘。平心而論，歷史上很多工作都是少數民族做
的，其中的教訓、經驗還有待總結。

唐太宗說：

> 「自古帝王多任情喜怒，喜則濫賞無功，怒則濫殺無罪。是
> 以天下喪亂，莫不由此。朕今夙夜未嘗不以此為心，恒欲公
> 等盡情極諫。公等亦須受人諫語，豈得以人言不同己意，便
> 即護短不納？若不能受諫，安能諫人？」（《求諫》）

唐太宗道出了一個樸素的事實，就是情緒政治。雖然他自己沒有濫
殺，卻不免濫賞。而且，主宰人類的，永遠是意見同異，可見同異
律才是根本。人是不可能真正自我檢查的，所以天意要人們相互攻
擊，幫助對方檢查他自己。因此，每個人並不需要自己都說得起話
才有發言權，只要他看到、發現了什麼，就具備了說話資格。而提
醒就足夠了，死諫是個謊言，正如古人說的——數則煩！在古代社
會，皇權是很難限制的。因為皇權包括對任何權力的控制，原本就

是一個力學問題,而不是一個道德修養問題。僅僅作道義上的指控是十分正直的,但卻是地道的極度無用的,力學與道德學須分清楚。所以,指望政治非力學地好起來,乃是一種歷史中彩心理,是一種人文僥倖或者人文絕望,是奢求。可以說,如果不是萬國時代來臨,彼此相互約制,人類還在暴權中循環輪迴,永無底止。帝王都是憑自己的情緒辦事的,沒有學理規劃可言,包括唐太宗也不免。而且唐太宗已經指出,意見是一切的總根源。我們說,古人把賞罰作為根本的軍政手段,這是由來有自的。但是根本的問題也在這裏,就是:因為人性貪賞,很多有才的小人、僥倖者便得以進身。而害怕罰、深於利害的人又會很狡猾。所以,對賞罰怎麼處之,確實是一個麻煩的問題,這是一種陰陽蹊蹺。比如說,做成再大再好的事也不賞,或者賞得不多,那麼真做事的還會不會浮出水面?貪圖好處的人會不會就退後了呢?賞於是成了一塊試金石。這些都是問題。

唐太宗說:

> 「比有上書奏事,條數甚多,朕總粘之屋壁,出入觀省。所以孜孜不倦者,欲盡臣下之情。每一思政理,或三更方寢。亦望公輩用心不倦,以副朕懷也。」(《求諫》)

可見,唐太宗用心是十分勤謹的,大大超過了漢族帝王。但問題是,事情真落到了點子上,是不需要多勞神的。而古人不可能看事情都落到點子上,心裏一沒底,自然就終日裏淒淒惶惶、如履薄冰了。歷史人文的點子,所謂要,乃是經過千百年比對得出的,所以不同時代的人,必然會有大量的沒有參透的玄機,這個沒有辦法。因此,用心勤謹,就是最不壞的一種情況了。

唐太宗說：

> 「明主思短而益善，暗主護短而永愚。隋煬帝好自矜誇，護
> 短拒諫，誠亦實難犯忤。虞世基不敢直言，或恐未為深罪。
> 昔箕子佯狂自全，孔子亦稱其仁。及煬帝被殺，世基合同死
> 否？」（《求諫》）

這裏有一個問題，就是君主不納諫，到了何種程度和地步才會被顛
覆呢？應該說，只要不是極度過分，王權也不是那樣容易翻覆的。
比如說不聽意見的，自以為是的，偶爾忽然聽一個意見，太陽從西
邊出來了，那麼大臣也不會放棄希望，仍然會不斷建議。十個建議
聽一個，或者即使不接受，也不處罰大臣，就完全可以維持了。所
以我們說，像唐太宗那樣憂懼，也是倒向了另一個極端，就是太不
自信了——極度的不自信是唐太宗最大的不足。過猶不及，當然，
終日憂懼總比永愚好。所以，帝王對凡事一旦心裏沒底，政治也是
不容易穩固的。唐太宗一死，唐朝政治馬上亂七八糟，就是最好的
說明。因此，人有時候也需要一種霸氣，就是：宇宙玄機，盡在我
掌中，無非一陰一陽之道而已。說白了，世界是陰陽，不是 X。看
來，歷史中的君臣，明白軍政要點的還真是不多。

杜如晦說：

> 「天子有諍臣，雖無道，不失其天下。仲尼稱：直哉史魚，
> 邦有道如矢，邦無道如矢。世基豈得以煬帝無道，不納諫諍，
> 遂杜口無言？偷安重位，又不能辭職請退，則與箕子佯狂而
> 去，事理不同。昔晉惠帝、賈后將廢湣懷太子，司空張華
> 竟不能苦爭，阿意苟免。及趙王倫舉兵廢後，遣使收華，

華曰：將廢太子日，非是無言，當不被納用。其使曰：公
為三公，太子無罪被廢，言既不從，何不引身而退？華無
辭以答，遂斬之，夷其三族。古人有云：危而不持，顛而
不扶，則將焉用彼相？故君子臨大節而不可奪也。張華既
抗直不能成節，遜言不足全身，王臣之節固已墜矣。虞世
基位居宰輔，在得言之地，竟無一言諫諍，誠亦合死。」
（《求諫》）

這裏舉了一個案例，以今人看來，實在是令人厭惡的，這就是：
把人當成附屬品。生命獨立於政治，誰也不是誰的附庸。古人動輒
族滅，還是相當野蠻的。可以說，人類的開化史經歷了漫長的歷程。
從事理來說，辭職是免死的最好辦法。實際上，「犧牲政治」一直
是歷史中的某種認同，就是：要求每個人都死難、殉節、去犧牲。
對此，唐太宗認為：

「人君必須忠良輔弼，乃得身安國寧。煬帝豈不以下無忠
臣，身不聞過，惡積禍盈，滅亡斯及！若人主所行不當，臣
下又無匡諫，苟在阿順，事皆稱美，則君為暗主，臣為諛臣，
君暗臣諛，危亡不遠。朕今志在君臣上下，各盡至公，共相
切磋，以成治道。公等各宜務盡忠讜，匡救朕惡，終不以直
言忤意輒相責怒。」（《求諫》）

古今社會有一個不同，就是古代社會的生命風險遠較現在為
大，所以利害性考慮及本能應該是一種歷史遺傳。貪圖高位而捨
不得辭職的，就難免要付出血的代價了。唐太宗說得好聽，什麼
治道就是「切磋政治」，實際上，如果君主僅僅是發脾氣，大臣

沒有生命危險，也倒罷了。而事實是，歷史中的君主往往逞其忿
怒，肆意殺戮臣子，所以，國家的問題總是在低形態徘徊。唐太
宗說：

> 「朕每閒居靜坐，則自內省，恒恐上不稱天心，下為百姓所
> 怨。但思正人匡諫，欲令耳目外通，下無怨滯。又比見人來
> 奏事者，多有怖懾，言語致失次第。尋常奏事，情猶如此，
> 況欲諫諍，必當畏犯逆鱗。所以每有諫者，縱不合朕心，
> 朕亦不以為忤。若即嗔責，深恐人懷戰懼，豈肯更言！」
> （《求諫》）

這就是決不處罰之道，是原則，也是訣竅。有一次唐太宗問
魏徵，「比來朝臣都不論事，何也？」魏徵說：「但人之才器各有
不同，懦弱之人懷忠直而不能言，疏遠之人恐不信而不得言，懷
祿之人慮不便身而不敢言。所以相與緘默，俯仰過日。」（《求
諫》）我們說，古代社會與政治的一個直接特點，就是表現為直
接的傷害性──殺人。殺人經常是沒有管束的，而現代社會政
治受到了更多的形式約束，變為更間接、更隱晦的整人了。比如
在團隊中討生活的，多有一個念頭：鐵打的營盤流水的官，我還
怕得罪不起人！所以每個人只關心自己位置的穩固，圓滑狡詐就
難免了，這是一種歷史利害的遺傳。而且每個人的才分又是不
同的，這是齊物論、人物學都講過的。比如有的人說不出什麼
來，有的人性格太弱，有的利害心太深，有的顧忌太多，有的太
自私，根本沒有責任心，有的又太自我，凡事不上心，等等，不
一而述。但是不管怎麼說，由殺人到整人（殺→整），歷史畢竟還
在進化。

唐太宗說：

> 「朕每思之，人臣欲諫，輒懼死亡之禍，與夫赴鼎鑊、冒白
> 刃，亦何異哉？故忠貞之臣，非不欲竭誠。竭誠者，乃是極
> 難。所以禹拜昌言，豈不為此也！朕今開懷抱，納諫諍。卿
> 等無勞怖懼，遂不極言。」（《求諫》）

這裏有一個分別，所謂人平不語、水平不流，真沒意見可提，
也會安靜不諫。這是一個；如果有，那麼免以處分，乃是保護言路
暢通的基本條件，唐太宗做到了這一點。所以，政治的偉大人物，
就在於他能夠比別人更基本，而不是更神秘──基本本身就是神
奇。唐太宗說：

> 「一日萬機，一人聽斷，雖復憂勞，安能盡善？」（《求諫》）

唐初政治還是比較樸略的，分工、分類似不那麼明顯。比如說
帝王一日萬機，為什麼會一日萬機？有沒有必要？這些都需要分工
與分類來解決。我們說過，從帝權的利害來講，皇帝唯一需要親自
把控的就是軍政；像教育、經濟、文化學術這些軟內容，包括民事
等等日常事務，都可以交給大臣處理，只要軍權穩固就行，在古代
尤其如此。我們看《貞觀政要》一書，往往是大而化之的東西超過
了細微分剖，這是事實。所以說唐太宗雖然精神可嘉，但是對要點
的把握仍顯不足，就在於此。我們知道，農業社會的思維與現在是
不同的，它不是一種消費思維，而是一種節約、節儉思維。所以，
農業思維開不出現代社會，乃是肯定的。現代社會是由「勢」造成
的，不是人類計畫出來的。它必須有一個推動，那就是無所不為。
因此，有所不為的道德思維，正好天生的與現代性相反，這是一陰

一陽的關係。所以，正義是一個地道的、不折不扣的後發概念。唐太宗問：「昔舜造漆器，禹雕其俎，當時諫者十有餘人。食器之間，何須苦諫？」褚遂良答：「雕琢害農事，纂組傷女工。首創奢淫，危亡之漸。漆器不已，必金為之；金器不已，必玉為之。所以諍臣必諫其漸，及其滿盈，無所復諫。」（《求諫》）

說起來是防微杜漸，其實正說明了上面我們所分析的一點。「萌芽」與「已無可為」之間，就是終始之道。唐太宗想修洛陽乾元殿，張玄素就諫之曰：

> 「國無兼年之積，何用兩都之好？」「百姓承亂離之後，財力凋盡，」「饑寒猶切，生計未安，三五年間，未能復舊。」（《納諫》）

這說明，太宗朝的基礎建設並不好。按照古人國須三十年積的標準和要求來看，相差太懸遠。太宗朝且如此，餘無論矣。當然，張玄素也是庸人氣息，大臣與君主一樣喜歡上綱上線。唐太宗對張玄素說：「卿以我不如煬帝，何如桀、紂？」（《納諫》）這算什麼呢？叫什麼話？修一座房子就是桀、紂，不修就是聖人，天底下哪有那麼幼稚的事情，也太簡單了！從這裏就可以看出，大臣是有情緒無理性，只是亂說話；而唐太宗本人也是一個極不自信的人，他非常在乎別人的看法，這怎麼行？雖說道理有大小，事情無大小；事情有大小，道理無大小：一顆白菜裏面可能包含著一場原則性戰爭，但事情必須精確論之。張玄素提到，唐太宗初平東都之始，「層樓廣殿，皆令撤毀，天下翕然，同心傾仰。」（《納諫》）這又算怎麼回事呢？富麗的宮宇下令拆除，然後又造，就為了一個政治上的表態，這不是折騰物力嗎？古人為什麼總是這麼無聊！但世人還偏偏

都吃這一套，宣傳效果良好。要不怎麼說土了吧唧的腦筋造不出成功的首領和政治呢？老百姓是個什麼貨，肯定有對應於他們劣根性的「人、政」出來，投其所好，以便成功。所以，人類生活的改進是要以微觀為基礎的，即微觀改進論，從日常習慣和思維做起。就這一點來說，又是清朝做得最好，直接承用明宮，省了多少耗費，其實這才是積德──不折不扣的實惠道德。試想：滿人一把火把紫禁城燒了，然後一切重起，該是怎樣的代價？由此看來，唐太宗的頭腦、意識其實也蠻土的，他成為千古一帝，完全是因為其他人太不像話了，這一層也應該充分看到。所以人類的進步與其說是靠傑出，不如說是靠稍微像點人樣子即可。歷史政績往往是被誇張了的。

案史傳所載稍有出入，謂：「臣聞東都始平，太上皇詔宮室過度者焚之，陛下謂瓦木可用，請賜貧人。事雖不從，天下稱為盛德。」（見注）如果是這樣，那麼我們對唐太宗就沒什麼可說的了。什麼是日常微觀改進論呢？就拿最賤的事說吧，比如穿襪子、洗襪子，洗襪子很麻煩，雖然是小事，但也挺煩人。於是，我們就不能不想到改進了，即「三襪計畫」。也就是說，三隻襪子輪流換，每次只洗一隻即可。這樣，原來洗一雙的勞動量就減少了一半，這就是改進！人類的日常生活從此就變得舒服多了。但是，這是否就是終極呢？是否就不能再改進了呢？當然不是。如果一次性消費，襪子穿髒了就扔，再買新的，那麼連洗襪子也免了，而這就是人類日常生活的解放──再不需要做家務！省出時間、精力來去做更有意義的事情，這就是人類生活的升級──人生升級。由此，社會消費也促進了，這就是貢獻社會。同時，從小要愛自己做家務等土了吧唧的教育理念也過時了，這就是換腦筋、洗腦。假如平均每天扔一元錢，那麼，一生三萬天，只須扔幾萬塊錢，便永遠解放了，這才是終極優化。

而衣物是可以降解的，棉麻織品，不會污染環境，又可以再生，所以一點問題也沒有。原來人們洗手帕，後來衛生紙一通行，不就省了冬天一樁苦事嗎？這才是吾日三「省」吾身。由此舉一反三，任何事情都可依此法優化之。所謂生活自理能力強，那麼，用不著生活自理能力，豈不是更強？這才是開動腦筋想辦法，辦法才是真思想。開動腦筋比開動體力文明得多，勞心勞力之間，用功用心之際，豈待辯哉！

所以，我們應該成為辦法論者，而不是道德論者，道德不解決問題。先進的習慣產生先進的腦筋，先進的腦筋造成先進的政治，而先進的習慣來源於優化的微觀，這就是我們所說的微觀改進論。由此，先進律條、優化公式，它們就是一串、一組固定關係，其表述如下：

微觀→習慣→腦筋→政治

對此，人類概莫能外。所以，微觀論將主宰一切。胡適說，讀書的習慣重於方法，也就是這個道理，原理一樣。因為方法就在習慣中，萬法皆習慣。養成了愛讀書的習慣，方法自在其中矣，不成問題。所以不要求法，那只是標；而要求慣，這才是本。明白了這些，我們才好討論歷史政治，才能更清楚地看唐太宗。歷史政治，本來就是一種人群習慣。這就是人類習慣決定論，即習慣論。而習慣之習慣、習慣之冠、之總，就是思維習慣。張玄素說到隋時乾元殿的營造，規模十足驚人。彼謂：

「楹棟宏壯，大木非近道所有，多自豫章采來。二千人拽一柱，其下施轂，皆以生鐵為之，中間若用木輪，動即火出。」（《納諫》）

如此之重，勞民甚矣！但就是這樣的大殿，卻不能留存後世，成為文物、公共財富，中國之徒耗，真是驚人，而到頭來卻是一頭都不圖！公共社會之無發達，蓋可想見。已經付出了沉重的代價，結果還是歸於一毀，華人之不知心疼、愛惜東西，也是如此其極。所以，莫說中國人生活悲慘，就是幸福端到面前、送到了手上，能不能受用得起，會不會煮鶴焚琴，也還是一個問題。作踐其實就是中國人的命，這是幸福資格問題。

有一點很明顯的，就是：中國人對世界更喜歡作語文的改進，而不是技術的改進。比如對很荒涼的地方，給它起一個很詩意、極好聽的名字，什麼紫雲花塢、柳浪聞鶯之類的，其實就是一片平常的荒地，通過取名，好讓簡陋的生活更有意思一些。就像貧苦的老百姓，可以做出很多可口的小菜，用料極賤，但卻有助於食慾，使本來悲慘的生活變得好受多了，令人可憐！關於庶事之諫，《貞觀政要》中有這樣一則，

> 「太宗有一駿馬，特愛之，恒於宮中養飼，無病而暴死。太宗怒養馬宮人，將殺之。皇后諫曰：昔齊景公以馬死殺人，晏子請數其罪云：爾養馬而死，爾罪一也。使公以馬殺人，百姓聞之，必怨吾君，爾罪二也。諸侯聞之，必輕吾國，爾罪三也。公乃釋罪。陛下嘗讀書見此事，豈忘之邪？太宗意乃解。又謂房玄齡曰：皇后庶事相啟沃，極有利益爾。」
> （《納諫》）

從這裏來看，唐太宗的行事還是有可商量的地方。第一，歷史對帝王的評價，說白了其實就一條硬標準，那就是看他殺了多少人、流了幾滴血。只要不流血、少流血，評價就壞不到哪裡去，至

少後人不會記恨。唐太宗險些因一時的情緒而妄殺，否則真要多一層詬病了，這是最划不來的。可見，情緒是十分鐘以內的事，理性是十分鐘以外的事，處事要等一等才好。明代帝王就是因為殺人過眾，所以為後世所詬病。足見歷代的情況是參差不一的，有時候這一塊好，有時候那一塊好，什麼時候才能只好不壞，這是我們要討究的。

又，養馬須由專門的人負責，不懂養馬的當然容易出事故，所以太宗也有疏失。馬是伴侶動物，馬命並不比人命賤，馬死了，哪有不心疼的。從這裏就能看到唐太宗的優點，他能夠克己，並沒有白好儒學。在帝王，這就算克己復禮之仁了。所以欲言儒家，先說太宗；儒家不是一味柔仁可以濟事的，那只是腐儒主義，比如好談文化的，全不曉武化是怎麼回事。皇后援用歷史案例、前例說事，可以看到一點，唐太宗身邊的人諫之，多是引諸子之事，非專主儒典，這其實還是百家、雜家的格局，而非局限的儒家，此與宋以後甚可比對，這一點應該注意。

又有案例云：

> 「貞觀七年，太宗將幸九成宮。散騎常侍姚思廉進諫曰：陛下高居紫極，寧濟蒼生，應須以欲從人，不可以人從欲。然則離宮遊幸，此秦皇、漢武之事，故非堯、舜、禹、湯之所為也。言甚切至。太宗諭之曰：朕有氣疾，熱便頓劇，故非情好遊幸，甚嘉卿意。因賜帛五十段。」（《納諫》）

唐太宗內火大，所以經常要洗浴清毒。大臣之諫，我們說也常有臉譜化的毛病，見識本身就很淺。因為帝王的日常生活，只要與公共政治無關，不應該限制。君主並不是要把他限制成一個活死人才

好，對君不是限制，而是要引導，就是把道理說清楚，把賬算明白、疏通之，人才可能開竅，這跟治水是一樣的道理。皇帝的一舉一動都被誇張成關係到天下興亡，這本身有多恰當呢？其實這只是「神經政治」，本身就是心裏沒底的表現。當然，大臣例行提醒也可以。另外，巡視與遊幸如何合一，也是一個利用問題。

魏徵說過，「自古上書，率多激切。若不激切，則不能起人主之心。激切即似訕謗，惟陛下詳其可否。」（《納諫》）這就說到了根本，就是：態度與辦法要分清，僅有態度是不夠的，只有辦法才真正能夠體現人類在知識上的訓練。辦法陶養出來的人才是真正開竅的人，不待人說就自己上道了。所以唐太宗身邊的人，還是基於態度而規諫的多，以辦法、趣味相引導的少，君主並沒有「化」。態度的諫是不可靠的，辦法的諫才是終極，這就是辦法論與道德論的關係。《貞觀政要》還是重在態度方面，而非辦法方面，這是須後人改進的。

劉洎對唐太宗說：「然頃有人上書，辭理不稱者，或對面窮詰，無不慚退。恐非獎進言者。」（《納諫》）這就是說，帝王如果當面與大臣質對、爭之，那麼以後就沒有人敢說話了。所以，對任何意見，應該是當場不論、事後思之。也就是說，政事不是一下可以論定的，大臣的意見，只負責表達、遞送即可。採納了也不必獎勵，因為諫本來就是出於分內的公心，是本分，並非格外貪圖什麼，所以不用、不該也不必多賞，更談不到責罰。顯然，唐太宗並沒有這麼做，因為他經常獎勵諫者，好像道德鼓勵似的，其實這就助長了，完全沒有必要。因為只要不殘暴，出現了問題，按照一般人的天性，都是忍不住要說的。所以，從這裏還是看得出，唐太宗有極不自信、非常躁急的性格特點，這是他的不足。又有一則說：

> 「太宗嘗怒苑西監穆裕，命於朝堂斬之。時高宗為皇太子，
> 遽犯顏進諫，太宗意乃解。司徒長孫無忌曰：自古太子之諫，
> 或乘間從容而言。今陛下發天威之怒，太子申犯顏之諫，誠
> 古今未有。太宗曰：夫人久相與處，自然染習。自朕御天下，
> 虛心正直，即有魏徵朝夕進諫。自徵云亡，劉洎、岑文本、
> 馬周、褚遂良等繼之。皇太子幼在朕膝前，每見朕心說諫者，
> 因染以成性，故有今日之諫。」（《納諫》）

唐太宗氣一消，又自美起來了。太子諫之，其實是從小摸透了
太宗的脾氣。說實話，很多事情其實只是對一個人的脾性的把握，
這就是政治中的脾性。當然，這些還是小事方面，治國才是主要的。
案《納諫》曰：

> 「貞觀十五年，遣使詣西域立葉護可汗，未還，又令人多齎
> 金帛，歷諸國市馬。魏徵諫曰：今發使以立可汗為名，可汗
> 未定立，即詣諸國市馬，彼必以為意在市馬，不為專立可汗。
> 可汗得立，則不甚懷恩；不得立，則生深怨。諸蕃聞之，且
> 不重中國。但使彼國安寧，則諸國之馬，不求自至。」

魏徵講的，其實包含著稅馬之法。並舉漢代孝文、光武為例，太宗
遽令止之。其實，唐初萬里疆域並為州縣，各部「稅馬」就是應該的，
這時候就不必交易，而是可以直接徵收了。亦即，每十匹馬徵收一匹，
各部不會覺得苦，但是國家用馬卻很充足，同時制領諸部也就變得
現成而方便了。可惜很多辦法歷史中都沒有兌現、利用，以至於邊
患頻仍，防胡備胡不斷，這些都是歷史的教訓。就拿馬匹徵收來說，
本是各部分內應該履行的。這是週邊的情況，關於內地，《直諫》曰：

「貞觀三年，詔關中免二年租稅，關東給復一年。尋有敕：
已役已納，並遣輸納，明年總為准折。」

已散復徵，是不能取信於民，故魏徵諫止之。又：

「簡點使右僕射封德彝等，並欲中男十八已上，簡點入軍。
敕三四出，徵執奏以為不可。德彝重奏：今見簡點者云，次
男內大有壯者。太宗怒，乃出敕：中男已上，雖未十八，身
形壯大，亦取。徵又不從，不肯署敕。太宗召徵及王珪，作
色而待之，曰：中男若實小，自不點入軍；若實大，亦可簡
取。於君何嫌？過作如此固執，朕不解公意！征正色曰：臣
聞竭澤取魚，非不得魚，明年無魚；焚林而畋，非不獲獸，
明年無獸。若次男已上，盡點入軍，租賦雜徭，將何取給？
且比年國家衛士，不堪攻戰。豈為其少？但為禮遇失所，遂
使人無鬥心。若多點取人，還充雜使，其數雖眾，終是無用。
若精簡壯健，遇之以禮，人百其勇，何必在多？陛下每云，
我之為君，以誠信待物，欲使官人百姓並無矯偽之心。自登
極已來，大事三數件，皆是不信，復何以取信於人？太宗愕
然曰：所云不信，是何等也？徵曰：陛下初即位，詔書曰：
逋私宿債，欠負官物，並悉原免。即令所司，列為事條，秦
府國司，亦非官物。陛下自秦王為天子，國司不為官物，其
餘物復何所有？又關中免二年租調，關外給復一年。百姓蒙
恩，無不歡悅。更有敕旨：今年白丁多已役訖，若從此放免，
並是虛荷國恩，若已折已輸，令總納取了，所免者皆以來年
為始。散還之後，方更徵收，百姓之心，不能無怪。已征得
物，便點入軍，來年為始，何以取信？又共理所寄，在於刺

史、縣令，常年貌稅，並悉委之。至於簡點，即疑其詐偽。
望下誠信，不亦難乎？太宗曰：我見君固執不已，疑君蔽此
事。今論國家不信，乃人情不通。我不尋思，過亦深矣。行
事往往如此錯失，若為致理？乃停中男，賜金甕一口，賜珪
絹五十四。」（《直諫》）

其實，我們看唐太宗的問題，實際上就是把諫諍給助長化了。
動不動就賜絹帛多少，這有必要嗎？人類生活中，一切壞事的根
源，莫不是道德獎勵所引發的。有事則諫，是大臣的本分，只要說
話者沒有生命危險，言路就不會阻絕。說白了，皇帝只要不妄殺人，
政治就翻不了船，天底下真正危險的人和事有幾個呢！一般都是日
常事務，所以不要助長之、不要上綱上線。大臣之間鬧意見是很正
常的事，中國人本來就容易有意見，所以只要不是太大的事情，根
本就不要理會，人事是只能表面化處置的。凡事當認真則認真，不
當認真必須馬虎，人事不同於學問，知此，大道在其中矣。說到軍
隊的問題，其實就兩個關鍵字——強與美。戰爭時期是強，百戰不
殆；和平時期是美，國家的門面。古人對軍隊的認識，有一個歷史
演化歷程。像後來黃宗羲講的兵、民太分，就是對歷史情況的關鍵
總結。這就是說，治軍的觀念，應該是兵與民不分，即兵民合一。
這樣，軍隊才不是鎮壓工具，而是民器。但是這種意識在古代是不
可能具備的，它屬於現代國民思想：公私合一，什麼都是合一。魏
徵沒有及時說話，所謂期望下面誠信，其實也有問題，因為歷史政
治有一個形容詞的問題在內。也就是說，君和臣都還在用形容詞營
建國家政治，而不是統計、算賬，所以人心容易流於猜疑，而非知
識化的明朗。就像我們不能用形容詞寫論文一樣，要用專業術語為

之。政治與人也是一樣，形容政治、「形容人」，必然會流於互猜，因為凡事都不是知識化的，而是想像化的。什麼是知識化呢？就是無話可說的「明」。比如我們給皇帝念一大通不忠不孝、不仁不義、欺君罔上之類的名目、形容詞，皇帝便很容易猜疑這個人到底是什麼意向，是不是太虛偽了？等等。但如果是處處算賬、數字講話，誰還會狐疑 $1+1=2$ 呢？這是很顯然的道理。所以說，唐太宗的政治還是一種形容政治，簡單有效，但是缺乏學術性。簡言之，大臣應該用學理在五分鐘內把話說到點子上去，話語是鑰匙，皇帝心裏明白了，可以減少很多災難。安心來自明白，不安源於沒底，災難決定於不安。所以，學理就是讓人心裏有底，有了底，天下便治了。

　　太宗朝的兵制，與後來成吉思汗的兵制甚可比較，這裏暫不贅說。魏徵是唐太宗的重臣，其忠、良之辨甚精闢，由此亦可見，歷史上的王朝多是忠臣型理念的，所以容易壞。

　　「貞觀六年，有人告尚書右丞魏徵，言其阿党親戚。太宗使御史大夫溫彥博案驗其事，乃言者不直。彥博奏稱，徵既為人所道，雖在無私，亦有可責。遂令彥博謂徵曰：爾諫正我數百條，豈以此小事，便損眾美。自今已後，不得不存形跡。居數日，太宗問徵曰：昨來在外，聞有何不是事？徵曰：前日令彥博宣敕語臣云：因何不存形跡？此言大不是。臣聞君臣同氣，義均一體。未聞不存公道，惟事形跡。若君臣上下同遵此路，則邦國之興喪，或未可知！太宗瞿然改容曰：前發此語，尋已悔之，實大不是，公亦不得遂懷隱避。征乃拜而言曰：臣以身許國，直道而行，必不敢有所欺負。但願陛

「下使臣為良臣，勿使臣為忠臣。太宗曰：忠、良有異乎？征曰：良臣使身獲美名，君受顯號，子孫傳世，福祿無疆。忠臣身受誅夷，君陷大惡，家國並喪，獨有其名。以此而言，相去遠矣。太宗曰：君但莫違此言，我必不忘社稷之計。乃賜絹二百匹。」（《直諫》）

魏徵講的，其實就是一個辦法論與道德論的關係。良臣是辦法論的，如管仲、晏嬰；忠臣是道德論的，解決不了問題。而且，古人內舉不避親、外舉不避仇。那麼，群僚的關係又如何呢？

「貞觀五年，持書侍御史權萬紀、侍御史李仁發，俱以告訐譖毀，數蒙引見，任心彈射，肆其欺罔，令在上震怒，臣下無以自安。內外知其不可，而莫能論諍。給事中魏徵正色而奏之曰：權萬紀、李仁發並是小人，不識大體，以譖毀為是，告訐為直，凡所彈射，皆非有罪。陛下掩其所短，收其一切，乃騁其奸計，附下罔上，多行無禮，以取強直之名。誣房玄齡，斥退張亮，無所肅屬，徒損聖明。道路之人，皆興謗議。臣伏度聖心，必不以為謀慮深長，可委以棟樑之任，將以其無所避忌，欲以警屬群臣。若信狠回邪，猶不可以小謀大，群臣素無矯偽，空使臣下離心。以玄齡、亮之徒，猶不可得伸其枉直，其餘疏賤，孰能免其欺罔？伏願陛下留意再思。自驅使二人以來，有一弘益，臣即甘心斧鉞，受不忠之罪。陛下縱未能舉善以崇德，豈可進奸而自損乎？太宗欣然納之，賜徵絹五百匹。其萬紀又奸狀漸露，仁發亦解黜，萬紀貶連州司馬。朝廷咸相慶賀焉。」（《直諫》）

我們說，從這些事都可以看出古人的定式思維。動不動就是什麼奸啊、黨的，日常生活中哪來的這麼多大惡？其實這跟唐太宗自己還是有直接的關係，由於他的嚴重不自信，老要別人提醒他，所以最終必然會助長出許多貌為忠直的小人。其實人平不語，沒有事強行說事，這本身就是廉政助長。這種荒謬性在 20 世紀還有活演出，比如說單位人數中必須出百分之多少的貪污分子，於是大家亂講一氣，說自己貪污公家的信紙寫情書，貪污公家的時間上街買菜，等等，簡直是無聊透頂！同僚在一起，沒有不鬧意見的，中國人本來就情緒化。所謂有其君必有其臣，漢武帝嚴暴，故其下多酷吏；唐太宗拼命要大家說話、提意見，所以會有權萬之事。其實只要不殺人，說話的事情最好是順其自然。沒意見，強行說就是廢話；真有意見，他自己也要說，壓都壓不住。所以歷代的治者都沒有把建設重心放到制度上去，以立法度為先，而是把重心擱在具體的事情上。法度是種子，事情是枝節，有了種子，自然不愁果實和細節；但是沒有種子，果實再多也會吃空的。尤其是開國者，眼睛老是盯著糧食產量、銀錢總數，可見決無政策意識。須知糧食這種東西，乃是不請自來的，只要時間到了、只要天下基本安定就成；而為後世立法，這一軟制度的建設才真是千秋萬世不倒的根基，是吃不完的政治種子。大臣怎樣，與帝王自己的腦筋是否庸俗有直接的關係。落後的觀念意識越多、越重，投合者越眾，所以關鍵是看自己。

《直諫》曰：

「貞觀六年，匈奴克平，遠夷入貢，符瑞日至，年穀頻登。岳牧等屢請封禪，群臣等又稱述功德，以為時不可失，天不可違，今行之，臣等猶謂其晚。惟魏徵以為不可。太宗曰：

朕欲得卿直言之，勿有所隱。朕功不高耶？曰：高矣。德未
厚耶？曰：厚矣。華夏未安耶？曰：安矣。遠夷未慕耶？曰：
慕矣。符瑞未至耶？曰：至矣。年穀未登耶？曰：登矣。然
則何為不可？對曰：陛下功高矣，民未懷惠。德厚矣，澤未
旁流。華夏安矣，未足以供事。遠夷慕矣，無以供其求。符
瑞雖臻，而爵羅猶密。積歲豐稔，而倉廩尚虛。此臣所以切
謂未可。臣未能遠譬，且借近喻於人。有人長患疼痛，不能
任持，療理且愈，皮骨僅存，便欲負一石米，日行百里，必
不可得。隋氏之亂，非止十年。陛下為之良醫，除其疾苦，
雖已乂安，未甚充實，告成天地，臣竊有疑。且陛下東封，
萬國咸集，要荒之外，莫不賓士。今自伊、洛之東，暨乎海、
岱，崔莽巨澤，茫茫千里，人煙斷絕，雞犬不聞，道路蕭條，
進退艱阻。寧可引彼戎狄，示以虛弱？竭財以賞，未厭遠人
之望；加年給複，不償百姓之勞。或遇水旱之災，風雨之變，
庸夫邪議，悔不可追。豈獨臣之誠懇，亦有輿人之論。太宗
稱善，於是乃止。」

其實封禪不過是一種帝王家的政治虛榮，本來是無所謂的，沒
有什麼實質意義。弄不好，還會留下歷史口實。魏徵的意見，其實
是有見地的，就是：太宗朝的基礎建設還不好，尚須時日。雖然天
下初安，但距離真正恢復元氣還遠，所以須進一步休養生息。而且
輿論方面，真要封禪，人們多少也會有保留意見。魏徵諫太宗，《貞
觀政要》中隨處可見。

「貞觀七年，蜀王妃父楊譽，在省競婢，都官郎中薛仁方留
身勘問，未及予奪。其子為千牛，於殿庭陳訴云：五品以上

非反逆不合留身，以是國親，故生節目，不肯決斷，淹留歲
月。太宗聞之，怒曰：知是我親戚，故作如此艱難。即令仗
仁方一百，解所任官。魏徵進曰：城狐社鼠皆微物，為其有
所憑恃，故除之猶不易。況世家貴戚，舊號難理，漢、晉以
來，不能禁禦，武德之中，以多驕縱，陛下登極，方始蕭條。
仁方既是職司，能為國家守法，豈可枉加刑罰，以成外戚之
私乎！此源一開，萬端爭起，後必悔之，將無所及。自古能
禁斷此事，惟陛下一人。備豫不虞，為國常道，豈可以水未
橫流，便欲自毀堤防？臣竊思度，未見其可。太宗曰：誠如
公言，向者不思。然仁方輒禁不言，頗是專權，雖不合重罪，
宜少加懲肅。乃令仗二十而赦之。」（《直諫》）

對這件事，後人拿孝文、光武來比太宗，以為太宗遠遠不如前
人。其實這都是俗儒書面、枝節地看問題。俗儒的標誌，就是糾纏
小問題、喜歡書面化。所謂過君以直己，抱定一個幼稚的感情，以
為只要是抗上，這個人就有氣節、有骨骼，必須大大的肯定才好，
其實現實中哪有這麼簡單的事！太宗的話講得極為明白，就是薛仁
方擅權，這說明唐太宗富有觀察力，善於看透別人的心理。但凡身
居高位的，都有不同的洞察力，不是輕易受蒙蔽的。為什麼有的事
情唐太宗欣然全納，而唯獨此事只是輕減而已？這說明太宗心裏自
有分校。機械的道德比較是沒有意義的，這就是人事分析。

又：

「貞觀八年，左僕射房玄齡、右僕射高士廉於路逢少府監竇
德素，問北門近來更何營造。德素以聞。太宗乃謂玄齡曰：
君但知南衙事，我北門少有營造，何預君事？玄齡等拜謝。

魏徵進曰：臣不解陛下責，亦不解玄齡、士廉拜謝。玄齡既任大臣，即陛下股肱耳目，有所營造，何容不知？責其訪問官司，臣所不解。且所為有利害，役工有多少，陛下所為善，當助陛下成之；所為不是，雖營造，當奏陛下罷之。此乃君使臣、臣事君之道。玄齡等問既無罪，而陛下責之，臣所不解；玄齡等不識所守，但知拜謝，臣亦不解。太宗深愧之。」（《直諫》）

其實太宗就算好的，真是個大流氓，又能怎樣？魏徵講的雖然不錯，但大臣真要堅守自己的職司，何其難也！

「貞觀十一年，所司奏凌敬乞貸之狀，太宗責侍中魏徵等濫進人。徵曰：臣等每蒙顧問，常具言其長短。有學識，強諫諍，是其所長；愛生活，好經營，是其所短。今凌敬為人作碑文，教人讀《漢書》，因茲附托，回易求利，與臣等所說不同。陛下未用其長，惟見其短，以為臣等欺罔，實不敢心伏。太宗納之。」（《直諫》）

這裏講的是用人的原則，就是看有不看無。一個人只要有一點可用，便充分利用之，而不論他的短處，因為每個人都有說不完的缺點。所以只有看優點才是正面營建，檢視缺點只是補充性的。

「貞觀十年，越王，長孫皇后所生，太子介弟，聰敏絕倫，太宗特所寵異。或言三品以上皆輕蔑王者，意在譖侍中魏徵等，以激上怒。上御齊政殿，引三品已上入坐定，大怒作色而言曰：我有一言，向公等道。往前天子，即是天子，今時天子，非天子耶？往年天子兒，是天子兒，今日天子兒，非

天子兒耶？我見隋家諸王，達官已下，皆不免被其躓頓。我之兒子，自不許其縱橫，公等所容易過，得相共輕蔑。我若縱之，豈不能躓頓公等！玄齡等戰慄，皆拜謝。徵正色而諫曰：當今群臣，必無輕蔑越王者。然在禮，臣、子一例，《傳》稱，王人雖微，列入諸侯之上。諸侯用之為公，即是公；用之為卿，即是卿。若不為公卿，即下士於諸侯也。今三品已上，列為公卿，並天子大臣，陛下所加敬異。縱其小有不是，越王何得輒加折辱？若國家紀綱廢壞，臣所不知。以當今聖明之時，越王豈得如此。且隋高祖不知禮義，寵樹諸王，使行無禮，尋以罪黜，不可為法，亦何足道？太宗聞其言，喜形於色，謂群臣曰：凡人言語理到，不可不伏。朕之所言，當身私愛；魏徵所論，國家大法。朕向者忿怒，自謂理在不疑，及見魏徵所論，始覺大非道理。為人君言，何可容易！召玄齡等而切責之，賜徵絹一千四。」（《直諫》）

唐太宗的喜怒轉變也太快了，從這裏就能夠看到太宗快疾的性格──用兵快，治國理政也快，什麼都快，包括納諫，自不例外。而且，從這段話也能表白帝王家的根本心理──我尊重你們是情分，想作踐別人又怎樣？這是人類共有的本性，無可指責。所以，瞭解了人類根本心理，就可以永久打破幻想政治，拋掉那些不當的原則和批評。

「貞觀十二年，太宗謂魏徵曰：比來所行得失政化，何如往前？對曰：若恩威所加，遠夷朝貢，比於貞觀之始，不可等級而言。若德義潛通，民心悅服，比於貞觀之初，相去又甚遠。太宗曰：遠夷來服，應由德義所加。往前功業，何因益

大？徵曰：昔者四方未定，常以德義為心。旋以海內無虞，漸加驕奢自溢。所以功業雖盛，終不如往初。太宗又曰：所行比往前何為異？征曰：貞觀之初，恐人不言，導之使諫。三年已後，見人諫，悅而從之。一二年來，不悅人諫，雖黽強聽受，而意終不平，諒有難色。太宗曰：於何事如此？對曰：即位之初，處元律師死罪，孫伏伽諫曰：法不至死，無容濫加酷罰。遂賜以蘭陵公主園，直錢百萬。人或曰：所言乃常事，而所賞太厚。答曰：我即位來，未有諫者，所以賞之。此導之使言也。徐州司戶柳雄於隋資妄加階級。人有告之者，陛下令其自首，不首與罪。遂固言是實，竟不肯首。大理推得其偽，將處雄死罪，少卿戴冑奏法止合徒。陛下曰：我已與其斷當訖，但當與死罪。冑曰：陛下既不然，即付臣法司。罪不合死，不可酷濫。陛下作色遣殺，冑執之不已，至於四五，然後赦之。乃謂法司曰：但能為我如此守法，豈畏濫有誅夷。此則悅以從諫也。往年陝縣丞皇甫德參上書，大忤聖旨，陛下以為訕謗。臣奏稱上書不激切，不能起人主意，激切即似訕謗。於時雖從臣言，賞物二十段，意甚不平，難於受諫也。太宗曰：誠如公言，非公無能道此者。人皆苦不自覺，公向未道時，都自謂所行不變。及見公論說，過失堪驚。公但存此心，朕終不違公語。」（《直諫》）

由此可見，隨著功業的盛大，唐太宗慢慢的也就不樂意聽人說了。所以魏徵舉了幾件具體的事例，提醒、規勸太宗，希望他能夠像剛開始時一樣，保持虛己以納諫，善始善終。這說明大臣平時總是在側觀察君主，就像犬類窺視主人的一言一動那樣，也是不容易

的。所以，大臣對發生過的事情總是記得非常清楚。可以說，唐太宗如果不是中年死了，那麼他以後會變成什麼樣子，也是不好說的。或者是後繼乏力，或者還保持著善良的本色，只是不再像年輕的時候那麼新鮮罷了。

第三節　經學的集成

一、五經正義

關於十三經注疏，顧炎武《日知錄》云：

「自漢以來，儒者相傳，但言五經。而唐時立之學官，則雲九經者，三禮、三傳分而習之，故為九也。其刻石國子學則雲九經，並《孝經》、《論語》、《爾雅》。宋時程、朱諸大儒出，始取《禮記》中之《大學》、《中庸》，及進《孟子》以配《論語》，謂之《四書》。本朝因之，而十三經之名始立。其先儒釋經之書，或曰傳，或曰箋，或曰解，或曰學，今通謂之注。《書》則孔安國傳，《詩》則毛萇傳、鄭玄箋，《周禮》、《儀禮》、《禮記》則鄭玄注，《公羊》則何休學，《孟子》則趙岐注，皆漢人。《易》則王弼注，魏人。《繫辭》韓康伯注，晉人。《論語》則何晏集解，魏人。《左氏》則杜預注，《爾雅》則郭璞注，《穀梁》則范寧集解，皆晉人。《孝經》則唐明皇禦注。其後儒辨釋之書，名曰正義，今通謂之疏。

「《舊唐書儒學傳》：太宗以經籍去聖久遠，文字多訛謬，詔前中書侍郎顏師古考定五經，頒於天下。又以儒學多門，章句繁雜，詔國子祭酒孔穎達與諸儒撰定五經義疏，凡一百七十卷，名曰《五經正義》，令天下傳習。《高宗紀》：永徽四年三月壬子朔，頒孔穎達《五經正義》於天下，每年明經令依此考試。時但有《易》、《書》、《詩》、《禮記》、《左氏春秋》五經，永徽中賈公彥始撰《周禮》、《儀禮》義疏。《宋史李至傳》：判國子監，上言：五經書既已板行，惟二《傳》、二《禮》、《孝經》、《論語》、《爾雅》七經疏未修，望令直講崔頤正、孫奭、崔偓佺等，重加讎校，以備刊刻。從之。今人但知《五經正義》為孔穎達作，不知非一人之書也。《新唐書》穎達本傳云：初，穎達與顏師古、司馬才章、王恭、王琰受詔撰五經義訓百餘篇，其中不能無謬冗，博士馬嘉運駁正其失，詔更令裁定，未就。永徽二年，詔中書門下與國子三館博士、弘文館學士考正之。於是尚書左僕射於志寧、右僕射張行成、侍中高季輔，就加增損，書始布下。」（《十三經注疏》）

據考證，十三經之名宋代就有了，可見其成型之早。顧炎武說本朝十三經之名始立，不確。案孔穎達《周易正義序》曰：

「夫易者象也，爻者效也。聖人有以仰觀俯察，象天地而育群品。雲行雨施，效四時以生萬物。若用之以順，則兩儀序，而百物和；若行之以逆，則六位傾，而五行亂。故王者動必則天地之道，不使一物失其性；行必協陰陽之宜，不使一物受其害。故能彌綸宇宙，酬酢神明。宗社所以無窮，風聲所

以不朽。非夫道極玄妙，孰能與於此乎？斯乃乾坤之大造，生靈之所益也。若夫龍出於河，則八卦宣其象；麟傷於澤，則十翼彰其用。業資凡聖，時歷三古。及秦亡金鏡，未墜斯文；漢理珠囊，重興儒雅。其傳易者，西都則有丁、孟、京、田，東都則有荀、劉、馬、鄭，大體更相祖述，非有絕倫。唯魏世王輔嗣之注，獨冠古今。所以江左諸儒，並傳其學，河北學者罕能及之。其江南義疏，十有餘家，皆辭尚虛玄，義多浮誕。原夫易理難窮，雖復玄之又玄，至於垂範作則，便是有而教有。若論住內住外之空、就能就所之說，斯乃義涉於釋氏，非為教於孔門也。既背其本，又違於注。至若復卦云：七日來復。並解云：七日當為七月。謂陽氣從五月建午而消，至十一月建子始復，所歷七辰，故云七月。今案輔嗣注云：陽氣始剝盡，至來復時凡七日，則是陽氣剝盡之後，凡經七日始復。但陽氣雖建午始消，至建戌之月，陽氣猶在，何得稱七月來複？故鄭康成引易緯之說，建戌之月以陽氣既盡，建亥之月純陰用事，至建子之月陽氣始生，隔此純陰一卦，卦主六日七分，舉其成數言之，而云七日來復。仲尼之緯分明，輔嗣之注若此。康成之說，遺跡可尋。輔嗣注之於前，諸儒背之於後，考其義理，其可通乎？又蠱卦云：先甲三日，後甲三日。輔嗣注云：甲者創制之令，又若漢世之時甲令、乙令也。輔嗣又云：令洽乃誅，故後之三日。又巽卦云：先庚三日，後庚三日。輔嗣注云：申命令謂之庚。輔嗣又云：甲、庚皆申命之謂也。諸儒同於鄭氏之說，以為甲者宣令之日。先之三日而用辛也，欲取改新之義；後之三日而用丁也，取其丁寧之義。王氏注意本不如此，而又不顧其注，

妄作異端。今既奉勅刪定考察其事，必以仲尼為宗，義理可
詮。先以輔嗣為本，去其華而取其實，欲使信而有徵。其文
簡，其理約，寡而制眾，變而能通。仍恐鄙才短見、意未周
盡。謹與朝散大夫行大學博士臣馬嘉運、守大學助教臣趙乾
葉等，對共參議，詳其可否。至十六年，又奉勅與前修疏人
及給事郎守四門博士上騎都尉臣蘇德融等對，勅使趙弘智覆
更詳審，為之正義。凡十有四卷，庶望上裨聖道，下益將來。
故序其大略，附之卷首爾。」

可見，當初選擇依鄭注還是王注，是有過比較考慮的。這裏舉
了兩三個例子，以說明其故。但是我們看這些都脫不出陰陽，可見
易理之核心，不過兩儀而已，至為簡單。大體上，漢儒側重象數，
而王弼偏重義理，最後孔穎達等人還是選擇了義理。漢儒雖然承襲
多而獨創少，但是可靠也在於此，就是其來有自，不是個人的東西。
好在漢儒注易，仍然保存於其他書中，並未失傳，所以比對起來不
難。關於易學，總體上說也就是兩個二分——象數與義理，儒學易
與江湖易。尤其是後者，普通人老是分不清楚。像什麼算命、風水
之類的，但凡是後來民間滋生的東西，都屬於江湖易，是風俗學研
究的對象，而不是儒家經學的對象。這一點澄清了，以後就再不糾
纏。雖然孔穎達他們的選擇遭到後來朱熹的強烈批評，但於易學本
身並無大礙。這不僅僅是因為漢儒之注保存了下來的緣故，主要還
是因為易太簡單，就是陰陽二字，所以稱「易」。也就是簡單容易、
簡易的意思。易經的重要，就在於它為後世確立了陰陽一義。除此
之外，其他的都是枝節問題。很多人把易說得複複雜雜、神神秘秘，
或者是因為不懂，或者就是別有意圖和目的了。

案《尚書正義序》曰：

「夫書者，人君辭誥之典，右史記言之策。古之正者，事總
萬機，發號出令，義非一揆。或設教以馭下，或展禮以事上，
或宣威以肅震曜，或敷和而散風雨。得之則百度惟貞，失之
則千里斯謬。樞機之發，榮辱之生，絲綸之動，不可不慎。
所以辭不苟出，君舉必書，欲其昭法誡、慎言行也。其泉源
所漸，基於出震之君，黼藻斯彰，郁乎如雲之後。勳華揖讓
而典謨起，湯武革命而誓誥興。先君宣父生於周末，有至德
而無至位，修聖道以顯聖人，芟煩亂而翦浮辭，舉宏綱而撮
機要。上斷唐虞，下終秦魯，時經五代，書總百篇。採翡翠
之羽毛，拔犀象之牙角。磬荊山之石，所得者連城；窮漢水
之濱，所求者照乘。巍巍蕩蕩，無得而稱；郁郁紛紛，於斯
為盛。斯乃前言往行，足以垂法將來者也。暨乎七雄已戰，
五精未聚，儒雅與深穽同埋，經典共積薪俱燎。漢氏大濟區
宇，廣求遺逸，採古文於金石，得今書於齊魯。其文則歐陽、
夏侯二家之所說，蔡邕碑石刻之；古文則兩漢亦所不行，安
國注之，寔遭巫蠱，遂寢而不用。歷及魏晉，方始稍興。故
馬鄭諸儒，莫覩其學，所注經傳，時或異同。晉世皇甫謐，
獨得其書，載於帝紀，其後傳授，乃可詳焉。但古文經雖然
早出，晚始得行。其辭富而備，其義弘而雅，故複而不厭，
久而愈亮。江左學者，咸悉祖焉。近至隋初，始流河朔。其
為正義者，蔡大寶、巢猗、費甝、顧彪、劉焯、劉炫等。其
諸公旨趣，多或因循，怗釋注文，義皆淺略。惟劉焯、劉炫
最為詳雅。然焯乃織綜經文，穿鑿孔穴，詭其新見，異彼前

儒。非險而更為險，無義而更生義。竊以古人言誥，惟在達
情，雖復時或取象，不必辭皆有意。若其言必託數，經悉對
文，斯乃鼓怒浪於平流，震驚飆於靜樹，使教者煩而多惑，
學者勞而少功，過猶不及，良為此也。炫嫌焯之煩雜，就而
刪焉。雖複微稍省要，又好改張前義。義更太略，辭又過華，
雖為文筆之善，乃非開獎之路。義既無義，文又非文，欲使
後生若為領袖，此乃炫之所失，未為得也。今奉明勑，考定
是非，謹罄庸愚，竭所聞見。覽古人之傳記，質近代之異同，
存其是而去其非，削其煩而增其簡，此亦非敢臆說，必據舊
聞。謹與朝散大夫行太學博士臣王德韶，前四門助教臣李子
雲等，謹共銓敘。至十六年，又奉勑與前修疏人及通直郎行
四門博士驍騎尉臣朱長才、給事郎守四門博士上騎都尉臣蘇
德融、登仕郎守太學助教雲騎尉臣隨德素、儒林郎守四門助
教雲騎尉臣王士雄等對勑。使趙弘智覆更詳審，為之正義，
凡二十卷。庶對揚於聖範，冀有益於童稚。略陳其事，敘之
云爾。」

　　其實《尚書》在思想史中的地位，一言以蔽之，就是講君主思
想，這屬於中夏歷史思想的最高端部分。我們看《尚書》中的各篇，
好多就是領導人講話。這樣梳理下來，所謂天子、皇帝的思想，便
成了中國思想史的主幹之一。畢竟中夏人文是官本位的，所以皇帝
們的思想不容忽略，而這在以前是重視不夠的。從《尚書》到《白
虎通》、到《貞觀政要》、到《成吉思汗法》、到《皇明祖訓》、到《大
義覺迷錄》，等等等等，形成了一個完整的傳統。所有這些，我們
以後都會一一說到。孔穎達講得很清楚，編定《尚書》，就是孔子

的行素王之道。而《尚書》始終有今古文的問題。因為曆劫秦火，及漢又遭巫蠱之亂，《尚書》沒有及時、妥善地整理，所以後來的傳承很亂，又不完全，而且淺陋。只有劉焯、劉炫還可以。但是劉焯過度詮釋，而劉炫又流於語文化，義理為淺。所以孔穎達等人參考前代學者之傳，統一解釋，使後人能有一個基本的依從。我們說，《尚書》其實並不複雜，《尚書》的複雜情況，完全是歷史造成的。像偽古文《尚書》問題，一直糾纏後人，甚是討厭。所以最乾脆的辦法，就是將《尚書》二分地去讀。亦即：沒有問題的各篇，單獨作一部分讀，如《堯典》等；有問題的單獨作一部分讀，如《大禹謨》等篇。這是最明智的處理。

《毛詩正義序》曰：

「夫詩者，論功頌德之歌，止僻防邪之訓。雖無為而自發，乃有益於生靈。六情靜於中，百物蕩於外，情緣物動，物感情遷。若政遇醇和，則歡娛被於朝野；時當慘黷，亦怨刺形於詠歌。作之者所以暢懷舒憤，聞之者足以塞違從正。發諸情性，諧於律呂，故曰感天地、動鬼神，莫近於詩。此乃詩之為用，其利大矣。若夫哀樂之起，冥於自然，喜怒之端，非由人事。故燕雀表唧噍之感，鸞鳳有歌舞之容。然則詩理之先，同夫開闢；詩跡所用，隨運而移。上皇道質，故諷諭之情寡；中古政繁，亦謳謌之理切。唐、虞乃見其初，犧軒莫測其始。於後時經五代，篇有三千。成康沒而頌聲寢，陳靈興而變風息。先君宣父，釐正遺文，緝其精華，褫其煩重。上從周始，下暨魯僖，四百年間，六詩備矣。卜商闡其業，雅頌與金石同和；秦正燎其書，簡牘與煙塵共盡。漢氏之初，

詩分為四，申公騰芳於鄩郢，毛氏光價於河間。貫長卿傳之
於前，鄭康成箋之於後。晉宋二蕭之世，其道大行；齊魏兩
河之間，茲風不墜。其近代為義疏者，有全緩、何胤、舒瑗、
劉軌思、劉丑、劉焯、劉炫等。然焯、炫並聰穎特達，文而
又儒，擢秀幹於一時，騁絕轡於千里，固諸儒之所揖讓，日
下之所無雙。其於作疏內，特為殊絕。今奉勑刪定，故據以
為本。然焯、炫等負恃才氣，輕鄙先達，同其所異，異其所
同。或應略而反詳，或宜詳而更略。準其繩墨，差忒未免；
勘其會同，時有顛躓。今則削其所煩，增其所簡，唯意存於
曲直，非有心於愛增。謹與朝散大夫行太學博士臣王德韶，
征事郎守四門博士臣齊威等，對共討論，辨詳得失。至十六
年，又奉勑與前脩書人及給事郎守太學助教雲騎尉臣趙乾
葉、登仕郎守四門助教雲騎尉臣賈普曜等對勑，使趙弘智覆
更詳正，凡為四十卷。庶以對揚聖範，垂訓幼蒙。故序其所
見，載之於卷首云爾。」

可見，儒教詩學是從屬於政治的，其觀點是標準正統派的。亦
即，詩是對功德的歌頌、是道德垂訓。這種詩觀顯然不是個人性的，
而是政教性的。所以詩也是一種制度，即詩教。也就是「詩政」，
與樂一體。都是制度之詩、制度音樂。因此，歷代對《詩經》的解
說，都偏於義理一路，原因即在於此。所以，詩首先是政治（詩教），
其次是音樂，最後是文學，其歷史定位如此。又《禮記正義序》云：

「夫禮者，經天緯地，本之則大一之初，原始要終；體之乃
人情之欲。夫人上資六氣，下乘四序，賦清濁以醇醨，感陰
陽而遷變。故曰：人生而靜，天之性也；感物而動，性之欲

也。喜、怒、哀、樂之志於是乎生，動、靜、愛、惡之心於
是乎在，精粹者雖複凝然不動，浮躁者實亦無所不為。是以
古先聖王鑒其若此，欲保之以正直，納之於德義。猶襄陵之
浸，修隄防以制之；要駕之馬，設銜策以驅之。故乃上法圓
象，下參方載，道之以德，齊之以禮。然飛走之倫，皆有懷
於嗜欲，則鴻荒之世，非無心於性情。燔黍則大享之濫觴，
土鼓乃雲門之拳石。冠冕飾於軒初，玉帛朝於虞始。夏商革
命，損益可知；文武重光，典章斯備。洎乎姬旦，負扆臨朝，
述曲禮以節威儀，制周禮而經邦國。禮者體也，履也，郁郁
乎文哉！三百三千，於斯為盛。綱紀萬事，彫琢六情。非彼
日月，照大明於寰宇；類此松筠，負貞心於霜雪。順之則宗
祐固、社稷寧，君臣序、朝廷正；逆之則紀綱廢、政教煩。
陰陽錯於上，人神怨於下。故曰：人之所生，禮為大也。非
禮無以事天地之神，辯君臣、長幼之位，是禮之時義大矣哉！
暨周昭王南征之後，彝倫漸壞、彗星東出之際，憲章遂泯。
夫子雖定禮正樂，頹綱暫理，而國異家殊，異端並作。畫蛇
之說，文擅於縱橫；非馬之談，辯離於堅白。暨乎道喪兩楹，
義乖四術，上自游夏之初，下終秦漢之際，其間歧途詭說，
雖紛然競起，而餘風襄烈，亦時或獨存。於是博物通人，知
今溫古，考前代之憲章，參當時之得失，俱以所見各記舊聞，
錯綜鳩聚，以類相附。禮記之目，於是乎在。去聖逾遠，異
端漸扇，故大小二戴，共氏而分門；王、鄭兩家，同經而異
注。爰從晉、宋，逮於周、隋，其傳禮業者，江左尤盛。其
為義疏者，南人有賀循、賀瑒、庾蔚、崔靈恩、沈重宣、皇
甫侃等；北人有徐道明、李業興、李寶鼎、侯聰、熊安等。

其見於世者，唯皇、熊二家而已。熊則違背本經，多引外義，
猶之楚而北行，馬雖疾而去逾遠矣。又欲釋經文，唯聚難義，
猶治絲而棻之，手雖繁而絲益亂也。皇氏雖章句詳正，微
稍繁廣，又既遵鄭氏，乃時乖鄭義，此是木落不歸其本，
狐死不首其丘。此皆二家之弊，未為得也。然以熊比皇，
皇氏勝矣。雖體例既別，不可因循。今奉勅刪理，仍據皇
氏以為本，其有不備，以熊氏補焉。必取文證詳悉，義理
精審，翦其繁蕪，撮其機要。恐獨見膚淺，不敢自專，謹
與中散大夫守國子司業臣朱子奢、國子助教臣李善信、守
太學博士臣賈公彥、行太常博士臣柳士宣、魏王東閣祭酒
臣範義頵、魏王參軍事臣張權等，對共量定。至十六年，
又奉勅與前修疏人及儒林郎守太學助教雲騎尉臣周玄達、
儒林郎守四門助教雲騎尉臣趙君贊、儒林郎守四門助教雲
騎尉臣王士雄等對勅，使趙弘智覆更詳審，為之正義，凡
成七十卷。庶能光贊大猷，垂法後進。故敘其意義，列之
云爾。」

這裏明確說到禮俗不外乎人情，聖人制禮是用來規範人文生活
的。案禮之人文史沿革，至周代而大備，故孔子從之。這些都無須
贅說了。所以，就思想史而言，先秦時代乃是中夏思想的爛熟期，
而不是什麼萌芽期。這是由中夏人文自身的特性決定的，就是早
熟、一步到位。但是自秦以降，禮的命運並不好。可以說，有禮就
有人文，無禮就無保障。有唐之無紀綱，便是明證。自晉以後，說
禮諸家皆不如人意，所以最後孔穎達等還是要歸宗漢儒。詩、禮、
春秋，本來都是一體。《春秋正義序》曰：

「夫春秋者，紀人君動作之務，是左史所職之書。王者統三才而宅九有，順四時而治萬物。四時序則玉燭調於上，三才協則寶命昌於下，故可以享國永年，令聞長世。然則有為之務，可不慎與？國之大事，在祀與戎。祀則必盡其敬，戎則不加無罪。盟會協於禮，興動順其節，失則貶其惡，得則襃其善，此春秋之大旨，為皇王之明鑒也。若夫五始之目，章於帝軒，六經之道，光於《禮記》。然則此書之發，其來尚矣。但年祀綿邈，無得而言。暨乎周室東遷，王綱不振；楚子北伐，神器將移。鄭伯敗王於前，晉侯請隧於後，竊僭名號者，何國不然？專行征伐者，諸侯皆是。下陵上替，內叛外侵，九域騷然，三綱遂絕。夫子內韞大聖，逢時若此，欲垂之以法則無位，正之以武則無兵，賞之以利則無財，說之以道則不用。虛歎銜書之鳳，乃似喪家之狗。既不救於已往，冀垂訓於後昆。因魯史之有得失，據周經以正襃貶。一字所嘉，有同華袞之贈；一言所黜，無異蕭斧之誅。所謂不怒而人威，不賞而人勸，實永世而作則，歷百王而不朽者也。至於秦滅典籍，鴻猷遂澐。漢德既興，儒風不泯。其前漢傳左氏者，有張蒼、賈誼、尹咸、劉歆；後漢有鄭眾、賈逵、服虔、許惠卿之等，各為詁訓。然雜取公羊、穀梁以釋左氏，此乃以冠雙履，將絲綜麻，方鑿圓枘，其可入乎？晉世杜元凱又為左氏集解，專取丘明之傳，以釋孔氏之經。所謂子應乎母，以膠投漆，雖欲勿合，其可離乎？今校先儒優劣，杜為甲矣。故晉、宋傳授，以至於今。其為義疏者，則有沈文何、蘇寬、劉炫。然沈氏於義例粗可，於經傳極疏。蘇氏則全不體本文，唯旁攻賈服，使後之學者鑽仰無成。劉炫於數

君之內，實為翹楚。然聰惠辯博，固亦罕儔，而探賾鉤深，未能致遠。其經注易者，必具飾以文辭；其理致難者，乃不入其根節。又意在矜伐，性好非毀，規杜氏之失，凡一百五十餘條。習杜義而攻杜氏，猶蠹生於木而還食其木，非其理也。雖規杜過，義又淺近。所謂捕鳴蟬於前，不知黃雀在其後。案僖公三十三年經云，晉人敗狄於箕。杜注云，卻缺稱人者，未為卿。劉炫規云，晉侯稱人，與殽戰同。案殽戰在葬晉文公之前，可得云背喪用兵以賤者告；箕戰在葬晉文公之後，非是背喪用兵，何得雲與殽戰同？此則一年之經，數行而已，曾不勘省上下，妄規得失。又襄公二十一年傳云，邾庶其以漆閭丘來奔，以公姑姊妻之。杜注云，蓋寡者二人。劉炫規云，是襄公之姑，成公之姊，只一人而已。案成公二年，成公之子公衡為質，及宋逃歸。案《家語本命》云，男子十六而化生，公衡已能逃歸，則十六七矣。公衡之年如此，則於時成公三十三四矣。計至襄二十一年，成公七十餘矣，何得有姊而妻庶其？此等皆其事歷然，猶尚妄說，況其餘錯亂，良可悲矣！然比諸義疏，猶有可觀。今奉勑刪定，據以為本。其有疏漏，以沈氏補焉。若兩義俱違，則特申短見。雖課率庸鄙，仍不敢自專。謹與朝請大夫國子博士臣谷那律、故四門博士臣楊世勳、四門博士臣朱長才等對共參定。至十六年，又奉勑與前脩疏人及朝散大夫行大學博士上騎都尉臣馬嘉運、朝散大夫行大學博士上騎都尉臣王德韶、給事郎守四門博士上騎都尉臣蘇德融、登仕郎守大學助教雲騎尉臣隨德素等對勑。使趙弘智覆更詳審，為之正義，凡三十六卷。冀貽諸學者，以裨萬一焉。」

　　說白了，春秋就是政治正名，就是對歷史政治的最終評定，即群邦正名論。所以，中國的史學傳統，都要講一個定論，就是因為這春秋精神。春秋是專門管「治者層」的，所謂禮不下庶人。因此，春秋是管上不管下；教化才管下。所以，儒家上下通管，但是具體分派不同。應該說，思想史關注、考察的不是史實，而是歷史中各家思想的解說習慣，是說法本身。儒家對人文歷史有一個不斷上溯的要求，這是顯然的。我們讀《春秋》，就有這個經、史分別。孔穎達說，孔子欲垂之以法則無位，正之以武則無兵，賞之以利則無財，說之以道則不用。這是根本。所謂法、武、利、道，位、兵、財、用，在經典中都有活生生的反映。又說六經之道，光於《禮記》。這可見《禮記》的重要，雖然《禮記》各篇多為通論。說到這裏，我們可以補充一點，就是：《禮記》中最重要的是《大學》、《中庸》、《禮運》、《樂記》、《學記》、《儒行》六篇。這是經過不斷比對得出來的，並非捏造。《大學》、《中庸》不用說了。《禮運》講了禮的人文史沿革，可謂關鍵。而《樂記》是對樂的總論，配合《禮運》，禮樂人文盡在掌中。《學記》是關於上古學制的，正好與《大學》相配合。而《儒行》則是儒家篤行的總則。所謂學、問、思、辨、行五端，最終都有了落實處。可以說，六章之讀，而儒學盡矣！

二、孝

　　就經學來說，唐玄宗明皇帝禦注《孝經》，其地位不容忽視。在書中，孝的思想有甚可注意的表現。案《孝經序》曰：

「朕聞上古其風樸略，雖因心之孝已萌，而資敬之禮猶簡。及乎仁義既有，親譽益著。聖人知孝之可以教人也，故因嚴以教敬，因親以教愛，於是以順移忠之道昭矣，立身揚名之義彰矣。子曰：吾志在春秋，行在孝經。是知孝者，德之本歟？經曰：昔者明王之以孝理天下也，不敢遺小國之臣，而況於公侯伯子男乎？朕嘗三復斯言，景行先哲，雖無德教加於百姓，庶幾廣愛形於四海。嗟乎！夫子沒而微言絕，異端起而大義乖。況泯絕於秦，得之者皆煨燼之末；濫觴於漢，傳之者皆糟粕之餘。故魯史春秋，學開五傳；國風雅頌，分為四詩。去聖逾遠，源流益別。近觀《孝經》舊注，踳駁尤甚。至於跡相祖述，殆且百家。業擅專門，猶將十室。希升堂者，必自開戶牖；攀逸駕者，必騁殊軌轍。是以道隱小成，言隱浮偽。且傳以通經為義，義以必當為主。至當歸一，精義無二，安得不翦其繁蕪，而撮其樞要也。韋昭、王肅，先儒之領袖；虞飜、劉邵，抑又次焉。劉炫明安國之本，陸澄譏康成之注，在理或當，何必求人？今故特舉六家之異同，會五經之旨趣，約文敷暢，義則昭然。分注錯經，理亦條貫。寫之琬琰，庶有補於將來。且夫子談經，志取垂訓，雖五孝之用則別，而百行之源不殊。是以一章之中，凡有數句；一句之內，意有兼明。具載則文繁，略之又義闕。今存於疏，用廣發揮。」

　　我們說過，唐朝政權過渡、繼承最不穩定，君君臣臣、父父子子是根本談不到的。明皇帝奪楊氏為己有，與他注《孝經》其實是同出而異名的。案玄宗注曰：

「孝者，德之至、道之要也。言先代聖德之主，能順天下人心，行此至要之化。則上下臣人，和睦無怨。」「人之行，莫大於孝，故為德本。」

「言教從孝而生。」

「言能立身行此孝道，自然名揚後世，光顯其親。故行孝以不毀為先，揚名為後。」

「言行孝以事親為始，事君為中。忠孝道著，乃能揚名榮親。故曰終於立身也。」

「無念，念也。」

「義取恒念先祖，述脩其德。」

　　孝為道德至要，其義昭然。歷史的認識與歷史的實行，前者總是先於後者。故以孝化天下，唐室還做不到，只能等宋以後了。我們說過，中國的歷史倫理結構及認同，是上下型的。也就是縱向型，而非橫向型。案教字從孝，《說文解字》曰：「上所施下所效也。」從孝，「凡教之屬皆從教。」又孝字條云：「善事父母者，從老省，從子，子承老也。」即以文字論，便可見人文之性徵。而孝的要求也是過程性的，是連綿性的，最終要落在揚名後世這一點上。具體的說，就是在在以君親為念。顯然，上下型的人文所強調的是隸屬性、連帶性，而非獨立性，這也是由實際需要所決定和選擇的。注曰：

「博愛也，」

「廣敬也，」

「刑，法也。君行博愛、廣敬之道，使人皆不慢惡其親，則德教加被天下，當為四夷之所法則也。」

「蓋猶略也，孝道廣大，此略言之。」

「一人，天子也。慶，善也。十億曰兆。義取天子行孝，兆
人皆賴其善。」

君主有責任示範愛敬之道，以教華夷。愛敬先而刑法後，德教
加被則刑法不用，而德教從孝始。「諸侯列國之君，貴在人上，可
謂高矣。而能不驕，則免危也。」「費用約儉謂之制節，慎行禮法
謂之謹度。無禮為驕，奢泰為溢。」「列國皆有社稷，其君主而祭
之。言富貴常在其身，則長為社稷之主，而人自和平也。」「戰戰
恐懼，兢兢戒慎，臨深恐墜，履薄恐陷，義取為君恒須戒慎。」

在上不驕，可免危咎。正如古代經驗所說的，天子對任何一個
小人物都溫恭、謙和、有禮，那麼世人就愉悅了。所謂毋不敬，不
敢遺漏一個人。經濟上要量入為出，慎於禮法。禮先法後是儒道，
法先是法家。可是唐朝一件都做不到，長保社稷成了一句空話。又說：

「服者身之表也。先王制五服，各有等差。言卿大夫遵守禮
法，不敢僭上偪下。」

「法言，謂禮法之言；德行，謂道德之行。若言非法，行非
德，則虧孝道，故不敢也。」

「言必守法，行必遵道。」

「言行皆遵法道，所以無可擇也。」

「禮法之言，焉有口過；道德之行，自無怨惡。」

「三者，服、言、行也。禮，卿大夫立三廟以奉先祖，言能
備此三者，則能長守宗廟之祀。」

「義取為卿大夫能早夜不惰，敬事其君也。」

　　禮法是無微不到的，包括服制，一切都要嚴分等級。但是這樣一來便造成了嚴重的問題，就是：臺階似的結構很容易導致僭越。我們上樓總是幾級一跨，就能夠說明問題。所以，歷史一方面造成和提供臺階結構，一方面又要求大家不要跨越，要自覺遵守禮法，這不是自悖嗎？歷史人文要解決的問題，在當時相當麻煩。後來的理學拿出一整套方案，歷史地去看，其實是相當不容易的。非禮勿言、非禮勿行，事君之道在其中矣。這就是說，凡不利於君王的思想、學說、言論和行動，如造反、作亂之類，全都要不得。注曰：

> 「資，取也。言愛父與母同，敬父與君同，言事父兼愛與敬也。」
>
> 「移事父孝以事於君，則為忠矣。」
>
> 「移事兄敬以事於長，則為順矣。」
>
> 「能盡忠順，以事君長，則常安祿位，永守祭祀。」「所生，謂父母也。義取早起夜寐，無辱其親也。」

　　所以，萬法以君父為先。忠是對上的，順也是。所以凡民順事其上，這就是孝道──長保祿位。無殺身之禍，自然就不辱其親，當然是最大的孝順。所以，對大家來說，級級都有自己的任務──皇帝是要長保社稷，大臣是要長保祿位，等等。他們之間完全是同構的關係，只不過級別之高低、大小各殊罷了。

> 「春生夏長，秋斂冬藏，舉事順時，此用天道也。」「分別五土，視其高下，各盡所宜，此分地利也。」「身恭謹則遠恥辱，用節省則免饑寒，公賦既充，則私養不闕。」
>
> 「庶人為孝，唯此而已。」

> 「始自天子，終於庶人，尊卑雖殊，孝道同致。而患不能及者，未之有也。言無此理，故曰未有。」

所以順字是一切的魂魄，就是要順從、忍受。這是人性之一般——每個人都希望他人無止盡地順從、忍受、遷就自己。因此，如果我們的批評只停留在批評所謂帝王思想，那麼這批評還只是粗俗的、樸素的、初級的批評；只有上升到、行進到一般的人性批評，才進入了更深刻的批評。對天道，比如四季（時），也必須順著它。這就是法天，也就是天人合一。中國的土地，各地貧富不一，所以經濟上也應該分別對待，須具體看情況，不能一律化。而普通老百姓要孝養其親，比如農民，只能靠土地。這樣說來，皇帝經常搞得天下大亂，兵荒馬亂的，民不聊生，自顧不暇，如何養親呢？那麼，正是皇帝讓庶人不孝囉！可見皇帝一講孝，就講成了政治問題。其實《孝經》對庶民的要求並不高，能養就行，但是就連這個也還是做不到。因此，孝道是無保障性社會最喜歡講的。孝的第一性，就是它的原始性。古人的孝道思想，是以後代為上代的附庸。就這一點來說，孝是根本違背人權的——只知有上權，不知有下權。讓下為上無止盡地作犧牲，而上則肆意濫行，比如玄宗本人。

> 「參聞行孝無限高卑，始知孝之為大也。」
> 「經，常也。利物為義。孝為百行之首，人之常德。若三辰運天而有常，五土分地而為義也。」
> 「天有常明，地有常利，言人法則天地，亦以孝為常行也。」
> 「法天明以為常，因地利以行義。順此以施政教，則不待嚴肅而成理也。」
> 「見因天地教化人之易也。」

「君愛其親，則人化之，無有遺其親者。」

「陳說德義之美，為眾所慕，則人起心而行之。」

「君行敬讓，則人化而不爭，禮以檢其跡，樂以正其心，則和睦矣。」

「示好以引之，示惡以止之，則人知有禁令，不敢犯也。」

「赫赫，明盛貌也。尹氏為太師，周之三公也。義取大臣助君行化，人皆瞻之也。」

以孝教化天下，有唐完全做不到。注曰：

「言先代聖明之王，以至德要道化人，是為孝理。」「小國之臣，至卑者耳，主尚接之以禮，況於五等諸侯？是廣敬也。」「萬國，舉其多也。言行孝道以理天下，皆得歡心，則各以其職來助祭也。」

「理國，謂諸侯也。鰥寡，國之微者，君尚不敢輕侮，況知禮義之士乎？」「諸侯能行孝理，得所統之歡心，則皆恭事，助其祭享也。」「理家謂卿大夫。臣妾，家之賤者；妻子，家之貴者。」「卿大夫位以材進，受祿養親。若能孝理其家，則得小大之懽心，助其奉養。」「夫然者上孝理皆得懽心，則存安其榮，沒享其祭。」「上敬下懽，存安沒享，人用和睦，以致太平，則災害、禍亂無因而起。」「言明王以孝為理，則諸侯以下，化而行之。故致如此福應。」「義取天子有大德行，則四方之國順而行之。」

民心愉悅，便容易幫忙。明王以孝治天下，上到萬國之政，下到家政，同此孝理。注云：

「參問明王孝理以致和平,又問聖人德教更有大於孝不?」

「貴其異於萬物也。」

「孝者,德之本也。」

「萬物資始於乾,人倫資父為天。故孝行之大,莫過尊嚴其父也。」

「謂父為天,雖無貴賤,然以父配天之禮,始自周公,故曰其人也。」

「後稷,周之始祖也。郊謂圜丘祀天也,周公攝政,因行郊天之祭,乃尊始祖以配之也。」

「明堂,天子布政之宮也。周公因祀五方上帝於明堂,乃尊文王以配之也。」

「君行嚴配之禮,則德教刑於四海。海內諸侯各脩其職,來助祭也。」

「言無大於孝者。」

「親猶愛也,膝下謂孩幼之時也。言親愛之心生於孩幼,比及年長,漸識義方,則日加尊嚴,能致敬於父母也。」

「聖人因其親嚴之心,敦以愛敬之教。故出以就傅,趨而過庭,以教敬也。抑搔癢痛,懸衾篋枕,以教愛也。」

「聖人順群心以行愛敬,制禮則以施政教,亦不待嚴肅而成理也。」

「本謂孝也。」

「父子之道,天性之常,加以尊嚴,又有君臣之義。」「父母生子,傳體相續,人倫之道,莫大於斯。」

「謂父為君以臨於己,恩義之厚,莫重於斯。」

「言盡愛敬之道,然後施教於人,違此則於德禮為悖也。」

「行教以順人心，今自逆之，則下無所法則也。」

「善謂身行愛敬也，凶謂悖其德禮也。」

「言悖其德禮，雖得志於人上，君子之不貴也。」

「不悖德禮也。」

「思可道而後言，人必信也；思可樂而後行，人必悅也。」

「立德行義，不違道正，故可尊也。製作事業，動得物宜，故可法也。」

「容止威儀也，必合規矩，則可觀也。進退動靜也，不越禮法，則可度也。」

「君行六事，臨撫其人，則下畏其威，愛其德，皆放象於君也。」

「上正身以率下，下順上而法之，則德教成，政令行也。」

「淑，善也，忒，差也。義取君子威儀不差，為人法則。」

明皇帝認為，孝的這一套，從周公就開始講起。玄宗以孝為大，顯然還是針對自家而發的。講父子只是現象，講君臣才是根本。君主為人法則，德義為先。這一點，玄宗當然做不到。我們說，有其君必有其臣，總之是不出恩威二道，陰陽是也。比如漢武帝嚴苛，手下便多酷吏。毛喜歡搞運動，手下便多鬥士與演員。

「平居必盡其敬。」

「就養能致其懽。」

「色不滿容，行不正履。」

「擗踴哭泣，盡其哀情。」

「齊戒沐浴，明發不寐，」

「五者闕一，則未為能。」

「當莊敬以臨下也。」

「當恭謹以奉上也。」

「當和順以從眾也。」

「謂以兵刃相加。」

「孝以不毀為先，言上三事皆可亡身。而不除之，雖日致太
牢之養，固非孝也。」

孝雖然是原則要求，但動作上也有許多細節講究。不管怎麼
說，講其他的都還是其次，唯有不要弄出亂子來，這一點才是真的。

「五刑謂墨、劓、剕、宮、大辟也。條有三千，而罪之大者，
莫過不孝。」

「君者，臣之稟命也。而敢要之，是無上也。」

「聖人製作禮樂，而敢非之，是無法也。」

「善事父母為孝，而敢非之，是無親也。」

「言人有上三惡，豈唯不孝，乃是大亂之道。」

不孝居然成了最大的罪，可見對於孝，已經不能從普通的人類倫理
去理會了，因為它完全是硬性的，不是普通意義上的東西，是很專
門的。人類感情是可以要求的嗎？僅此一點，標準便明確了。

「言教人親愛禮順，無加於孝悌也。」

「風俗移易，先入樂聲；變隨人心，正由君德。正之與變，
因樂而彰。故曰：莫善於樂。」

「禮，所以正君臣、父子之別，明男女、長幼之序，故可以
安上、化下也。」

「敬者，禮之本也。」

「居上敬下，盡得懽心，故曰悅也。」

所以，孝本身包含著恩威兩面性，是一個陰陽體。

> 「言教不必家到戶至，日見而語之。但行孝於內，其化自流於外。」
>
> 「舉孝悌以為教，則天下之為人子弟者，無不敬其父兄也。」
>
> 「舉臣道以為教，則天下之為人臣者，無不敬其君也。」
>
> 「義取君以樂易之道化人，則為天下蒼生之父母也。」

所謂教者，就是依靠感化的作用，上行下效。

> 「以孝事君則忠。」
>
> 「以敬事長則順。」
>
> 「君子所居則化，故可移於官也。」
>
> 「脩上三德於內，名自傳於後代。」
>
> 「事父有隱無犯，又敬不違，故疑而問之。」
>
> 「有非而從，成父不義，理所不可，故再言之。」
>
> 「降殺以兩，尊卑之差，爭謂諫也。言雖無道，為有爭臣，則終不至失天下、亡家國也。」
>
> 「益者三友，言受忠告，故不失其善名。」
>
> 「父失則諫，故免陷於不義。」
>
> 「不爭則非忠孝。」

所謂諫諍，其實只是補充、附帶性的。納諫方面，應該說以唐太宗為最典範，其事見前。古人也知道一味命令之弊，所以要拉爭臣來補充什麼。但是所謂的爭，除了拖延作用，沒有任何意義。

「王者父事天，母事地。言能致事宗廟，則事天地能明察也。」

「君能尊諸父、先諸兄，則長幼之道，順君人之化理。」

「事天地，能明察，則神感至誠，而降福佑，故曰彰也。」

「父謂諸父，兄謂諸兄，皆祖考之胤也。禮，君讌族人，與父兄齒也。」

「言能敬事宗廟，則不敢忘其親也。」

「天子雖無上，於天下，猶脩持其身，謹慎其行，恐辱先祖，而毀盛業也。」

「事宗廟能盡敬，則祖考來格，享於克誠，故曰著也。」

「能敬宗廟，順長幼，以極孝悌之心，則至性通於神明，光於四海，故曰無所不通。」

「義取德教流行，莫不服義從化也。」

這裏明言天子是無上的，雖然拉了天地、祖考來限制之，畢竟還是顯得軟弱。

「上謂君也。」

「進見於君，則思盡忠節。」

「君有過失，則思補益。」

「將行也，君有美善，則順而行之，」

「匡，正也。救，止也。君有過惡，則正而止之。」

「下以忠事上，上以義接下，君臣同德，故能相親。」

「遐，遠也。義取臣心愛君，雖離左右，不謂為遠。愛君之志，恒藏心中，無日暫忘也。」

大臣就應該無條件地愛戴君上，但是就連這樣的紀綱，唐朝也沒有建立起來。

「生事已畢，死事未見，故發此事。」

「氣竭而息，聲不委曲。」

「觸地無容。」

「不為文飾。」

「不安美飾，故服縗麻。」

「悲哀在心，故不樂也。」

「旨，美也。不甘美味，故蔬食水飲，」

「不食三日，哀毀過情，滅性而死，皆虧孝道。故聖人制禮施教，不令至於殞滅。」

「三年之喪，天下達禮，使不肖企及，賢者俯從。夫孝子有終身之憂，聖人以三年為制者，使人知有終竟之限也。」

「周屍為棺，周棺為槨。衣謂斂衣，衾被也。舉謂舉屍內於棺也。簠簋，祭器也。陳奠素器而不見親，故哀戚也。」

「男踊女擗，祖載送之。」

「宅，墓穴也，兆，塋域也。葬事大，故蔔之。」

「立廟祔祖之後，則以鬼禮享之。」

「寒暑變移，益用增感，以時祭祀，展其孝思也。」

「愛敬哀戚，孝行之始終也。備陳死生之義，以盡孝子之情。」

親死了，孝子要悲，這是感情規定。本來很自然的東西，後來都納入了人為化。這樣，天性與規定之辯，就成了問題。像三年喪，在古代勉強還可以，因為那時候生活內容少，現在就不適宜。對有感情的來說，悲哀是天性；對沒有的，悲哀就成了命令──必須悲！天性與道德命令之間，豈待辯哉？這就是所謂的「皇家書面」──御注《孝經》。但是安、史照樣作亂，君臣綱常何從談起？試想，

如果是換了朱熹、王陽明那樣的理學名臣，會不會如此呢？所以朱熹說唐朝素無禮法，乃是不易之評。我們說，一切法必以「理法」為最高，也就是絕對法。人類通常所行的都是相對法，即風俗法和情況法，是從具體生活現實出發的。所以人類之法一般都還是某種俗，沒有完全脫離俗。法、俗之間，總不可能離析得乾乾淨淨。禮法要求順上，其實人類都是一樣的。宗教不能反對主神，世俗不得反對君父，二者同此一理。人類是要求上限的。

《四庫全書總目》說：

「唐玄宗明皇帝御注，宋邢昺疏。案《唐會要》開元十年六月上注《孝經》頒天下及國子學；天寶二年五月上重注，亦頒天下。《舊唐書經籍志》《孝經》一卷，玄宗注；《唐書藝文志》今上《孝經》制旨一卷，注曰，玄宗其稱制旨者，猶梁武帝《中庸義》之稱制旨，實一書也。趙明誠《金石錄》載，明皇注《孝經》四卷；陳振孫《書錄解題》亦稱家有此刻，為四大軸，蓋天寶四載九月以禦注刻石於太學，謂之石台《孝經》，今尚在西安府學中，為碑凡四，故拓本稱四卷耳。玄宗御制序末稱一章之中凡有數句，一句之內義有兼明，具載則文繁，略之則義闕，今存於疏，用廣發揮。《唐書》元行沖傳稱玄宗自注《孝經》，詔行沖為疏，立於學官。《唐會要》又載，天寶五載詔《孝經》書疏雖粗發明，未能該備，今更敷暢以廣闕文，令集賢院寫頒中外。是注凡再修，疏亦再修。其疏唐志作二卷，宋志則作三卷，殆續增一卷歟？宋咸平中邢昺所修之疏即據行沖書為藍本，然孰為舊文，孰為新說，今已不可辨別矣。《孝經》有今文、古文二本，今

文稱鄭玄注，其說傳自荀昶，而鄭志不載其名；古文稱孔安國注，其書出自劉炫，而《隋書》已言其偽。至唐開元七年三月，詔令群儒質定，右庶子劉知幾主古文，立十二驗以駁鄭；國子祭酒司馬貞主今文，摘閨門章文句、凡鄙庶人章割裂舊文、妄加子曰字及注中脫衣就功諸語以駁孔，其文具載《唐會要》中。厥後今文行而古文廢，元熊禾作董鼎《孝經大義》序，遂謂貞去閨門一章，卒啟玄宗無禮無度之禍；明孫本作《孝經辨疑》，併謂唐宮闈不肅，貞削閨門一章，乃為國諱。夫削閨門一章，遂啟幸蜀之釁，使當時行用古文，果無天寶之亂乎？唐宮闈不肅，誠有之。至於閨門章二十四字，則絕與武、韋不相涉，指為避諱，不知所避何諱也？況知幾與貞兩議竝上，《會要》載當時之詔乃鄭依舊行用，孔注傳習者稀，亦存繼絕之典，是未因知幾而廢鄭，亦未因貞而廢孔。迨時閱三年，乃有御注，太學刻石，署名者三十六人，貞不預列。御注既行，孔、鄭兩家遂併廢，亦未聞貞更建議廢孔也。禾等徒以朱子刊誤偶用古文，遂以不用古文為大罪，又不能知唐時典故，徒聞《中興書目》有議者排毀古文遂廢之語，遂沿其誤說，憤憤然歸罪於貞，不知以注而論，則孔佚鄭亦佚。孔佚罪貞，鄭佚又罪誰乎？以經而論，則鄭存孔亦存，古文竝未因貞一議亡也，貞又何罪焉？今詳考源流，明今文之立，自玄宗此注始。玄宗此注之立，自宋詔邢昺等修此疏始。眾說喧呶，皆揣摩影響之談，置之不論不議可矣。」（《孝經正義》三卷）

三、補充

有唐經學的成績是很大的，案賈公彥《周禮正義序》曰：

「夫天育蒸民，無主則亂。立君治亂，事資賢輔。但天皇、地皇之日，無事安民，降自燧皇，方有臣矣。是以《易通卦驗》云：天地成位，君臣道生。君有五期，輔有三名。注云：三名，公、卿、大夫。又云：燧皇始出，握機矩表計，實其刻日蒼牙，通靈昌之成。孔演命，明道經。注云：拒燧皇，謂人皇，在伏義前，風姓，始王天下者。門機云，所謂人皇九頭，兄弟九人，別長九州者也。是政教君臣，起自人皇之世，至伏義因之。故《文耀鉤》云，伏義作易名官者也。又案《論語撰考》云，黃帝受地形象天文以制官。伏義已前，雖有三名，未必具立官位，至黃帝名位乃具。是以《春秋緯命曆序》云，有九頭紀，時有臣無官位尊卑之別。燧皇、伏義既有官，則其間九皇六十四民有官明矣，但無文字以知其官號也。案《左傳昭十七年》云，秋，郯子來朝，公與之宴。昭子問焉，曰：少皞氏鳥名官，何故也？杜氏注云：少皞金天氏，黃帝之子，巳姓之祖也。郯子曰：吾祖也，我知之。昔者黃帝氏以雲紀，故為雲師而雲名。注云：黃帝軒轅氏，姬姓之祖也。黃帝受命有雲瑞，故以雲紀事，百官師長皆以雲為名，號縉雲氏，蓋其一官也。炎帝氏以火紀，故為火師而火名。注云，炎帝神農氏，姜姓之祖也，亦有火瑞，以火紀事，名百官也。共工氏以水紀，故為水師而水名。注云，共工以諸侯霸有九州者，在神農前，大皞後，亦受水瑞，以

水名官也。大皞氏以龍紀，故為龍師而龍名。注云，大皞伏羲氏，風姓之祖也，有龍瑞，故以龍命官也。我高祖少皞摯之立也，鳳鳥適至，故紀於鳥，為鳥師而鳥名，又云鳳鳥氏歷正之類。又以五鳥、五鳩、九扈、五雉並為官長，亦皆有屬官，但無文以言之。若然，則自上以來，所云官者，皆是官長，故皆雲師以目之。又云，自顓頊以來，不能紀遠，乃紀於近。是以少皞以前，天下之號象其德，百官之號象其征。顓頊以來，天下之號因其地，百官之號因其事。事即司徒、司馬之類是也。若然，前少皞氏言祝鳩氏為司徒者，本名祝鳩，言司徒者，以後代官況之。自少皞以上，官數略如上說。顓頊及堯，官數雖無明說，可略而言之矣。案昭二十九年魏獻子曰：社稷五祀，誰氏之五官？蔡墨對曰：少皞氏有四叔，曰重、曰該、曰脩、曰熙，實能金木及水。使重為句芒，該為蓐收，脩及熙為玄冥，世不失職，遂濟窮桑，此其三祀也。注云：窮桑，帝少皞之號也。顓頊氏有子曰犁，為祝融；共工氏有子曰句龍，為後土。此其二祀也。後土為社，稷，田正也。有烈山氏之子曰柱，為稷，自夏以上祀之。周棄亦為稷，自商以來祀之。故外傳犁為高辛氏之火正，此皆顓頊時之官也。案《鄭語》云，重犁為高辛氏火正，故《堯典》注，高辛氏之世，命重為南正，司天；犁為火正，司地。以高辛與顓頊相繼無隔，故重犁事顓頊，又事高辛，若稷契與禹事堯又事舜。是以昭十七年服注顓頊之下云，春官為木正，夏官為火正，秋官為金正，冬官為水正，中官為土正，高辛氏因之。故傳云，遂濟窮桑，窮桑，顓頊所居，是度顓頊至高辛也。若然，高辛時之官，唯有重犁，及春之木正之等，不

見更有餘官也。至於堯、舜，官號稍改。《楚語》云，堯複
育重犁之後，重犁之後，即羲和也。是以《堯典》云，乃命
羲和。注云，高辛之世，命重為南正，司天；犁為火正，司
地。堯育重犁之後，羲氏、和氏之子，賢者使掌舊職，天地
之官，亦紀於近，命以民事，其時官名蓋曰稷、司徒，是天
官稷也，地官司徒也。又云，分命羲仲，申命羲叔，分命和
仲，申命和叔，使分主四方。注，仲叔亦羲和之子。堯既分
陰陽、四時，又命四子為之官掌四時者，字曰仲叔，則掌天
地者，其曰伯乎？是有六官。案下驩兜曰共工注，共工，水
官也。至下舜求百揆，禹讓稷契暨咎繇，帝曰，棄，黎民阻
饑，汝後稷播時百穀。注，稷，棄也。初，堯天官為稷。又
云，帝曰，契，百姓不親，汝作司徒。又云，帝曰咎繇，汝
作士。此三官是堯時事，舜因禹讓，述其前功。下文云，舜
命伯夷，為秩宗，舜時官也。以先後參之，唯無夏官之名，
以餘官約之，《夏傳》云，司馬在前，又後代況之，則羲叔
為夏官，是司馬也，故分命仲叔，注云，官名，蓋春為秩宗，
夏為司馬，秋為士，冬為共工，通稷與司徒，是六官之名見
也。鄭玄分陰陽為四時者，非謂時無四時官，始分陰陽為四
時，但分高辛時重黎之天地官，使兼主四時耳。而雲仲叔，
故雲，掌天地者，其曰伯乎？若然，《堯典》云，伯禹作司
空，四時官不數之者，鄭云，初，堯冬官為共工，舜舉禹治
水，堯知其有聖德，必成功，故改命司空，以官名寵異之，
非常官也。至禹登百揆之任，捨司空之職，為共工與虞，故
曰，垂作共工，益作朕虞是也。案《堯典》又云，帝曰疇咨，
若時登庸。鄭注云，堯末時，羲和之子皆死，庶績多闕而官

廢。當此之時，驩兜共工更相薦舉。下又云，帝曰，四岳，
湯湯洪水，有能俾乂。鄭云，四嶽，四時之官，主四嶽之事。
始羲和之時，主四嶽者，謂之四伯。至其死，分嶽事，置八
伯，皆王官。其八伯唯驩兜、共工、放齊、鯀四人而已，其
餘四人無文可知。案《周官》云，唐虞稽古，建官惟百，內
有百揆、四嶽，則四嶽之外，更有百揆之官者。但堯初天官
為稷，至堯試舜天官之任，謂之百揆。舜即真之後，命禹為
之，即天官也。案《尚書傳》云，惟元祀巡狩四岳八伯。注
云，舜格文祖之年，堯始以羲和為六卿，春夏秋冬者，並掌
方嶽之事，是為四嶽，出則為伯。其後稍死，驩兜、共工求
代，乃置八伯。元祀者，除堯喪、舜即真之年。九州言八伯
者，據畿外八州。鄭云，畿內不置伯，鄉遂之吏主之。案《明
堂位》云，有虞氏官五十，夏後氏官百，殷二百，週三百。
鄭注云，有虞氏官蓋六十，夏百二十，殷二百四十，週三百
六十，不得如此記也。《昏義》云，三公九卿，二十七大夫，
八十一元士。鄭云，蓋夏制依此差限，故不從記文。但虞官
六十，唐則未聞。堯舜道同，或皆六十，並屬官言之，則皆
有百。故成王《周官》云，唐虞建官惟百也。若然，自高陽
已前，官名略言於上，至於帝嚳，官號略依高陽，不可具悉。
其唐虞之官，惟四嶽百揆與六卿，又《堯典》有典樂、納言
之職，至於餘官，未聞其號。夏官百有二十，公卿、大夫、
元士具列其數；殷官二百四十，雖未具顯，案下《曲禮》云，
六大、五官、六府、六工之等，鄭皆云殷法，至於屬官之號，
亦蔑云焉。案《昏義》云，三公九卿者，六卿並三孤而言九，
其三公又下兼六卿，故《書傳》云，司徒公、司馬公、司空

> 公，各兼二卿。案《顧命》太保領塚宰，畢公領司馬，毛公
> 領司空，別有芮伯為司徒，彤伯為宗伯，衛侯為司寇，則周
> 時三公各兼一卿之職，與古異矣。但周兼二代，郁郁乎文，
> 所以象天立官而官益備，此即官號沿革，粗而言也。」

官號沿革，這裏講得十分清楚。古人曾以鳥、雲、火、水、龍、
天地、四時等等名官，還有德、征、地、事、姓氏等因素。可以看
到，中華官號最開始是以實物為名的，發展到最後以範疇名之，從
六官到六部，如天、地、春、夏、秋、冬、吏、戶、禮、兵、刑、
工等，有一個完整的過程。可以看到，所謂五行——金、木、水、
火、土，不僅僅是生成萬物的元素，更是人文生活、歷史生活的範
疇、沿革，這一點在《洪範》中就講得很清楚。所以，五行的人文
面重於五行之自然面，這是中夏人文的特性，即一陰一陽並兼，同
時皆有，不會偏廢哪一邊。不會只是單純的自然，也不會只是單純
的人文，儘管事還是要重於物。早期的官是世職的，發展到後世之
科舉，乃是一個偉大的自身演易。

又《序周禮廢興》曰：

> 「周公制禮之日，禮教興行。後至幽王，禮儀紛亂。故孔子
> 云，諸侯專行征伐，十世希不失。鄭注云，亦謂幽王之後也。
> 故晉侯趙簡子見儀皆謂之禮，孟僖子又不識其儀也。至於孔
> 子更脩而定之時已不具，故《儀禮》注雲，後世衰微，幽屬
> 尤甚，禮樂之書，稍稍廢棄。孔子曰：吾自衛反於魯，然後
> 樂正，雅頌各得其所，謂當時在者而復重雜亂者也，惡能存
> 其亡者乎？至孔子卒後，復更散亂。故《藝文志》云，昔仲
> 尼沒，微言絕，七十二弟子喪而大義乖，諸子之書，紛然散

亂。至秦患之，乃燔滅文章，以愚黔首。又云，禮經三百，
威儀三千。及周之衰，諸侯將踰法度，惡其周亡，滅去其籍，
自孔子時而不具，至秦大壞。漢興至高堂生博士傳十七篇，
孝宣世後倉最明禮，戴德、戴聖、慶普皆其弟子，三家立於
學官。案《儒林傳》，漢興，高堂生傳禮十七篇，而魯徐生
善為容。孝文時，徐生以容為禮官大夫，而瑕丘蕭奮以禮至
淮陽太守。孟卿，東海人也，事蕭奮，以授後倉。後倉說禮
數萬言，號曰後氏曲台記，授戴德、戴聖。鄭云，五傳弟子，
則高堂生、蕭奮、孟卿、後倉、戴德、戴聖，是為五也。此
所傳者，謂十七篇，即《儀禮》也。《周官》孝武之時始出，
秘而不傳。《周禮》後出者，以其始皇特惡之故也。是以馬
融傳云，秦自孝公已下，用商君之法，其政酷烈，與《周官》
相反，故始皇禁挾書，特疾惡欲絕滅之，搜求焚燒之獨悉，
是以隱藏百年。孝武帝始除挾書之律，開獻書之路，既出於
山岩屋壁，復入於秘府，五家之儒，莫得見焉。至孝成皇帝，
達才通人劉向子歆，校理秘書，始得列序，著於錄略，然亡
其《冬官》一篇，以《考工記》足之。時眾儒並出共排，以
為非是，唯歆獨識，其年尚幼，務在廣覽博觀，又多銳精於
《春秋》。末年，乃知其周公致太平之跡，跡具在斯。奈遭
天下倉卒，兵革並起，疾疫喪荒，弟子死喪，徒有里人河南
緱氏杜子春尚在。永平之初，年且九十，家於南山，能通其
讀，頗識其說，鄭眾、賈逵，往受業焉。眾、逵洪雅博聞，
又以經書記轉相證明為解。逵解行於世，眾解不行。兼攬二
家，為備多所遺闕。然眾時所解說，近得其實，獨以書序言
成王既黜殷命，還歸在豐，作《周官》，則此《周官》也，

失之矣。遂以為六鄉大夫,則塚宰以下及六遂,為十五萬家,緪千里之地,甚謬焉。此比多多,吾甚閔之久矣!六鄉之人,實居四同地,故云緪千里之地者誤矣。又六鄉大夫塚宰以下,所非者不著,又云多多者,如此解不著者多。又云至六十為武都守,郡小少事,乃述平生之志,著易、尚書、詩、禮傳皆訖,惟念前業未畢者唯《周官》,年六十有六,目瞑意倦,自力補之,謂之《周官傳》也。案《藝文志》云,成帝時以書頗散亡,使謁者陳農求遺書於天下,詔光祿大夫劉向校書經傳、諸子、詩賦。向輒條其篇目,撮其指意,錄而奏之。會向卒,哀帝復使向子歆卒父業。歆於是總群書,奏其七略,故有六藝、七略之屬。歆之錄在於哀帝之時,不審馬融何云至孝成皇帝命劉向子歆考理秘書,始得列序,著於錄略者?成帝之時,蓋劉向父子並被帝命,至向卒,哀帝命歆卒父所脩者,故今文乖理則是也。故鄭玄序云,世祖以來,通人達士大中大夫鄭少贛名興,及子大司農仲師名眾,故議郎衛次仲、侍中賈君景伯、南郡太守馬季長,皆作《周禮解詁》。又云,玄竊觀二三君子之文章,顧省竹帛之浮辭,其所變易,灼然如晦之見明,其所彌縫,奄然如合符復析,斯可謂雅達廣覽者也。然猶有參錯,同事相違,則就其原文字之聲類,考訓詁、捃秘逸。謂二鄭者,同宗之大儒,明理於典籍,牿識皇祖大經《周官》之義,存古字,發疑正讀,亦信多善,徒寡且約,用不顯傳於世。今讚而辨之,庶成此家世所訓也。」

可見在孔子之時,文獻已經不全了。其後歷秦、漢諸亂,篇籍進一步散亡。到了鄭玄,《周禮》才最終落定。

「其名《周禮》為《尚書》周官者，周天子之官也。書序曰：
成王既黜殷命，滅淮夷，還歸在豐，作《周官》，是言蓋失
之矣。案《尚書盤庚》、《康誥》、《說命》、《泰誓》之
屬，三篇序皆云某作若干篇，今多者不過三千言。又書之所
作，據時事為辭，君臣相誥命之語。作《周官》之時，周公
又作《立政》，上下之別，正有一篇。《周禮》乃六篇，文
異數萬，終始辭句，非書之類，難以屬之。時有若茲，焉得
從諸？又云斯道也，文武所以綱紀周國，君臨天下，周公定
之致隆平龍鳳之瑞。然則《周禮》起於成帝劉歆而成於鄭玄，
附離之者大半，故林孝存以為武帝知《周官》末世瀆亂不
驗之書，故作十論七難以排棄之。何休亦以為六國陰謀之
書，唯有鄭玄徧覽群經，知《周禮》者乃周公致太平之跡，
故能答林碩之論難，使《周禮》義得條通。故鄭氏傳曰，
玄以為括囊大典，網羅眾家，是以《周禮》大行，後王之
法。易曰神而化之，存乎其人，此之謂也。」（《序周禮
廢興》）

第四節　理論與批評

一、道統

　　對後代來說，中唐的一件大事，就是韓愈之倡道統。韓愈是唐
代的文章大家，其歷史地位也在於提倡道統。《原道》曰：

「博愛之謂仁，行而宜之之謂義；由是而之焉之謂道，足乎
己，無待於外之謂德。仁與義，為定名；道與德，為虛位：
故道有君子、小人，而德有凶、有吉。老子之小仁義，非毀
之也，其見者小也。坐井而觀天，曰天小者，非天小也。彼
以煦煦為仁，孑孑為義，其小之也則宜。其所謂道，道其所
道，非吾所謂道也；其所謂德，德其所德，非吾所謂德也。
凡吾所謂道德云者，合仁與義言之也，天下之公言也；老子
之所謂道德云者，去仁與義言之也，一人之私言也。周道衰，
孔子沒，火於秦，黃老於漢，佛於晉、魏、梁、隋之間，其
言道德仁義者，不入於楊，則入於墨；不入於老，則入於佛。
入於彼，必出於此。入者主之，出者奴之；入者附之，出者
污之。噫！後之人其欲聞仁義道德之說，孰從而聽之？老者
曰：孔子，吾師之弟子也。佛者曰：孔子，吾師之弟子也。
為孔子者，習聞其說，樂其誕而自小也，亦曰：吾師亦嘗師
之云爾。不惟舉之於其口，而又筆之於其書。噫！後之人雖
欲聞仁義道德之說，其孰從而求之？甚矣，人之好怪也！不
求其端，不訊其末，惟怪之欲聞。」

人之好怪、惟怪之欲聞，說明了什麼呢？說明在人類的本性
中，搏動著一個「奇怪的認同」。所謂奇怪的認同，就是指越是高
玄的、越是離奇的，還越是讓人興奮和著迷、喜歡；越是歪論，越
有市場和空間，越是受到人們的狂熱追捧和認同，從而風行天下，
成為潮流時尚。簡言之就是一句話──越是歪理論，越被當作真思
想。古今一理，皆是如此。應該說，韓愈雖然是文章大家，但是並
沒有什麼深致的思想，儘管他觀察敏銳。其在歷史上的地位，完全

是因為鼓吹之功。對於這一點，前人早有議論。比如蘇子由就說：
「愈之學，朝夕從事於仁義、禮智、刑名、度數之間，自形而上者，
愈所不知也。《原道》之作，遂指道德為虛位，而斥佛、老與楊、
墨同科，豈為知道哉？韓愈工於文者也。」（見注）可見人們看得
都很清楚。儘管如此，韓愈的道統論畢竟在歷史中發生過深遠的影
響，所以不能不重視。像這裏的排擯佛、老，就很為理學所喜歡。
韓愈說得明白，仁就是博愛，所謂仁即愛人，這是直接從古義套下
來的。而義就是得當、得宜、適宜，也就是做得恰到好處（該怎樣
就怎樣）。道就是路，就是從這裏而去達到的軌道，所以遵循、所
以憑藉的軌跡。所謂道猶路也，道就是所以之、所以由、所以達。
道規定了一個定向，朝向那裏，所以道路一定不能錯，錯了路頭，
就滿盤皆空了，因為所有的道路都是送達一定目的地的。德就是內
自足，無待於外的，也就是個人完滿。可以注意的是，韓愈在這裏
講仁義、道德，所做出的區別，是有專門定指的，就是指對老子，
這種排辟佛、老的做法與宋儒如出一轍。所以韓愈才會說仁義是定
名，而道德是虛位。並且說明，老子所講的道德與他自己所說的道
德是不相同的。所以，這裏與仁義對列的道德，乃是一種專門的東
西。仁義是一定的，而道德是有輕重升降的。道有君子、小人之分，
有君子之道，有小人之道。所以，道是有分別的，要具體看。而德
亦有凶有吉，這應該是說小人之德凶、君子之德吉了。因為德者得
也，小人之道當然不可能致吉。韓愈說老子把仁義低估了，這不是
詆謗的問題，而是認識的問題。因為老子坐井觀天，看不到仁義的
偉大。所以韓愈說，他所說的道德是指仁義之公而言；相比之下，
老子的道德便只是絕棄仁義的私了。韓愈指出，從歷史來看，人文
史中先是黃老、楊墨盛行，然後是佛教。所以這個時候的仁義道德，

或者是不講的，或者就是亂講的。尤其是六朝佛教盛行以後，社會化的信仰就再沒有儒家的分。我們看六朝是靡靡之朝，這些都不是無緣無故的。當然六朝也有它的優點，就是語文的水平很高，文字水平可以說達到了歷史的最高峰。詞藻繁麗，辭章異常發達。義理衰而後考據盛，考據衰而後辭章興。從先秦到六朝，思想的確是沒落了。而佛教只能提供宗教修行的生活，根本不適合於政教國家及社會。而道德仁義，當然都是直接的政教內容。六朝之衰，一至於此。所以世人再想聆聽綱常倫教，也是不可能了。甚至以孔子為釋、老弟子，其愚昧以至於此。由此，人文只能永遠沉溺於荒怪的時代場景之中了。

《原道》又說：

> 「古之為民者四，今之為民者六；古之教者處其一，今之教者處其三。農之家一，而食粟之家六；工之家一，而用器之家六；賈之家一，而資焉之家六；奈之何民不窮且盜也！古之時，人之害多矣。有聖人者立，然後教之以相生養之道。為之君、為之師，驅其蟲蛇禽獸而處之中土。寒，然後為之衣；饑，然後為之食。木處而顛，土處而病也，然後為之宮室。為之工，以贍其器用；為之賈，以通其有無；為之醫藥，以濟其夭死；為之葬埋祭祀，以長其恩愛；為之禮，以次其先後；為之樂，以宣其壹鬱；為之政，以率其怠勌；為之刑，以鋤其強梗。相欺也，為之符璽、斗斛、權衡以信之；相奪也，為之城郭甲兵以守之。害至而為之備，患生而為之防。今其言曰：聖人不死，大盜不止；剖斗折衡，而民不爭。嗚呼，其亦不思而已矣！如古之無聖人，人之類滅久矣。何也？

無羽毛鱗介以居寒熱也，無爪牙以爭食也。是故：君者，出
令者也；臣者，行君之令而致之民者也；民者，出粟米麻絲，
作器皿、通貨財，以事其上者也。君不出令，則失其所以為
君；臣不行君之令而致之民，民不出粟米麻絲，作器皿、通
貨財，以事其上，則誅。今其法曰：必棄而君臣，去而父子，
禁而相生養之道，以求其所謂清淨寂滅者；嗚呼！其亦幸而
出於三代之後，不見黜於禹湯文武周公孔子也；其亦不幸而
不出於三代之前，不見正於禹湯文武周公孔子也。」

　　韓愈的意見，完全是歷史社會的考慮。自古中國的民劃分為四
大類：士民、工民、商民和農民。但是佛教盛行以後，閑食的人多
了，佛徒有很多就是終生坐食、不事生產的，因而成了社會尾大不
掉的負擔。在古代只是政教一元的社會，後來成了佛教、道教加入
的局面，信仰也處在無所適從的尷尬中。而且，通過風俗生活的滲
透，對民眾真正起影響、起到潛移默化作用的是佛教和道教，儒家
僅限於官方、高端，在庶民層沒什麼影響力。生產勞作的人少，而
消耗坐食的人多，社會當然會枯竭。於是貧窮滋生盜匪，社會的根
基也就不穩了。因此，佛教的流入，對歷史社會的負面作用太大，
難怪很多人會起而反對之。韓愈說到，聖人是為教、立教之名，但
儒家講的教不是宗教，而是教化，這個不能混淆。我們知道，君、
師在中土有著原始同源性，所謂聖人者，其實就是君、師的合一體，
即早期人群生活中帶領大家的那個人——主心骨。這樣，後來衍生
出德位理論也就是很自然的。早期的教化，是教會人群怎麼生活，
至少韓愈的解釋是這樣。在生活的富餘的基礎上，然後人文得以演
進，而這些也都是出乎自然的。比如說禮儀、喪葬，等等。看見路

邊一個人死了，身上爬滿了蛆，自然會萌生掩埋的念頭，這都是人性之常、自發的，並非人為強迫。人文政治也是這種自然產物，這是韓愈的說法。今天來看，這種觀點、看法是不確的。因為並不是每一個歷史社會都自發出了政治、尤其是高程度政治的，所以韓愈的自然論要加一定的限制才行。比如印度，就不是政治社會，而是風俗社會——宗教修行生活是印度文化的主體，這正是為什麼佛教不適合於中土的原因。但是，歷史中的虔誠信徒，實際上對印度文化都不瞭解，他們對佛教只是想當然，自以為懂。千言萬語一句話——風俗文化決不能充當政治本體，說破了，原因只在於此，並不複雜。統一度量衡，這是國家信用，而兵備則是生存的保證。韓愈說，如果沒有聖人，人類早就滅亡了。這話說過頭了嗎？其實韓愈只是想強調——沒有人文，人類生活不可想像。動物可以捕食，人類沒有爪牙之利，當然不能憑體力生存，所以只能用智。而君是命令者，臣是達成命令的人，民是幹活的、勞作者。但是這種簡單的政治倫理和法度，卻在佛教的攪擾下破壞了，因為人們的頭腦和思維發生了改變——不是遵循政教，而是尋求寂滅、往生樂土。

　　韓愈說：

> 「帝之與王，其號名殊，其所以為聖一也。夏葛而冬裘，渴飲而饑食，其事殊，其所以為智一也。今其言曰：曷不為太古之無事？是亦責冬之裘者曰：曷不為葛之之易也？責饑之食者曰：曷不為飲之之易也？傳曰：古之欲明明德於天下者，先治其國；欲治其國者，先齊其家；欲齊其家者，先修其身；欲修其身者，先正其心；欲正其心者，先誠其意。然則，古之所謂正心而誠意者，將以有為也。今也欲治其心，

而外天下國家，滅其天常；子焉而不父其父，臣焉而不君其
君，民焉而不事其事。孔子之作《春秋》也，諸侯用夷禮，
則夷之；進於中國，則中國之。經曰：夷狄之有君，不如諸
夏之亡。詩曰：戎狄是膺，荊舒是懲。今也，舉夷狄之法，
而加之先王之教之上，幾何其不胥而為夷也！」（《原道》）

　　韓愈提到，王與帝名號有殊，這是為什麼呢？因為歷史是這樣
的。比如周天子就是王，我們總不能說周朝皇帝，畢竟皇帝是秦以
後才有的專稱。也就是說，皇帝是帝制以後的名號，而王則是帝制
以前的名號，是秦以前的名號，上古之帝另論。中國的歷史，宏觀
上可以分為三期，秦以前是邦國時代，以天子制為主；秦以降是帝
制時代，也就是皇帝統治，直到辛亥革命肇建民國。天子與皇帝當
然是不同的名，二者無法重合，所以王、帝號名相殊，反映的是中
國歷史分期的不同，因此名不能混。最引人注目的是，韓愈在這裏
引了《大學》的說法，十分明確以修齊治平為歸，這是歷史意向的
回復與轉折。並且明確剖分說，古人所謂治心，是以聖學為歸；而
今人所謂治心者，則是一種宗教生活體驗，二者有著根本的區別。
唐朝最大的問題，就是沒有君父的觀念，這一重要歷史癥結被韓愈
點出來了。當然推其歷史淵源，這是自佛教昌行以後的歷史徵候。
由於這一根結性問題，有唐之政治不可能振作。唐太宗好儒學，但
是唐朝並沒有儒化，而是恰如韓愈所指出的，全係夷狄之教、夷狄
之法，這是深可討究的。比較之下，明成祖定宋、元儒經注為標準，
在歷史中是有切實的建設作用的。儘管孔穎達等注《五經正義》（後
來發展為《十三經注疏》）部幅宏大，實力雄厚，有一千萬字，但
是歷史滲透的效果卻不及篇幅小得多的宋、元人經注（以朱熹為宗

的系統），這最值得思考。由於理學家的作用和功勞，後來的宋、
明、清之政治遠較唐朝穩定、結實，不能說不是理學造人的威力。
像大明朝，那麼暴戾、腐敗，但是君父觀念卻深入人心，儒學名臣，
史不絕書，決不似有唐之慘澹、寒傖。所以，韓愈指出的唐朝非行
儒教，乃系夷狄之教，並非誣辭，歷史政治效果，其懸殊也如此。
可以毫不誇張地說，相較於宋以下各代，元朝除外，唐朝可以說是
無父無君的時代。就像一個沒有家教的人戶，亂來的。那麼，什麼
才是韓愈所理想的教呢？《原道》云：

> 「夫所謂先王之教者，何也？博愛之謂仁；行而宜之之謂
> 義；由是而之焉之謂道；足乎己，無待於外之謂德。其文詩
> 書易春秋，其法禮樂刑政，其民士農工賈，其位君臣、父子、
> 師友、賓主、昆弟、夫婦，其服麻絲，其居宮室，其食粟米
> 果蔬魚肉，其為道易明，而其為教易行也。是故以之為己，
> 則順而祥；以之為人，則愛而公；以之為心，則和而平；以
> 之為天下國家，無所處而不當。是故生則得其情，死則盡其
> 常。郊焉而天神假，廟焉而人鬼饗。曰：斯道也，何道也？
> 曰：斯吾所謂道也，非向所謂老與佛之道也。堯以是傳之舜，
> 舜以是傳之禹，禹以是傳之湯，湯以是傳之文武周公，文武
> 周公傳之孔子，孔子傳之孟軻，軻之死，不得其傳焉。荀與
> 揚也，擇焉而不精，語焉而不詳。由周公而上，上而為君，
> 故其事行；由周公而下，下而為臣，故其說長。」

　　這完全是亂說話了，儒學系絡眾多，這裏僅狹化為一線，天底
下哪有這樣的道理？根本就沒有這麼巧的事！這完全是韓愈個人
的編造了。這種編織，對後來有很大影響。不過，韓愈在這裏對政

教人文的元素作了一個統共的歸類，包括道德仁義、六藝六經、國民分類、倫理類型、禮樂刑政之教，等等。所謂明明德者，就是道教行於天下。那麼，韓愈所說的道是什麼呢？他並沒有明確說是儒道，只說他的所謂道不是什麼——非老道、非佛道，如此而已。所以我們可以泛泛地說，韓愈所講的其實是一般所謂先王之道，這與後來理學所雲、那種非常專門化的儒道相較，是有根本區別的，畢竟，韓愈所說的還是比較原始的東西。不過韓愈講了這種王道的種種好處和好效果，當然一切都是理想化的。《原道》說：

> 「然則，如之何而可也？曰：不塞不流，不止不行。人其人，
> 火其書，廬其居，明先王之道以道之，鰥寡孤獨廢疾者有養
> 也，其亦庶乎其可也？」

這是要求對佛教採取激烈行動，使坐食者少，而民得有養。可以看出，韓愈的想法非常簡單，絕沒有後世理學那麼豐富的層次。這種簡單性，就是唐朝的簡單性。

道如此，人呢？《原人》曰：

> 「形於上者謂之天，形於下者謂之地，命於其兩間者謂之
> 人。形於上，日月星辰皆天也；形於下，草木山川皆地也；
> 命於其兩間，夷狄禽獸皆人也。」「曰：然則吾謂禽獸人，
> 可乎？曰：非也。指山而問焉，曰：山乎？曰：山，可也；
> 山有草木禽獸，皆舉之矣。指山之一草而問焉，曰：山乎？
> 曰：山，則不可。」「天道亂，而日月星辰不得其行；地道
> 亂，而草木山川不得其平；人道亂，而夷狄禽獸不得其情。
> 天者，日月星辰之主也。地者，草木山川之主也。人者，夷

　　　　狄禽獸之主也。主而暴之，不得其為主之道矣。是故聖人一
　　　　視而同仁，篤近而舉遠。」

　　這是典型的天、地、人對稱思維。星體屬天，萬物屬地，而靈
長屬人。我們看韓愈講說的意思，他並不是要談物理，而是要說一
個道字。也就是天道、地道和人道，其落實當然在人道。這個人道
是包含有很多附屬內容的，比如動物、野蠻人，等等，都是人道的
藩屬和附庸，是必須協理的。好比我們說山，自然會包括山裏的動
植物在內。我們講人道，也包括動物和落後的人群。所以韓愈的意
思，就是要突出一個道字，人不就是一個道嗎？這是對《原道》的
補充。如果人治理不好，沒有道，那麼萬物也就秩序紊亂了。比如
動物活得不好，這是很明白的政教思維，必須要講道。萬物皆備於
我，人本來就是一個包舉之稱。十分明確，中國治理不好，夷狄也
都是亂的，因為沒有修齊治平。所謂不得其情，就是說它們各自都
不能得其所，也就不能夠達到齊物，不能各遂性分。所以，這段文
字講遠近之道，等等，多與儒家義理相合。而所謂人須盡主道者，
也就是要一視同仁。就是——用韓愈所認同的道，使野蠻的向化，
讓動物也能夠活好。通觀韓愈之原道、原人，義理上是整齊統一的，
相互配合，照應、呼應，構成一個整體。韓愈的《原人》為後來揭
出了仁體說，所謂一視同仁者，也就是看禽獸夷狄皆人也，因為它
們都是生命體。

　　孔子言性與天道，性與道、與人，其關係都是一定的，講任何
一個，就都得講。案《原性》曰：「性也者，與生俱生也；情也者，
接於物而生也。性之品有三，而其所以為性者五；情之品有三，而
其所以為情者七。」我們知道，性與情是後來理學討論的核心問題，

而且各個學者關於性、情的問題總是糾纏不清。韓愈對性、情做了切分，他認為性是天生的、與生俱來，這比宋儒的說法要樸實；而情則是與事物相緣接而發生的。他說：

> 「曰何也？曰：性之品有上中下三。上焉者，善焉而已矣；中焉者，可導而上下也；下焉者，惡焉而已矣。其所以為性者五：曰仁、曰禮、曰信、曰義、曰智。上焉者之於五也，主於一而行於四；中焉者之於五也，一不少有焉，則少反焉，其於四也混；下焉者之於五也，反於一而悖於四。性之於情視其品。情之品有上中下三，其所以為情者七：曰喜、曰怒、曰哀、曰懼、曰愛、曰惡、曰欲。上焉者之於七也，動而處其中；中焉者之於七也，有所甚，有所亡，然而求合其中者也；下焉者之於七也，亡與甚，直情而行者也。情之於性視其品。」

這裏的切分似乎有些機械，照韓愈的說法，唯上善與下惡不移，中間都是變動不居的。而仁義禮智信五常之性，漢代學者就是這樣講的，並不新鮮。顯然，五性之中以仁為主。韓愈說的七情，也是古已有之的說法。他認為，最好的情況是七情能夠中和；其次則是有過、有不及；而最壞的是完全情緒化。韓愈在這裏講的七情，很明顯主要是指情緒而言。而且，五性七情、上中下三品，彼此之間達成了一種排列組合的關係，能夠配出很多種可能。這種說法雖然省事，但是到底有多可靠，卻還須討論。不過，我們對歷史中的學者，其態度與認識、想法與思考，還是看得很清楚。可以看到，韓愈雖然講性是天生的，但具體落實下來，卻成了五常之性，這樣無異於給出了一個先天道德依據。後來理學講氣質之性與義理之

性，很好地圓了「情緒化」的問題。韓愈的學說，在對稱性上（比如性情善惡對稱等）已經與理學十分接近，而宋儒也常常提到韓。《原性》曰：

> 「孟子之言性曰：人之性善；荀子之言性曰：人之性惡；揚子之言性曰：人之性善惡混。夫始善而進惡，與始惡而進善，與始也混而今也善惡，皆舉其中而遺其上下者也，得其一而失其二者也。叔魚之生也，其母視之，知其必以賄死。楊食我之生也，叔向之母聞其號也，知必滅其宗。越椒之生也，子文以為大戚，知若敖氏之鬼不食也。人之性果善乎？後稷之生也，其母無災，其始匍匐也，則岐岐然，嶷嶷然。文王之在母也，母不憂，既生也，傅不勤，既學也，師不煩。人之性果惡乎？堯之朱、舜之均、文王之管蔡，習非不善也，而卒為奸；瞽瞍之舜、鯀之禹，習非不惡也，而卒為聖：人之性善惡果混乎？故曰：三子之言性也，舉其中而遺其上下者也，得其一而失其二者也。曰：然則性之上下者，其終不可移乎？曰：上之性，就學而愈明；下之性，畏威而寡罪。是故上者可教，而下者可制也。其品則孔子謂不移也。」

我們說過，荀、孟的性說都是偏觀、片取的結果，而揚雄的善惡混，其實只是「善惡有」，是一個簡單的事實。人性需要引導，否則教育就沒有必要了。往善的方向引導，性就表現為善的；往惡的方向引導，性就表現為惡的。所以《大學》只說揜其不善，而不講得更複雜，不要求性是什麼——不糾纏那個，因為表現本身就是實質，就是最本質，這是效果思維。所以易云繼善，就是要經營善的一邊，著重於引導。韓愈講到的始善後惡、始惡後善等情況，其

實有一個問題，就是：善、惡的演算法，是以事為單位的，而事是具體的。一般人在表現上是參差不齊的，這個並不複雜。或者在這件事上表現好，而在另外的事上表現壞。所以善、惡就是具體的單項，是捶分的，並不是一好就都好了，無所不好，那是理想的神話。善、惡更多的是一個知識問題，而非單純意願問題。不是說我想好就能善的，還要有善的能力，就如解算術題，需要專門的訓練。儒家的傳統態度，無疑是從個人的態度去責求的多，這種歷史思維習慣，當然要討論地對待。由於各件事是參差不齊的，所以始善又惡、始惡複善便不難解釋：一切只是不同，並不存在先後終始的問題。在平列的事上變動不居，是各人具體把握的問題，不是人性本身忽好忽壞、變好變壞的問題，事情就是一件又一件，各是各，是平列的。所謂好人，無非是「表現良好」的量更多一些罷了，所以韓愈的說法顯然是有問題的。他認為自己找到了一種滿意的解釋，可以疏通一切，那就是：古人只看到了中間可變的人，而沒有注意到不移的上善與下惡這兩種情況。這一說法似乎很省事，將忽善忽惡的情況解釋通了，其實細究起來非常籠統。韓愈舉的各種例子，歷史中的，很多都是骨相學的──有的人天生好，有的天生壞，韓愈很有感慨，說人的善惡是說得准的嗎？其實，這些現象今天都不難解釋，無非是上代遺傳的問題。比如說前代總是戾氣沖天，那麼其後人總會有一代達到高潮──積累到一定的時候，事情就是必然的。而祥和之氣盛，後人便會善，這與種樹結果是同一個道理，僅僅是時間問題。所以，我們在抱怨壞人時，也要檢查他的上代人，一定是有什麼問題的，否則不會這樣。總之世界上絕沒有無緣無故的事，所以韓愈總結的不移之上善下惡沒有意義，因為上下即使存在也絕對是少數，唯有中間的才是常態。由此，韓愈的說法就顯得多

餘而沒有意義了。中間是輕重可變的，韓愈說，對上善就進一步去
教化他，對下惡就管制、制服他，而最終結果，都是要達成治理的
只好不壞。

　　韓愈說：「今之言性者異於此，何也？曰：今之言者，雜佛、
老而言也；雜佛、老而言也者，奚言而不異！」（《原性》）可見，
韓愈的性說是有指對性的，就是針對佛教性說而發。只是，這樣去
做，到底是以道理本身為慮呢，還是以某家學說為務呢？這個就不
能不問。所以我們說，韓愈的性論有義理未周之處，有未到的地方。

二、封建

　　和韓愈一樣，柳宗元也是唐代的文章大家。他留下的重要思
想，以《封建論》為代表。論曰：

> 「天地果無初乎？吾不得而知之也。生人果有初乎？吾不得
> 而知之也。然則孰為近？曰：有初為近。孰明之？由封建而
> 明之也。彼封建者，更古聖王堯、舜、禹、湯、文、武而莫
> 能去之。蓋非不欲去之也，勢不可也。勢之來，其生人之初
> 乎？不初，無以有封建。封建，非聖人意也。」

　　可見，柳宗元視封建為人文初期的情況，而且他認為封建是由
勢決定的，不是出於人的意願。

> 「彼其初與萬物皆生，草木榛榛，鹿豕狉狉，人不能搏噬，
> 而且無毛羽，莫克自奉自衛。荀卿有言，必將假物以為用者
> 也。夫假物者必爭，爭而不已，必就其能斷曲直者而聽命焉。

其智而明者，所伏必眾；告之以直而不改，必痛之而後畏；由是君長刑政生焉。故近者聚而為群。群之分，其爭必大，大而後有兵有德。又有大者，眾群之長又就而聽命焉，以安其屬，於是有諸侯之列。則其爭又有大者焉。德又大者，諸侯之列又就而聽命焉，以安其封，於是有方伯、連帥之類。則其爭又有大者焉。德又大者，方伯、連帥之類，又就而聽命焉，以安其人，然後天下會於一。是故有里胥而後有縣大夫，有縣大夫而後有諸侯，有諸侯而後有方伯、連帥，有方伯、連帥而後有天子。自天子至於里胥，其德在人者，死必求其嗣而奉之。故封建非聖人意也，勢也。」（《封建論》）

　　這是典型的勢論、實力論，是人文力學的觀點。也就是說，封建並不是什麼聖人的設計，而是緣於歷史情勢，是不得不然的。而諸侯與部落，兩者之間似乎是一種同構的關係，無非有農、牧之別罷了。柳宗元一層層的剖下來，思路相當整齊，簡單又清楚。柳宗元在這裏追溯的其實是人史：最開始，人像動物一樣地生存，與禽獸雜處，沒有爪牙捕獵，沒有皮毛禦寒，所以只能借助器物。於是，爭就是不可避免的了，這就是生存競爭，也就是爭存。沒有爭，也就不能存續下去了。所以，爭存是宇宙自然的第一法則，也成了第一生物天性。從原始的爭到高形態之爭，這中間是一個連綿不絕的過程。可以看到，柳宗元的人史，是建立在「爭論」上的，而且是早期那種以理原之、以理推求之的樣態，不是以統計為手段。他說，借助於事物，就必然會起爭執、起爭奪，相持不下便會要求裁判，這是很自然的。於是，一個能斷、能決的角色就產生了──大家都聽他的，這就是遊戲規則，遊戲規程就是這樣建立起來的。所以智

力強的，能力高人一等的，必然能夠伏眾，這是典型的實力論。接著，按道理順下來就是：告訴人群應該怎樣，還得加上威懾作用，所謂刑罰、君長，等等，都是這樣產生的。也就是，最厲害的人出來做頭領，這跟動物世界是一樣的。相近的人會聚成群落，人群一旦形成、達到一定規模，爭得肯定更加厲害，於是兵就產生了。所謂兵，就是成群的武裝。但是，人群決不止一個，所以群與群之間必然會發生爭戰，人類是以群為單位相爭的。群有大有小，於是最有實力的群安伏了其他群，由群長說了算，諸侯就是這麼來的。大大小小的諸侯，平列在那裏，而爭並沒有停止，爭向著更大更高的形態進展，由兵爭進到爭德。因為單靠強力，人不容易悅服，誰都不願意低於對方，於是爭德就自然萌生了。各個諸侯都趣向於他們相對更擁戴的人，於是最後的結果就是：天下不斷整合、彙歸於一，不至於此不止。所以春秋很早就說大一統，這個一統其實是勢的必然結果，是人文力學作用的結果，不是人為計畫的。就像一個球，它滾到什麼時候會停，不是由人說了算，而是由力學說了算的。這樣一層層地堆上去，天子只不過是最後的金字塔尖、整合的終極結果罷了。因此，柳宗元所講的人史，其實就是一個不斷整合的歷程。而這個整合完全是一種力學的作用，即人文力學，也就是所謂勢。在不得不然的力學作用下，人群越團越緊、越來越大。但是歷史畢竟有一個過程，就是：諸侯分封制是早期的情況，是對事實的一種承認，即「軟整合期階段」的象狀。

柳宗元說：

> 「夫堯、舜、禹、湯之事遠矣，及有周而甚詳。周有天下，裂土田而瓜分之，設五等，邦群後，布履星羅，四周於天下，

輪運而輻集。合為朝覲會同，離為守臣扞城。然而降於夷王，
害禮傷尊，下堂而迎覲者。厲於宣王，挾中興復古之德，雄
南征北伐之威，卒不能定魯侯之嗣。陵夷迄於幽、厲，王室
東徙，而自列為諸侯矣。厥後，問鼎之輕重者有之，射王中
肩者有之，伐凡伯、誅萇弘者有之，天下乖戾，無君君之心。
余以為周之喪久矣，徒建空名於公侯之上耳！得非諸侯之盛
強，末大不掉之咎歟？遂判為十二，合為七國，威分於陪
臣之邦，國殄於後封之秦，則周之敗端，其在乎此矣。」
（《封建論》）

周以前的事情，由於年代久遠，已經說不詳細了。周代分公、
侯、伯、子、男五等爵，邦國林立。而周代的制度，比如禮制，也
是圍繞當時邦國的情況而定的。有朝覲之禮，諸侯相見之禮，等等。
諸侯共戴周天子，各有分職。但禮制是容易壞的，因為行禮在人。
周天子失禮在先，禮制開始崩壞。及至東遷，而王室已衰。雖然名
義上周天子還在，其實跟一個小諸侯沒什麼兩樣。從此以後，僭越
爭奪之事持續數百年，直到秦統一天下。周代之人及後人常常論其
得失，把天下亂亡歸於禮崩樂壞，其實從勢來講，禮制即使嚴明，
群邦共主那種情況也只能是時間拖得久一些罷了。人文早期，之所
以專制程度不如後來之強，是因為實力達不到，歷史情況還比較疏
鬆，達不到後來那樣的強度和硬度，如此而已。一旦力學上允許，
群邦林立的局面肯定要讓位給郡縣這樣的行政區劃，統一帝國是不
可避免的，天子制必然終結，這是整合的趨勢。然後，接下來就是
農、牧社會的進一步整合及磨合過程，也就是所謂皇帝與可汗的拉
鋸戰，直到清代，這一整合過程才形式的完成。柳宗元說，周之卒

亡，在於無君君之心，也就是綱紀之維沒有了。這好像是在說唐朝，因為唐朝就是素無紀綱的，而藩鎮割據更不待言。由此看來，柳宗元作《封建論》，實際上是在對整個人文政治史做一個回顧，查找其中的原因。所以接下來他從秦論到唐，也就是順理成章的了。

> 「秦有天下，裂都會而為之郡邑，廢侯衛而為之守宰，據天下之雄圖，都六合之上游，攝製四海，運於掌握之內，此其所以為得也。不數載而天下大壞，其有由矣。亟役萬人，暴其威刑，竭其貨賄。負鋤梃謫戍之徒，圜視而合從，大呼而成群。時則有叛人而無叛吏，人怨於下而吏畏於上，天下相合，殺守劫令而並起。咎在人怨，非郡邑之制失也。」
> （《封建論》）

秦亡的原因是簡單而直截的，就是短時間內負荷太重，所謂壓強太大，沒有分散、緩衝的餘地，超出了民人所能承受的範圍和限度。秦能夠統一天下，有精神和條件兩方面的原因。從地理上說，秦國所處的戰略位置有利，適合於進取。如果是在河南，地勢平曠，根本就不能建都，更不要說用兵了。就精神方面言，秦人整肅，志在專一，越輸越打，再輸再打，卒至成功。後來秦亡不是因為制度，不是制度的原因，而是因為人怨，所以柳宗元歸結得很恰切。秦代的制度是很嚴明的，所以沒有叛反的官吏，官吏往往是兢兢業業、克盡職守的。但是老百姓受不了，所以殺守令以叛，兩件事分得非常清楚。這是柳宗元總結的秦的情況，那麼漢又怎樣呢？

> 「漢有天下，矯秦之枉，徇周之制，剖海內而立宗子，封功臣。數年之間，奔命扶傷之不暇。困平城，病流矢，陵遲不

救者三代。後乃謀臣獻畫，而離削自守矣。然而封建之始，
郡邑居半，時則有叛國而無叛郡。秦制之得，亦以明矣。繼
漢而帝者，雖百代可知也。」（《封建論》）

　　漢承秦制，亦徇周制，這種情況，在帝制初始時代是很正常、
也很自然的。就是：任何事情，都不可能在歷史中戛然而止，一去
不回，它總會有一些反復。就像擺動的東西，它會慢慢停下來，擺
動幅度越來越小，而不會驟停，除非用強力抑制。所以，漢去周年
頭近，諸侯邦國制的遺留和影響不會驟然絕跡，但也回不到先秦那
種群邦的局面了。因為郡縣制已經起來，新的國家結構、社會構成
已經重新拼接組合，原來的打混了，打成了一片。所以漢初的情況
是諸王與郡邑參錯雜半，這才有柳宗元說的，有叛國而無叛郡，畢
竟，行政官員與諸侯是完全不一樣的。諸侯邦國畢竟是獨立完整的
軍政單位，它呈現為一種排列簡單的關係：好像很多小圓組成一個
大圓；而帝制的整體有機性卻大大進化了，不再是簡單混合態的。
所以柳宗元評價秦制之得，是公正的。至於漢朝興亡的原因，柳宗
元沒有深談。實際上，他只講了漢初的情況，居唐而謂百代可知，
這主要是就帝制而說的，因為中國的歷史總體上就不可能走回頭
路。但是漢代歷 470 年，對其衰亡其實已經不需要再深究原因了，
因為超長的時間本身就表明，事物不得不衰。漢朝時間夠久的了，
在時間中，沒有不衰的勢，式微就是衰變，然後等著新生，只能如
此。人為地找一些原因固然可以，但是最終卻「逗不上」。柳宗元說：

　　「唐興，制州邑，立守宰，此其所以為宜也。然猶桀滑時起，
虐害方域者，失不在於州而在於兵，時則有叛將而無叛州。
州縣之設，固不可革也。」（《封建論》）

　　應該說，現在的省市制度就是從古代社會一步步蛻變來的，所謂萬法出於自然。柳宗元說得很明白，州縣的設置是不可變動的，否則國家的基礎就失去了。很明顯，柳宗元的封建論，乃是對有唐隆替的總結和討究。他認為，自唐太宗萬里疆域並為州縣，這是好的。但是唐朝的兵制有問題——不是中央統死，調動一個隊也要最上面批准，所以擁兵給作亂提供了便利條件。但是唐朝有叛將而無叛州，正如漢有叛國（其實是叛王）而無叛郡一樣，所以柳宗元要究明的是，永遠不得叛之辦法。可以看到，叛的永遠都是人，制度本身是不會叛的。對比我們在在說到的理學，十分清楚，最根本的還是治人——天下盡朱熹，國家自然安；天下安祿山，當然人人叛。有唐當然是談不上什麼理學名臣，從韓愈、柳宗元的思考來看，他們還停留在原始的早期，相對於理學時代而言。但是理學過於強調脩身和心性，又遺落了制度一邊。另外唐朝、宋明不像清末，大臣、要員們已經有了近代國家的觀念，諸如曾左名臣、張之洞等等，人心思新政，有國家安危之念，絕難想像會作安祿山之想。所以，儘管很多人拉得起軍隊，能夠形成勢力系絡，但仍然捆於君父之倫，社會輿論也進化了，非復古代國家可比。所以，發乎國家、民族之念的廉恥，不是唐朝那樣的古代世界所能齊備的。當時的人只有集團的觀念，比如一般士兵，等等，沒有什麼「這是叛國的」之想法和意識，所以並不以跟隨主子為恥。簡言之，現代國家的那種念頭在當時還沒有覺醒，這是根本問題，是無藥可救的。所以，人文的發達是很不容易的，我們現在看來不用說的很多東西，其實都是用古人的教訓鋪墊出來的，就像枕木，將歷史和人類駄運到現在。這是連通了看。

　　柳宗元提到了幾種意見，他說：

「或者曰：封建者，必私其土，子其人，適其俗，修其理，施化易也。守宰者，苟其心，思遷其秩而已，何能理乎？餘又非之。周之事跡，斷可見矣。列侯驕盈，黷貨事戎。大凡亂國多，理國寡。侯伯不得變其政，天子不得變其君。私土子人者，百不有一。失在於制，不在於政，周事然也。秦之事跡，亦斷可見矣。有理人之制，而不委郡邑是矣；有理人之臣，而不使守宰是矣。郡邑不得正其制，守宰不得行其理，酷刑苦役，而萬人側目。失在於政，不在於制。秦事然也。漢興，天子之政行於郡，不行於國；制其守宰，不制其侯王。侯王雖亂，不可變也；國人雖病，不可除也。及夫大逆不道，然後掩捕而遷之，勒兵而夷之耳。大逆未彰，奸利浚財，怙勢作威，大刻於民者，無如之何。及夫郡邑，可謂理且安矣。何以言之？且漢知孟舒於田叔，得魏尚於馮唐，聞黃霸之明審，覩汲黯之簡靖，拜之可也，複其位可也，臥而委之以輯一方可也。有罪得以黜，有能得以賞。朝拜而不道，夕斥之矣；夕受而不法，朝斥之矣。設使漢室盡城邑而侯王之，縱令其亂人，戚之而已。孟舒、魏尚之術，莫得而施；黃霸、汲黯之化，莫得而行。明譴而導之，拜受而退已違矣。下令而削之，締交合從之謀，周於同列，則相顧裂眥，勃然而起。幸而不起，則削其半。削其半，民猶瘁矣，曷若舉而移之以全其人乎？漢事然也。今國家盡制郡邑，連置守宰，其不可變也固矣。善制兵，謹擇守，則理平矣。」（《封建論》）

一種意見認為，封建是自己的領地，必然會全心全力經營好，而地方官員只想著升遷，其為政、辦事肯定是敷衍的，效果當然不

如封建好。柳宗元認為這種想法不對，起碼周朝就是一個教訓——諸侯們都是擴軍備戰、獨斷經濟，所以亂國多，很少有治理好的。究其原因，還是體制、制度問題，不是行政操作問題。因為春秋、戰國那種局面，周天子說了不算，行政已經無法操作，所以根本就不可能好。再好的操作也不可能，根本就不可能有好的操作了。而秦完全倒過來了，一陰一陽。秦有很好的制度，很嚴明，但是卻濫用刑罰；有克盡職守的官員，卻不能用之，只是一味苛暴，使民不能承受，也就是胡來了。所以秦的問題是行政問題，不是制度體制原因。如果秦一切都按規定辦，穩步操作、慢慢來，決不會解體。所以周、秦之間，有一個體制與行政的對比問題。漢時，中央行政只能運行到地方上的郡邑，不能行於諸侯國，即使行也很有限。諸侯王有自己的一套，是獨立王國，所以侯王為亂，乃成為社會的一大病端。等到實在沒有辦法了，就只能軍事解決，或者用強力、用強制性辦法。而平時則只能任其胡為，沒有辦法。但是，漢朝的郡邑治理卻很好，所以漢是一種混雜態。地方上分郡邑和侯王國兩類行政區劃，這是歷史中帝制時代早期的象狀，是沒有辦法的。諸侯王當然是不能任意任免的，但是官員的任免卻相當靈活，可見郡邑的方便與安全穩妥，遠遠超過王國。足見後者對帝國是不宜的，最大的問題就是擁兵自重，國家容易動亂。因此，柳宗元的態度簡單而明確，就是：國家應該一步到位地通行郡邑制，再不要有侯王國，以為動亂之源。只要控制好軍隊，謹慎用人，政治就能夠完全得到治理。可見，帝制集權的要求和呼聲，以及中央大一統思想的演化沿革，都是緣於歷史中的經驗教訓，並非空穴來風，是清楚明晰、值得關注的。

但是，從另一方面說，諸侯國雖然不容易打理，但是，只要諸侯國沒有軍隊、軍事管制做得好，侯王頂多也只是為害地方、擾民

而已。原來的行政是雙層或多層結構，後來變為統一單層結構，就是中央與地方兩者，中間不插第三種勢力，這是合乎中國歷史治理實情的。當然，專制集權有它的利弊，這要權宜比較看，不能作無歷史觀照。其實，就中國的歷史國情來說，只要軍事上不出問題，國家就是穩的；接下來頂多只是民生如何的問題。就中國的守衛來說，其實也是有選擇的，有重點，並不需要每個地方都設防、都填滿。大體上說，只要蒙古、滿洲、新疆、西藏不出問題，週邊就是安穩的。唐朝就是因為受土蕃的威脅，安全方面一直很窘。就內地而言，長江以北，其防務重心是河北、陝西，長江以南則是湖南、廣東。河北不出問題，中原（華北）就是穩的；陝西無事，西北就是安全的；湖南守好了，中部就是安穩的；廣東搞好了，南中國就是穩固的。像山東、江浙等地，多為良民，不須守備，能夠無為而化，只要不行暴政就可以。像福建，亦多為順民，也不用太多管，多管反而民性多詐。所以中國的治理，主要是必須瞭解地域性、地方民性，分清本末、主次、輕重，則事半而功倍矣。《大學》云物有本末，事有輕重，知所先後，則近道矣，正是此義。所以，政事要做在點子上，歷代的治者，就是因為大多數人對自己的人民缺乏瞭解，不能正確引導，讓他們在工作中實現尊嚴；而用事者自己也沒有政治自信，往往幹蠢事，傷耗國家的元氣，不能向祖先、當代和後人交待，這是很可惜、很令人遺憾的。比如說，湖南、廣東人實，所以要治力為上；秦人整肅，所以要治氣為上；燕、趙之人自尊心強，所以要治心為上，等等罷。唐朝安祿山作亂，是從北京方向來；明朝李自成之亂，是從西安方向來，歷史中的教訓盡多，足以為鑒矣！所以連都辦法，北京、西安是不能少的。西太后從北京逃到西安，她很會跑。柳宗元說：

「或者又以為：殷、周，聖王也，而不革其制，固不當復議
也。是大不然，夫殷、周之不革者，是不得已也。蓋以諸侯
歸殷者三千焉，資以黜夏，湯不得而廢；歸周者八百焉，資
以勝殷，武王不得而易。徇之以為安，仍之以為俗，湯、武
之所不得已也。夫不得已，非公之大者也，私其力於己也，
私其衛於子孫也。秦之所以革之者，其為制，公之大者也；
其情，私也，私其一己之威也，私其盡臣畜於我也。然而公
天下之端，自秦始。」（《封建論》）

　　柳宗元講的是對的，因為他是歷史的看問題。中國在前整合
期，最初還處在萬邦的時代，就人群、社會的單位來說，還不便於
任意拆分組合。這就好像兩個家庭，他們只能平列，如果讓他們住
在一個房子裏，或者合併為一家，或者參差交換，都是不合情理的，
既不現實，也沒有必要。那樣，每個人都會覺得很不方便、很不適
應。至於說兩家的小孩長大了，成了親家，那是另外一回事，是歷
史進展以後的事。遠古之初，人群的構成還相當簡單原始，就好像
大大小小的一些圓排列在一起。後來的構成複雜化了，人類群體化
合了、進一步整合，尤其是市民社會起來以後，郡縣、行省制度才
真的便於推行，也要求推行。所以，中國社會是很自然地、一步步
地生長過來的，直到清末被打亂。柳宗元的《封建論》就是擺明瞭
這個歷史，所以很重要。堯、舜、夏、商的社會，還是群邦萬千的
局面，到周朝是一個巨大的轉關期：先是合併為少數諸侯國，最後
整合為戰國七雄，然後秦最終完成統一。所以，周代是一個偉大的
時代，它在歷史生活及人文各方面均集大成，達到爛熟，是一個不
折不扣的中轉站，真的是繼往而開來、溫故而知新。很多人把先秦

視為思想的初始期，好像童年似的，這真是不瞭解歷史的「類情」了。實際上，先秦思想已經是爛熟墜地的果實了。所以柳宗元說，殷、周不是不想改變，而是變不了，尾大不掉，這就是勢。亦即，因於邦國之數的現實，就而安撫之，如此而已。所以，我們在評價歷史中的學說思想時，要時時注意邦國與帝制這兩者之間轉鈕的實情，看看它是否合乎情理，是迂腐還是真知。比如孟子的思想、韓非子的思想，如何評議之，就得考慮到上述這些因素，那樣才是真思考、實觀察。否則不問青紅皂白，苟責古人，便徒成語文矣！柳宗元說得明白，殷、周、秦各代都是因於一己之私，但歷史情況與條件大不相同。殷、周做不到的，秦有條件做了。但秦並不是出於公心，只是它為後世造成了一種勢，為公天下提供了更有利的客觀平臺而已。從這裏來說，前人以為凡上古就好的思維是不對的，比如先秦的禮法，很明顯就遠遠趕不上理學的綱紀。先秦時候的人都是亂來的，跟後世相比，他們還是野生的，而不是家化的；是生的，而不是熟的。孔子不一定能和王夫之相比，在很多方面，只是孔子是古人，歷史地位重要而已。所謂先到為君、後到為臣。當然，古人也會有很多後人所不及的優長，這要怎麼看。

柳宗元說：

「夫天下之道，理安，斯得人者也。使賢者居上，不肖者居下，而後可以理安。今夫封建者，繼世而理。繼世而理者，上果賢乎？下果不肖乎？則生人之理亂，未可知也。將欲利其社稷，以一其人之視聽，則又有世大夫世食祿邑，以盡其封略，聖賢生於其時，亦無以立於天下，封建者為之也。豈聖人之制使至於是乎？吾固曰：非聖人之意也，勢也。」「或

者又曰：夏、商、周、漢封建而延，秦郡邑而促，尤非所謂
知理者也。魏之承漢也，封爵猶建。晉之承魏也，因循不革。
而二姓陵替，不聞延祚。今矯而變之，垂二百祀，大業彌固，
何繫於諸侯哉？」（《封建論》）

有人以朝代的年限長短作為衡定標準，這是非常糊塗的，因為
這種人只看皮相，完全是在「狂找」原因，所以柳宗元覺得簡直不
知道說什麼好了。說實話，上古清靜，比較容易持續比後代更長的
時間。但是柳宗元說的魏、晉，卻有一些待辯的情況，因為魏在政
治上自初始、一開頭就是很被動的。正如後來朱熹所堅持的，政治
名分權在蜀漢，而不在什麼魏。我們只能說，漢相曹操、漢相孔
明——諸葛亮是曹操的繼任。陳壽處晉，迫於時代原因，不得不以
魏為紀。但是後人不吃這一套，就該正本清源，還復本來。而司馬
光仍相沿不改，所以朱子批評他，當然不冤枉。此春秋大義，馬虎
不得。同時也說明，紀綱之難，以司馬光大史學家尚且如此，何況
常人呢？所以後來的小說《三國演義》很不簡單，就因為中國文學
也知道了綱紀名分，這是不容易的，是理學孜孜矻矻社會化普及教
育的果實和成績。唐朝人不懂得、不明白的，後來的裏巷小民也知
道、也懂得明白了。所以，一個歷史國家與社會的成功與否，就看
它能夠養成怎樣的歷史社會意識和共認基礎。所以我們說，《三國
演義》是正統派小說、名分小說、名教文學、理學文學，一點不過
分，這正是它的歷史偉大性。因此，魏在政治上永遠不可能有主動
地位，它只能是夾生的。倒是晉拉出來，一切另起，或者能夠有所
變動。所以，歷史上根本就不存在什麼魏，沒有魏這一朝，沒有這
個朝代。曹魏只是漢末的一派勢力和集團，而且還是非法的。所以

歷史上只有漢、晉兩朝，這就是「名演算法」。漢朝分為三部分——西漢、東漢、蜀漢（前漢、後漢、季漢），前後綿延 470 年，是一個偉大的王朝。曹魏的事實也說明，最後朱元璋廢宰相，乃是歷史政治中的壯舉——永絕宰相這一歷史政治禍亂之源，就像罷封建、去諸侯一樣。曹操在，漢不亡何待？奸臣就是奸臣，或曰可愛，欲反人類而亂天下者也！

柳宗元說得明白，封建的弊端就在於什麼都是世襲。但一代人就是一代人，不能保證每代人都賢。在上面的如果不好，他下不來；在下面的再好，受出身限制，也上不去。這樣一來，人就覺得永遠沒有希望了，這是最大的不足。由此可見，唐朝還是保留了、保存著相當多的不合理性和原始成分的。而後來的宋才是一個真正的中國社會大變革的時代，宋的缺點是太弱，因而影響了人們對它的正面積極評估。其實就文化社會的形態和教養來說，唐朝遠較宋為簡單、原始，兩者是不可同日而語的。從這裏來說，中國的歷史社會與國家都不全面：各個朝代都是突出某一個方面，因而，真正全面的朝代只有漢朝和清朝。漢朝是因為早，所以標準的高低與後代不盡相同，應該算全面。清代最整齊，雖然這也是歷史磨合的結果，最後果實為清所繼承、現成享用，確為人類史上絕無僅有之奇觀。雖然清季投降賣國，是其污點，髮型也醜，但是我們要看主體。柳宗元的《封建論》，教會我們很多東西。他說封建恰恰是使聖賢無立錐之地的根源，與聖賢之意正好相反。要不是因為歷史之勢的緣故，封建早完蛋了。我們看科舉的歷史的發展，就是最好的說明。中國的歷史社會誕生過偉大的原則，人文得以傲立不墜。科舉就是提供給庶人的聖賢平臺，而這在封建時代是不可能的。這是古不及後的地方，所以，孔子等早期人物的歷史條件並不好。

對柳宗元的觀點，後人多有辯證。比如公私之辯，認為周之封建還是出於公天下之意的。或者認為，郡縣制易滋生酷吏，所以人無所謂好壞，關鍵是看為治者駕馭如何、如何駕馭。治理得好就好，治理得壞就壞。這些說法都有道理，但有一點，他們是從一般道理去辯說的，而不是從具體的歷史情節，明顯缺乏歷史的觀點。所以和柳宗元之論相比，中間有一些遙遠，對此我們必須清醒。

三、天

韓、柳之間也有過答辯，柳宗元《天說》曰：

「韓愈謂柳子曰：若知天之說乎？吾為子言天之說。今夫人有疾痛、倦辱、饑寒甚者，因仰而呼天曰：殘民者昌，佑民者殃！又仰而呼天曰：何為使至此極戾也？若是者，舉不能知天。夫果蓏、飲食既壞，蟲生之；人之血氣敗逆壅底，為癰瘍、疣贅、瘻痔，蟲生之；木朽而蝎中，草腐而螢飛，是豈不以壞而後出耶？物壞，蟲由之生；元氣陰陽之壞，人由之生。蟲之生而物益壞，食齧之，攻穴之，蟲之禍物也滋甚。其有能去之者，有功於物者也；繁而息之者，物之讎也。人之壞元氣陰陽也亦滋甚：墾原田，伐山林，鑿泉以井飲，窾墓以送死，而又穴為偃溲，築為牆垣、城郭、台榭、觀遊，疏為川瀆、溝洫、陂池，燧木以燔，革金以鎔，陶甄琢磨，悴然使天地萬物不得其情，倖倖衝衝，攻殘敗撓而未嘗息。其為禍元氣陰陽也，不甚於蟲之所為乎？吾意有能殘斯人、使日薄歲削，禍元氣陰陽者滋少，是則有功於天地者也；繁

而息之者，天地之讎也。今夫人舉不能知天，故為是呼且怨
也。吾意天聞其呼且怨，則有功者受賞必大矣，其禍焉者受
罰亦大矣。子以吾言為何如？

「柳子曰：子誠有激而為是耶？則信辯且美矣。吾能終其
說。彼上而玄者，世謂之天；下而黃者，世謂之地；渾然而
中處者，世謂之元氣；寒而暑者，世謂之陰陽。是雖大，無
異果蓏、癰痔、草木也。假而有能去其攻穴者，是物也，其
能有報乎？繁而息之者，其能有怒乎？天地，大果蓏也；元
氣，大癰痔也；陰陽，大草木也。其烏能賞功而罰禍乎？功
者自功，禍者自禍，欲望其賞罰者大謬；呼而怨，欲望其哀
且仁者，愈大謬矣。子而信子之仁義以遊其內，生而死爾，
烏置存亡得喪於果蓏、癰痔、草木耶？」

照韓愈的說法，人在痛苦難當時會呼天搶地，這都是不明白天
的。從韓愈的話可以知道，彼時之唐朝是一個極度乖戾的王朝，沒
有希望。所以韓愈覺得人類是大地上一群很壞、很髒的小東西，對
人根本上有一種極厭惡的情緒。食物壞了會長蟲，人體壞了會生
瘡，這些都是在「壞」中誕生的，本來就是這樣、要這樣的。所以，
人類恰恰是陰陽元氣的腐敗物，而不是什麼天地之精華，這是一種
憤激的反精華論調。由此可見韓愈對這個世界的惡感、對人的噁
心，這都是唐朝生活的寫照，說明當時是一個非常壞的時代，人們
活得非常不好，唯痛苦而已，所以忌世論尤其容易發達。我們說，
淺人多獨愛唐，像唐詩。實際上，唐詩真正寫得好的也是絕少，大
多為人事應酬之作，有史料價值而無文藝意義。當然，唐詩在語文
上都是不錯的，這些須分別看待，得分別清楚。那麼，既然人本來

就是一個壞東西，還有什麼必要去在意它呢？東西長了蟲，壞得更快。殺蟲的，大家都說好，沒有說養蟲的。對人也是這樣。你看人類就像一大群討人嫌的小蟲子，在大地上胡折騰，搞得天地萬物不安生。什麼時候才能夠安靜一點、停下來呢？他們的危害，不是比小蟲子大多了嗎？所以滅人的，真可以說是有功於宇宙了，這與滅蟲是一樣的道理啊！養人就跟養蟲一樣的沒道理。世人看不透這一層，還呼天搶地的怨尤不已，真是蠢啊！你覺得我講得怎麼樣？由此可見，韓愈是非常滑稽的，他是一個極善於譬喻的滑稽思想家，已經憤世嫉俗到了極點。這種論調：人是天地長的蟲，蛆是食物長的蟲，也算是一種特別的機靈了。

柳宗元說，你這都是搞冒火了瞎說的。當然，純就辯才來說確實精彩，堪稱雄辯。我們看《天說》篇很有《莊子》各篇的味道，怪不得後人要推重八大家文了，這也表現出人們對先秦的留念和依賴。可以說，如果我們把此類零散的文章綴集在一起，編成一部《某子》，說不定並不比《莊子》遜色多少。柳宗元說，我來給一個終極的說法吧：上玄下黃，這是天地。中間的、是元氣。像寒暑這些，都屬於陰陽。所以天地、元氣、陰陽，無非是放大了的果子、痔瘡，等等吧。它們就是最高的，在它們上面，還有什麼能夠來替它們消滅這個、扶持那個呢？所以說，好壞都是它們自己的，也就是說，它們自己活該如此。要指望它們上面還有一個什麼來行賞罰公道，那簡直就是荒謬。柳宗元此論，實際上把一切都還平了。呼天搶地，指望行行好的，更是愚蠢。天地陰陽自己都沒辦法、管不了自己，你還指望它？哪裡有什麼仁義、生死、存亡、得失，它們骨子裏都是一回事，都是自身內循環。這是一種典型的、極度虛無化的態度，這種態度是找不到頭的。

其實，歷史中這種沒有盡頭的態度毫不稀奇，它的本質是相當簡單的，就是：當世界給人毫無希望的感覺時，絕望、無奈、不知盡頭，這種思想就會鑽出來，我們可以稱其為「無何感」。思想在一定的時候就成了某種感受性的東西，比如《莊子》。道理大家都知道，不需要你說，人們只是反覆品味書中的調子，一遍遍地重複體味。思想在這時候就是味，只需要味之、而不需要思之了。這種情況，正如戲曲表演中的展開法。

劉禹錫說得好，

> 「余之友河東解人柳子厚作《天說》，以折韓退之之言，文信美矣，蓋有激而云，非所以盡天人之際。故余作《天論》，以極其辯云。」（《天論》）

劉、柳論天（包括韓愈在內），是唐代思想中一段有意思的情節。案《天論》曰：

> 「世之言天者二道焉。拘於昭昭者則曰：天與人實影響，禍必以罪降，福必以善倈，窮阨而呼必可聞，隱痛而祈必可答，如有物的然以宰者，故陰騭之說勝焉。泥於冥冥者則曰：天與人實剌異，霆震於畜木，未嘗在罪；春滋乎菫荼，未嘗擇善；蹠、蹻焉而遂，孔、顏焉而厄，是茫乎無有宰者，故自然之說勝焉。」

劉禹錫說得很清楚，世人論天無外乎兩途：一種意見認為，天、人是相關的，上天自會賞善、罰惡，好像在那裏確然有個主宰似的。另一種則認為，萬物無故遭雷擊，難道有罪嗎？所以天只是一個自然，什麼也不說明。這兩派意見，就是所謂陰騭之說和自然之論。

騭就是安排、定的意思，陰騭就是冥冥之中有個安排、決定的東西，也就是安排論、前定論。劉禹錫說，柳宗元的天說是為了駁斥韓愈，而他們兩位都是有所激而發議論，儘管美妙有才，但還不是公允、持平之論，不是按學理來的。我現在作天論，才真是道理的終極呢！那麼，劉禹錫是怎麼說的呢？

> 「大凡入形器者，皆有能有不能。天，有形之大者也；人，動物之尤者也。天之能，人固不能也；人之能，天亦有所不能也。故餘曰：天與人交相勝耳。其說曰：天之道在生植，其用在強弱；人之道在法制，其用在是非。陽而阜生，陰而肅殺；水火傷物，木堅金利；壯而武健，老而耗眊；氣雄相君，力雄相長：天之能也。陽而藝樹，陰而揫斂；防害用濡，禁焚用光；斬材竅堅，液礦硎鎩；義制強訐，禮分長幼；右賢尚功，建極閑邪：人之能也。」（《天論》）

這就是說，人是動物的最高部分，人是高端動物。說到形器，但凡有形的，都包括在內。比如天，就是最大的有形。我們知道，這類思想，《周易》已經講得非常清楚、明確了。易的貢獻就在於：它為後世立下了陰陽、象數的法度。什麼是數呢？一二三四五六七等等，這些就是數。什麼是象呢？像是什麼呢？簡單的說，除了數，都是象。當然還有名，象、數、名是三元。名比象一般，數比名更一般。所以，易觀是清晰而透徹的，宇宙就是一個陰陽、象數，沒有更多的懸念和囉嗦。所以這個世界就是二端——不是象就是數，不是數就是象，沒別的；而名是由人制立的。所謂法象，其實都是一個象而已。象屬陰，數屬陽，對應十分整齊。中國沒有特別的、專門的宇宙論，只有一個宇宙觀。因為宇宙就幾個字，幾個字就可

以說清，剩下的都是技術工藝問題，只是具體的細節和情節罷了。
所以劉禹錫的天論算是很難得的。有形器的，都是有能、有不能，
或者這裏行、或者那裏行。天有天的能（不能），人有人的能（不
能），彼此是參差的，所以很難說天與人誰更強，因為各有各的長
處和短處，誰都不是萬能、全能的。這就是劉禹錫的天、人交相勝
之見，既不是人定勝天，也不是天必勝人。天道負責、在於生養萬
物，也就是陰陽、剛柔。比如萬物會產生，會壯大，會衰老，會死
亡，這是天之律條。人道不是這樣，人道在於法制、是非，也就是
一個理字。所以天的能表現在自然之功，即造化；人的能則在於
創造、開拓文化與文明。雖然人不可能全能、萬能，但卻可以做到
多能。

　　劉禹錫說：

> 「故曰：天之所能者，生萬物也；人之所能者，治萬物也。
> 法大行，則其人曰：天何預人邪？我蹈道而已。法大馳，則
> 其人曰：道竟何為邪？任天而已。法小弛，則天人之論駁焉。
> 今以一己之窮通，而欲質天之有無，惑矣！」（《天論》）

上天提供材料，由人來作加工。生物與治物是迥異的，古人所謂參
贊天地之化育，已經講得很透。前人把該講的話都說滿了，後人只
能表表態，如此而已。由此，思想史也就進入了表態史、表決史，
申明自己是贊成哪一邊的。劉禹錫說到了人的一種自私性（觀上
的）：在治理好的時候，人們是昂揚的，於是就只說人為了，天有
什麼相干？在沮喪之世，便虛無地說由天而已。這一切其實都是緣
於人的窮通，不是天的「有無」。所以，人們沒有把基本的名目分
清楚，只是從自己的遭遇說事，情緒化而已。道、天、法這幾個關

鍵之名，人在得意時會倒向道、法一邊，突出有為性；而失意時便
會折向天這一邊，說穿了就是這樣。所以，名的變換所說明的，其
實是時世、人心的升降。如果說人們的理論僅是情緒的，而非道理
的，那麼這理論本身便沒有多少建設性、無足觀了。劉禹錫說：

> 「人能勝乎天者，法也。法大行，則是為公是，非為公非，
> 天下之人蹈道必賞，違之必罰。當其賞，雖三旌之貴，萬鍾
> 之祿，處之咸曰宜。何也？為善而然也。當其罰，雖族屬之
> 夷，刀鋸之慘，處之咸曰宜。何也？為惡而然也。故其人曰：
> 天何預乃事耶？唯告虔報本、肆類授時之禮，曰天而已矣。
> 福兮可以善取，禍兮可以惡召，奚預乎天邪？法小弛則是非
> 駁，賞不必盡善，罰不必盡惡。或賢而尊顯，時以不肖參焉；
> 或過而僇辱，時以不辜參焉。故其人曰：彼宜然而信然，理
> 也；彼不當然而固然，豈理邪？天也。福或可以詐取，而禍
> 或可以苟免。人道駁，故天命之說亦駁焉。法大弛則是非易
> 位，賞恒在佞而罰恒在直。義不足以制其強，刑不足以勝其
> 非，人之能勝天之具盡喪矣。夫實已喪而名徒存，彼昧者方
> 挈挈然提無實之名，欲抗乎言天者，斯數窮矣。」（《天論》）

這裏說得明白，人勝過天的地方就在於法。所謂法就是公是、
公非，什麼是公是、公非呢？就是准以善惡的標準和原則，該怎麼
處理就怎麼處理，也就是——處置絕對得宜。這樣，禍福就與善惡
完全通約了。也就是一一對應：善就福、惡就禍，如此而已。於是，
禍福不再如原始時代那樣，與天相掛鈎，而是與法掛在一起。劉禹
錫在這裏給出了一個公式性的說法，就是：公是公非、法的純度越
高，天人的理論越單純、透明，清晰地折向人為性這一邊；反之，

如果法、公是公非的純度低，不盡純、很駁雜，那麼天人關係的理論就會很曖昧，不能確定是哪一邊了，這是顯然的。所以宜然、信然、當然、固然，說穿了都是一個理字。因此，天命論的純度，就取決於人道履行、兌現的純度。法是人勝天之具，如果是非移位，有法就還不如無法的好。因為法一旦被壞人利用，成了好人的刑具，那世界就慘了。所以對於法，它永遠是一個雙刃劍，而非單刃刀，對此我們必須看清楚。法是劍，不是刀。一旦人道之實盡喪，要對抗天命論者，就理屈詞窮了。可以看到，前人的學說中有一種整齊的名目對比，比如：天與道、天與理、天與法、天與（　）等等，總之，都是天與人的對稱。這種對稱，說明天的一邊是單純、簡易的，而人的一邊卻很繁複。至少，中國古代的思想是這樣呈現的。如果我們作一個圖來表示，就是：

人、道、法、理、禍福、善惡、是非、聖賢、不肖
天

劉禹錫說：

> 「余曰：天恒執其所能以臨乎下，非有預乎治亂云爾；人恒執其所能以仰乎天，非有預乎寒暑云爾。生乎治者，人道明，咸知其所自，故德與怨不歸乎天；生乎亂者，人道昧，不可知，故由人者舉歸乎天。非天預乎人爾。」（《天論》）

可以看到，劉禹錫把天事和人事徹底分開了，不再發生糾纏。治亂是人的事情，四季是天的事情。一切都只是一個人道，人道昧便亂，人道明則治。所以，不是上天真的能參預人的事情，而是人類自己總喜歡把一切歸諸上天。這就說在了本質處，並且界劃清楚了。從

此以後，人的思維只能在治道上運行，找原因、檢查自身，而不能再有打岔的理論內容，這樣就完全集中了。我們知道，人類生活中之所以會有宗教這種東西，就是因為人們喜歡歸乎上的習性，於是宗教成了人類生活中必然的事端。尤其是無依無靠的人群，一神教更容易發達。但我們知道，宗教是一種原始組織，它是不能與官僚行政機構同日而語的。而且宗教是不講是非的，宗教不講道理、只講感情，偽宗教則是只講利益、需要，感情這種東西是不講道理的。我們看劉禹錫的理論，其實他把一切都已經講得非常明白了，交待得十分清楚，其透徹度顯然超過了韓、柳。當然，這些還是正面的意見。劉禹錫按照立論的規矩，又羅列了幾種不同的說法，云：

> 「或曰：子之言天與人交相勝，其理微，庸使戶曉，盍取諸譬焉。劉子曰：若知旅乎？夫旅者，群適乎莽蒼，求休乎茂木，引乎水泉，必強有力者先焉，否則雖聖且賢莫能競也，斯非天勝乎？群次乎邑郛，求蔭於華榱，飽於餼牢，必聖且賢者先焉，否則強有力莫能競也，斯非人勝乎？苟道乎虞、芮，雖莽蒼猶郛邑然；苟由乎匡、宋，雖郛邑猶莽蒼然。是一日之途，天與人交相勝矣。吾固曰：是非存焉，雖在野，人理勝也；是非亡焉，雖在邦，天理勝也。然則天非務勝乎人者也。何哉？人不宰則歸乎天也。人誠務勝乎天者也。何哉？天無私，故人可務乎勝也。吾於一日之途而明乎天人，取諸近也已。」（《天論》）

劉禹錫在這裏有一個很妙的譬喻，他說，大家在曠野裏，生存是第一位的時候，就顧不上禮讓了，一定是強有力者占好地方，先吃先喝。聖賢如果沒有體力去競爭，你也只能靠邊站。但是在城市

裏就不一樣了，生活無憂，吃喝不愁，凡事都要讓一讓，聖賢肯定
要先請，只有體力的就只能靠邊了。這些說明什麼？說明了天、人
的本性，本來就是這樣規定的。禮讓為先，這是人文開化的結果，
有別於生物本能；人們憑生物本能，這屬於天一邊、是天，講不了。
只要反本能而行之，那就只能是人文的功效。人類生活當然是反感
生物本能的（經常），那樣的話，人就完全成動物了，沒有原則、
沒有規矩、沒有法度。而所有這些（法度、規矩、原則），都不能
由上天現成地提供，而必須倚靠人類自己。一天的旅途，先是在曠
野，後入城市，尚且有這樣鮮活的天人交相勝的劇情表演，何況是
平時呢？還有什麼可說的呢？所以，放開了來說，如果是人文統治
了每一個人，那麼即使在曠野，大家也還是像在城裏一樣。而生物
本能控制了個人，即便是在城市，也還只是個曠野。劉禹錫提出的
天理、人理之別很可注意，從上下文看，劉禹錫顯然是強調人理這
一邊的。說白了就是，他認同的完全是人文政治的理路：是非存
就是人理勝，曠野變城市；是非亡就是天理勝，城市也莽荒。這
是古代文、野之辯的唐朝版。所以，劉禹錫講的天理，與理學所
講的不同。在這裏，像動物本能之類就是天理，而不是人理，只
有人道才是人理。所以歷史中的學說，詞義常常是不一樣的。劉
禹錫說，天不會巴巴的去求勝人，而人是要津津地去求勝天的。
這是為什麼呢？因為天是無心的自然，天只是自己擺在那裏，但
人不一樣，人是有心的生命體，它是要作為的。可以說，人就是
天的心，除了人本身，哪裡還有格外的天心呢？這一點，宗教始
終沒有搞清楚。劉禹錫從一日之途就看破了天人之理，這就是取
諸近。

又說：

「或者曰：若是，則天之不相預乎人也信矣，古之人曷引天
為？答曰：若知操舟乎？夫舟行乎濰、淄、伊、洛者，疾徐
存乎人，次舍存乎人。風之怒號，不能鼓為濤也；流之泝洄，
不能峭為魁也。適有迅而安，亦人也；適有覆而膠，亦人也。
舟中之人未嘗有言天者，何哉？理明故也。彼行乎江、河、
淮、海者，疾徐不可得而知也，次舍不可得而必也。鳴條之
風，可以沃日；車蓋之雲，可以見怪。恬然濟，亦天也。黯
然沉，亦天也。阽危而僅存，亦天也。舟中之人未嘗有言人
者，何哉？理昧故也。」（《天論》）

天只是一個簡單的自然，和人事是不相干的。但是為什麼人會
有動輒引天的稟性呢？劉禹錫的解釋是，如果是人完全可以控制
的，人們就只會強調人而不會提天了；如果是人類自己不能控制和
測知、預斷的，就非要講天不可了。比如在內河航行，一切都是可
以由人決定的；但是海上航行，就只能聽天由命了。可見，講天
講人，其核心就是一個控制、主宰，這才是根本，宗教也緣於此。
劉禹錫的歸結是一個理字，即理的明、昧。理明就只是人，理昧
就會歸諸上天，宗教就是這麼來的，都是理昧的結果和產物，所
以根源還是在一個理。劉禹錫的論斷很徹底，就是一條——可控
制、決定與否。一切都取決於可控制、決定的程度，越可控制、
可宰製，越會往人為一邊靠。從這裏來說，中國的歷史思想，始
終是走的一條人文之路，這與它的認同有關。最關鍵的是，劉禹
錫講明瞭理的核心作用——理明。理學發達，神教就起不來。神
學昌明，正是人類暗昧於理的歷史象狀。所以宗教肯定是昧的產
物和結果，這是不能強辯的。一切都只是一個理而已，所以說理

學最本質。因此，天人話語，只是一個人類「可宰度」的歷史進
程問題。

> 「問者曰：吾見其駢焉而濟者，風水等耳，而有沉有不沉，
> 非天曷司歟？答曰：水與舟，二物也。夫物之合併，必有數
> 存乎其間焉。數存，然後勢行乎其間焉。一以沉，一以濟，
> 適當其數乘其勢耳。彼勢之附乎物而生，猶影響也。本乎徐
> 者其勢緩，故人得以曉也；本乎疾者其勢遽，故難得以曉也。
> 彼江、海之覆，猶伊、淄之覆也。勢有疾徐，故有不曉耳。」
> （《天論》）

　　古人喜歡講數，現代人習慣說或然性、可能性，等等，意思其
實是相通的。所謂數，是指率學；而勢是指力學。數、勢相乘，包
括合併，就是指率（學）與力（學）正好合一，這就是解釋。劉禹
錫講的數存、勢形，說白了就像現在人講概率、幾率一樣。比如說
同樣是走一條水路，沉船與平安的幾率各是 50%，所以，無論沉
還是不沉都同樣不稀奇。如果說一定要把幾率說成是天意，那麼就
是以數為上帝了，當然也可以。所以在中國的思維中，就其標準來
看，人類往往沒有分清楚數與神的關係和區別，所以迷信與宗教才
會那麼多。在中土思維中，數是一個決定人文方向的旋鈕，就好像
人們思維的司南，所以古人總在說理數。勢與數是密切關聯的一
組。勢與物相附，就好像形與影、聲與響的關係那樣，由此，這裏
我們又得到了幾個陰陽二分組，它們是合乎陰陽律的。即：

> 陰——勢、影、響、徐、緩
> 陽——物、形、聲、疾、遽

　　這就是陰陽相附。劉禹錫說得清楚、明白，緩和的，人們容易轉得過彎來，容易明白、了然；反之，遽急的，人反應不過來，就容易懵，也就很難明白了。說白了，無非就是回不回得過神來的問題。所以處於事中的，往往會舉止失措，事後仔細思考，才能夠有所檢察。古人特別強調慢，這是有道理的。勢無非是一個緩、遽的問題，也就是節奏。人們往往是被節奏搞亂的，而不是什麼神秘的原因。當然，也不能把節奏誇大成天。

> 「問者曰：子之言數存而勢生，非天也，天果狹於勢邪？答曰：天形恒圓而色恒青，周回可以度得，晝夜可以表候，非數之存乎？恒高而不卑，恒動而不已，非勢之乘乎？今夫蒼蒼然者，一受其形於高大，而不能自還於卑小；一乘其氣於動用，而不能自休於俄頃，又惡能逃乎數而越乎勢耶？吾固曰：萬物之所以為無窮者，交相勝而已矣，還相用而已矣。天與人，萬物之尤者耳。」（《天論》）

　　劉禹錫說，天的運行是可以測算出來的，有大量天文曆算的資料，可以用儀器觀測，這些難道不是數嗎？不是數還能是什麼呢？所以天只是一個象而已矣，天運只是一個象。當有人問，難道上天真的比數和勢還不如、還要狹時，劉禹錫就只能這樣回答。因為道理就是這樣的，他只能這樣去看待和思維。在古人眼裏，天只是一個象而已，只是一種象，這是人文的眼光，所以華文化很難生長出人格神那種東西，這是不須贅辯的。天與人都是物，亦即法象，只不過它們是突出、顯眼的物象罷了。至於交相勝、還相用這樣的話語，顯然還是承襲了前人固有的意思。

問者曰：「天果以有形而不能逃乎數，彼無形者，子安所寓
其數邪？」答曰：「若所謂無形者，非空乎？空者，形之希
微者也，為體也不妨乎物，而為用也恒資乎有，必依於物而
後形焉。今為室廬，而高厚之形藏乎內也；為器用，而規矩
之形起乎內也。音之作也有大小，而響不能踰；表之立也有
曲直，而影不能踰。非空之數歟？夫目之視，非能有光也，
必因乎日月火炎而後光存焉。所謂晦而幽者，目有所不能燭
耳。彼狸、狌、犬、鼠之目，庸謂晦為幽邪？吾固曰：以目
而視，得形之粗者也；以智而視，得形之微者也。烏有天地
之內有無形者耶？古所謂無形，蓋無常形耳，必因物而後見
耳。烏能逃乎數耶？」（《天論》）

　　天是有形的，當然可以用數去說，這就是象數原理，凡有形的
都是象。那麼無形的呢？能否以數歸結呢？其實無形也是象，只不
過是虛象罷了，有形是實象，這個孔穎達已經說得很清楚。如果我
們比較一下前人的思維，有形與有限是什麼關係，表現了各自的什
麼性格取向呢？還有無形與無限，這都是很有意思的問題。由這裏
來看，劉禹錫立的幾個問答，可以說其考慮還是很周全的。他說，
如果無形是就空而言，那麼無形、空也只是稀薄而已，只是隱微罷
了。像元氣，就是這種稀薄、隱微物。說白了，所謂元氣，就是指
「彌滿性元質」，是一個形象化的指稱、說法。也就是至極的稀薄、
微隱，看不見、摸不著，但實有。其實人看不見、摸不著的東西相
當多，也不足為怪。元氣是最希微的，但它無所不在，彌漫、充盈
於宇宙間，連綿不絕。只要是有空的地方，就有元氣，這在古人是
不用說的。所以空就是這樣，只是希微而已。希微不等於沒有，希

微與有無的關係，人類並沒有想清楚。劉禹錫在這裏提到的體用，其歸宿只能是「有物」。實際上，劉禹錫講的形，有點像老子說的「空處」。既然是有了形，當然就是象；而所謂無，其實只是希，希還是「有」，能夠無數嗎？這是顯然的。眼睛能夠看，但是自己不發光，要借助太陽光才行。所以古人說，日月有光，眼睛、鏡子有明，光明是一個組對，光與明是不一樣的。光為陽，明為陰。而且說到，用眼睛看，只能看到事物最麤的層面。要用智去看，才能得到深微的部分。所以劉禹錫歸結說，根本就不存在真正的純粹無形，無形只是古人的一種說法，或者是指空處，或者就是指無常、變幻，是說那隱微的部分。畢竟，無形最終總是要就著物來顯現的，所以說來說去，一切都還是落在數裏。

我們要問的是：技術含量等於間接知識嗎？比如微觀世界，我們用肉眼看不見，就需要製造、發明儀器，借助顯微裝置去看、去見，而技術含量即寓乎其中矣。但是，從知識學上來說，它也還是看，並沒有成為非看，僅僅是放大而已，放大了。由此舉一反三，但凡不能直接得到的，都得靠人類通過技術手段去間接達成。那麼是否可以說，技術性就是間接性呢？這是一個問題。直接不可能的，可以通過間接變為可能，人類就是在這間接上見高低。

> 「或曰：古之言天之曆象，有宣夜、渾天、周髀之書，言天之高遠卓詭，有鄒子。今子之言有自乎？答曰：吾非斯人之徒也。大凡入乎數者，由小而推大必合，由人而推天亦合。以理揆之，萬物一貫也。今夫人之有顏、目、耳、鼻、齒、毛、頤、口，百骸之粹美者也，然而其本在夫腎、腸、心、腑。天之有三光懸寓，萬象之神明者也，然而其本在乎山川

五行。濁為清母，重為輕始。兩位既儀，還相為用，噓為雨
露，噫為雷風。乘氣而生，群分彙從，植類曰生，動類曰蟲。
倮蟲之長，為智最大，能執人理，與天交勝，用天之利，立
人之紀。紀綱或壞，復歸其始。堯、舜之書，首曰稽古，不
曰稽天；幽、厲之詩，首曰上帝，不言人事。在舜之廷，元
凱舉焉，曰舜用之，不曰天授；在殷高宗，襲亂而興，心知
說賢，乃曰帝賚。堯民之餘，難以神誣；商俗以訛，引天而
毆。由是而言，天預人乎？」（《天論》）

　　自古言天的，或者是弔詭、玄學的態度，或者就是天文曆算、
實學的態度，各不相同。劉禹錫對這些都不認同，他是數論者。數
就是要求必合，由小推大要合，由人推天也要合。也就是以理推揆，
萬物一貫。所謂一貫，也就是無不相合，無一例外。劉禹錫說，人
體發育是最完美的、最完善，但是它的根本還是在於內臟是否健
康。這是從醫理上說，因為內在不調、體內多病的，會影響外表的
美觀。比如皮上長斑、生各種怪東西，等等。人是宇宙「智長」，
因為不長毛，所以叫倮蟲。劉禹錫顯然是執人理的，他不像《樂記》
和理學家那樣講天理（當然他們講的天理意思也不一樣），這是劉
禹錫的觀點的獨特處，擇名不一樣。人類是唯一能夠利用上天而與
天交相勝的，尤其中國人文講紀綱，更是特別。所以古人只說稽古，
不說稽天，這是人文主義和歷史民族的路向，其路線選擇不是宗教
主義的，不是玄學民族的路線選擇。雖然也有只講上帝，不談人事
的，但在歷史中畢竟是少，而且他們政治上搞得很不好。可見宗教
之於中國完全不適合，有害而無一利。後來的太平天國、諸般革命，
充分說明了這一點，其傷害性是刻骨的。劉禹錫的歷史觀察是洞透

性的，堯以下是人文的，而商俗反而崇拜天神，所以二者對天下的
教化就很不一樣。人文開化養育出來的國民，你很難用神去誣衊、
欺罔他；而敗壞的風俗，假借上天去驅使民眾，卻不得善終。這是
天優呢還是人勝呢？答案是顯然的。由此可見，唐代雖然紀綱敗
壞，但是有的學人卻更加堅定，堅持人理，這是很關鍵的人文消息。

關於紀綱，其實韓愈講得很清楚。他說：

> 「善醫者，不視人之瘠肥，察其脈之病否而已矣；善計天下
> 者，不視天下之安危，察其紀綱之理亂而已矣。天下者，人
> 也；安危者，肥瘠也；紀綱者，脈也。脈不病，雖瘠不害；
> 脈病而肥者，死矣。通於此說者，其知所以為天下乎！」
> （《雜說》）

這裏的意見是深刻的，政治與醫理是一回事。健康與否和胖瘦沒關
係，胖子或者很健康，瘦子可能心血管病不得了。所以，政治也是
看一個本質的東西──紀綱。什麼安危，那只是皮相，是枝節問題。
因為安危不是種子，而是白菜，是一些現成的東西，是結果。有了
紀綱，安只是個時間問題，早晚的事，等著就行了。而沒有紀綱，
就等著危了。所以，本質觀點是什麼，就是不打岔，直奔主題去觀
之。政治評估更要求本質觀點，否則耽誤事，只能觸及到標。安危
就像胖瘦一樣，是一種不一定的外相。它僅僅是目前、當下的某一
種現成的局面。所以治天下者，就是要把脈理把清楚、把準確，其
根本就在於此，沒有別的。韓愈的紀綱之論，的確說到了根本處。
唐朝的問題，就是沒有紀綱。所以唐朝是中國歷史上最壞的王朝，
僅次於晉。第一，唐朝分裂程度最高，遍地是藩鎮割據，五代十國
就是唐的直接成果。漢末大亂，也只三國，中國歷史中就沒有過這

麼多的獨立王國。第二，四分五裂持續的時間最長，藩鎮跋扈二百年，老百姓倒了邪霉。所以，為什麼人們的歷史認識總是那麼的錯誤呢？就因為沒有正名別同異，造成了不當的定式印象，把太宗朝混同於唐朝了。太宗朝當然是史無二例的，但是好日子註定了長不了，因為沒有必然的可維性保證，所以唐太宗之後肯定是不能持續的。太宗一死，即四大皆空。所以韓愈說治國不以安危論之，只以紀綱論，真是深辟，可謂看到了政治的魂魄。太宗朝，安也，又怎麼樣？很快玩兒完。所以安危不足論，須以紀綱論之。知（不知）紀綱，則知（不知）為天下矣。

　　又云：

> 「夏、殷、周之衰也，諸侯作而戰伐日行矣。傳數十王而天
> 下不傾者，紀綱存焉耳。秦之王天下也，無分勢於諸侯，聚
> 兵而焚之；傳二世而天下傾者，紀綱亡焉耳。是故四支雖無
> 故，不足恃也，脈而已矣；四海雖無事，不足矜也，紀綱而
> 已矣。憂其所可恃，懼其所可矜，善醫善計者，謂之天扶與
> 之。易曰：視履考祥。善醫善計者為之。」（《雜說》）

韓愈說得很明確，夏、商、周那麼亂，但是天下能夠維持一個形式，就是因為紀綱還在。而秦不到二十年就亡了，就因為沒有紀綱。這裏有一個問題，就是：禮樂政教，那是邦國時代的紀綱，不是帝制時期的。秦草創帝制，舊的已廢，新的未立，要經過雄漢四百多年的經營，帝國之紀綱乃始確立，而垂法後世——新套路得以完成。這裏面有很多的分別，很難籠統化。至於唐朝出於夷狄，漫無綱紀，則要另論了。所以一時強大，那是不足據的，重要的是不得不強大的種子——紀綱。有了不得不強的活水源頭，你想不強還都不行，

這才是根本。就像韓非講的，不求別人愛你，只要握住使別人不得不愛你的辦法。有了不得不愛的法子，想讓別人不愛你，都不可能。紀綱正是這種不得不（治）的東西。

其實說白了，治國安邦，無外乎兵馬錢糧四個字。最結實的國家，就是對經濟依賴最小的國家。宋的經濟最發達，所以宋最脆弱；蒙古沒有經濟，不要經濟，所以冷兵時代為世界患。因此，最結實的經濟，就是「軍事經濟」。最結實的國家，就是軍事經濟的國家。什麼是軍事經濟呢？簡單說就是：國家保證兵馬，國人保證錢糧。比如說十六億華人，如果生活無著，就用軍事配給的辦法，分發給每個人每月之口糧。中國人只要有稀飯吃，就不會亂、不會鋌而走險，他們只會對生活感到不滿足。所以，吃飯不愁以後，接下來就是自己謀發展了。因此，經濟也就是「行有餘力、可以從商」的事情。充分市場化也是這個東西，即輕重。總之是不外食、貨二端，這就是食貨論。而國家官方政府所要做的就一件事，即維護商規，否則不能保證商業之運行、不能保障其正常運轉。

四、辯古

關於前代典籍，如先秦古書，柳宗元有自己獨立的論辯。《論語辯》曰：

> 「或問曰：儒者稱《論語》孔子弟子所記，信乎？曰：未然也。孔子弟子，曾參最少，少孔子四十六歲。曾子老而死。是書記曾子之死，則去孔子也遠矣。曾子之死，孔子弟子略無存者矣。吾意曾子弟子之為之也。何哉？且是書載弟子必以字，獨曾子、有子不然。由是言之，弟子之號之也。」

應該說，柳宗元的觀察、思考是有道理的。《論語》被奉為經典，簡直成了華文化的代言者，其實這是很可笑的。因為孔子說過，參也魯，這就是說，曾子是孔子的學生中最笨的，偏偏年齡又最小，怎麼他卻成了正宗傳人、變成代言人了呢？而且先秦古書中，唯有《論語》是格言體的，其他的書都很有系統。曾子只能夠講一些很粗淺的道理，什麼孝啊，等等。高深的學理向來不通，所以，孔子其實是吃了《論語》的虧了。很可能是曾子一系要抬高自己，故而為之。歷史中為什麼柳宗元會有這些思考，我們還須討論。只是從結果而言，柳宗元的分析確實有廓清迷障之功。曾參在孔子諸弟子中本來是一個很笨的人，年紀又小，他傳承的孔子的學問都是最粗淺的部分，這一點，我們從流傳至今的《論語》一書可以看得很清楚，基本上沒有多少義理的成分和含量。但是偏偏《論語》流行最廣，對後來的儒家影響最大，其歷史作用已經成為事實。《論語》是先秦古書中唯一一部箴言式的作品。因為簡單，所以最為流行，簡直成了儒家的象徵。這裏面有利也有弊：利是方便了儒家思想的社會化普及與傳佈；弊是導致了人們不求甚解、滿足於淺層面的讀書習慣，不利於思考的培養，義理為下。所以，《論語》只能代表曾子一系，不能反映孔子之學的全貌。應該說，曾子弟子的這一系是最淺的。

因為是曾子弟子一系的傳承，所以對曾子要稱子，而對孔門其他學生只稱呼名字。這樣看來，孔子門下也是派系分明的。那麼，為什麼有子也稱子呢？這個如何解釋？柳宗元說：

「然則有子何以稱子？曰：孔子之歿也，諸弟子以有子為似夫子，立而師之。其後不能對諸子之問，乃叱避而退，則固

> 嘗有師之號矣。今所記獨曾子最後死，餘是以知之。蓋樂正
> 子春、子思之徒與為之爾。或曰：孔子弟子嘗雜記其言，然
> 而卒成其書者，曾氏之徒也。」

這就說得很清楚，當年孔門弟子曾師事有子，但是有子不能像孔子
那樣授業解惑，當不起師，所以退避了。雖然《論語》之來源不一，
但最後是由曾子弟子卒成其書，所以《論語》基本上代表的是曾子
一系的法統。

我們說，柳宗元對古史的態度還是可取的，至少他沒有盲目迷
信。不管是出於什麼意向，我們只看事實。從柳宗元的行文來看，
論述還是比較平實的，並非要著意地否定什麼。又說：

> 「或問之曰：《論語》書記問對之辭爾。今卒篇之首……何
> 也？柳先生曰：《論語》之大，莫大乎是也。是乃孔子常常
> 諷道之辭雲爾。彼孔子者，覆生人之器者也。上之堯、舜之
> 不遭，而禪不及己；下之無湯之勢，而己不得為天吏。生人
> 無以澤其德，日視聞其勞死怨呼，而己之德涸然無所依而
> 施，故於常常諷道雲爾而止也。此聖人之大志也，無容問對
> 於其間。弟子或知之，或疑之不能明，相與傳之。故於其為
> 書也，卒篇之首，嚴而立之。」（《論語辯》）

案《論語》結尾有「堯曰」一段，這是怎麼回事呢？實際上，這裏
很明顯的表白了一個思想傳統，就是：中國歷代的士人都有一個治
國的心結，這是不煩贅言的。所以柳宗元會那樣說孔子，其實也就
包括他自己在內。孔子確實是希望由自己親自來平治天下，所以他
認同禪讓、政治讓位。但是又得講禮法，所以柳宗元在這裏用的「天

吏」一名很好。德位思想雖然不以天子自居，但是不妨以天吏自命，就是：我來代表上天治理你們！我只是一個官吏。孟子講天爵，也是一路貨。

柳宗元辯古，當然不止限於儒家之書，他對諸子亦多有辯證。《辯列子》云：

> 「劉向古稱博極群書，然其錄《列子》，獨曰鄭穆公時人。穆公在孔子前幾百歲，《列子》書言鄭國，皆云子產、鄧析，不知向何以言之如此？《史記》：鄭繻公二十五年，楚悼王四年，圍鄭，鄭殺其相駟子陽。子陽正與《列子》同時。是歲，周安王四年，秦惠公、韓烈侯、趙武侯二年，魏文侯二十七年，燕釐公五年，齊康公七年，宋悼公六年，魯穆公十年。不知向言魯穆公時遂誤為鄭耶？不然，何乖錯至如是？其後張湛徒知怪《列子》書言穆公後事，亦不能推知其時。然其書亦多增寶，非其實。要之，莊周為放依其辭，其稱夏棘、狙公、紀渻子、季咸等，皆出《列子》，不可盡紀。雖不概於孔子道，然其虛泊寥闊，居亂世，遠於利，禍不得逮乎身，而其心不窮。易之遯世無悶者，其近是歟？餘故取焉。其文辭類《莊子》，而尤質厚，少為作，好文者可廢耶？其楊朱、力命，疑其楊子書。其言魏牟、孔穿皆出列子後，不可信。然觀其辭，亦足通知古之多異術也，讀焉者慎取之而已矣。」

這是一篇極典型的考證文字，到了清代，這種考證的工作被擴而充之、放大了。鄭穆公早於孔子幾百年，列子當然不會是那時候的人，而應該是魯穆公時候的。一字之差，錯謬以至於此。後來朱

子也認為《列子》是在《莊子》前，這一點與柳宗元的態度一樣。從柳宗元的評價來看，他認為《列子》一書不僅內容上可觀，而且具有文章價值，是沒有問題的。而且《列子》一書的思想比《莊子》原樸，這都是早期的徵象。《莊子》一書實際上很雜，所以讀《莊子》，最好是各篇分開讀、分別看待較為適宜，因為都是先秦的作品，並不強求一律。又辯《文子》說：

> 「文子書十二篇，其傳曰老子弟子。其辭時有若可取，其指意皆本老子。然考其書，蓋駁書也。其渾而類者少，竊取他書以合之者多。凡孟、管輩數家，皆見剽竊，巉然而出其類。其意緒文辭，又牙相抵而不合。不知人之增益之歟？或者眾為聚斂以成其書歟？然觀其往往有可立者，又頗惜之，憫其為之也勞。今刊去謬惡亂雜者，取其似是者，又頗為發其意，藏於家。」

確實，《文子》是一部很雜的書，但是作為先秦古書卻是沒有問題的。《文子》中雖然雜進了很多重複的內容，但是可觀而有價值的部分也不少，僅此便足以流傳後世了。

五、結語

我們說，唐朝是中國歷史上最衰亂、最分裂的王朝，是中國歷史中最動亂的時期，這麼說絲毫不為過。前人早就指出，唐之中世，酷吏羅織，奸臣擅權，朋黨相軋者四十年，藩鎮跋扈者二百載，腥風逆氣、瀰漫宇內，仁人君子為之慟哭。藩鎮跨州連縣，「大者連州十餘，小者猶兼三四，」「既有其土地，又有其人民，又有其甲

兵，又有其財賦，」(《新唐書兵志》) 這些獨立王國，「各擁勁卒數萬，治兵完城，自署文武將吏，不供貢賦。」(《資治通鑒》卷 223)而王朝的中央內部呢，則是宦官專權，皇帝成了傀儡。所以有唐政治之不穩定，居中國歷史之冠。形象的說，唐朝就像一個窮光蛋，戴了一頂貴婦人的帽子，所以總是迷惑淺人。柳宗元的《封建論》，就是對這種時代生態的活寫真。所以我們說，「唐頭清尾」(所謂唐朝好開頭，清朝壞尾巴)，這是一點不假的。

參考文獻

《永樂大典》錢仲聯題　上海辭書出版社 2003.8

《四庫全書總目》〔清〕永瑢等撰　中華書局 1987.7

《十三經注疏》〔清〕阮元校刻　中華書局影印 1980.9

《大戴禮記解詁》〔清〕王聘珍　中華書局 1998.12

《諸子集成》〔民〕國學整理社編　中華書局影印 1990.8

《二十二子》本社編　上海古籍出版社 1986.3

《說文解字義證》〔清〕桂馥　齊魯書社 1987.12

《春秋繁露》董仲舒著　上海古籍出版社 1995.2

《白虎通疏證》〔清〕陳立　中華書局 1994.8

《人物志》劉邵撰　上海古籍出版社 1995.2

《劉子集校》林其錟等　上海古籍出版社 1985.10

《中說》王雪玲校點　遼寧教育出版社 2001.2

《齊家四書》孫強編　湖北辭書出版社 1998.4

《韓昌黎文集校注》馬其昶等　上海古籍出版社 1998.3

《柳宗元集》中華書局 1978.9

國家圖書館出版品預行編目

漢唐思想史稿 / 季蒙, 程漢著. -- 一版. --
臺北市：秀威資訊科技, 2010.07
面； 公分. -- (哲學宗教類；PA0035)
BOD 版
參考書目：面
ISBN 978-986-221-483-1(平裝)

1. 漢代 2. 唐代 3. 學術思想 4. 中國哲學史

122   99008416

哲學宗教類　PA0035

漢唐思想史稿

作　　者 / 季蒙、程漢
主　　編 / 蔡登山
發 行 人 / 宋政坤
執行編輯 / 邵亢虎
圖文排版 / 陳宛鈴
封面設計 / 陳佩蓉
數位轉譯 / 徐真玉　沈裕閔
圖書銷售 / 林怡君
法律顧問 / 毛國樑　律師
出版印製 / 秀威資訊科技股份有限公司
　　　　　台北市內湖區瑞光路 583 巷 25 號 1 樓
　　　　　電話：02-2657-9211　　　傳真：02-2657-9106
　　　　　E-mail：service@showwe.com.tw
經 銷 商 / 紅螞蟻圖書有限公司
　　　　　台北市內湖區舊宗路二段 121 巷 28、32 號 4 樓
　　　　　電話：02-2795-3656　　　傳真：02-2795-4100
　　　　　http://www.e-redant.com

2010 年 7 月 BOD 一版
定價：350 元

讀　者　回　函　卡

感謝您購買本書，為提升服務品質，煩請填寫以下問卷，收到您的寶貴意見後，我們會仔細收藏記錄並回贈紀念品，謝謝！

1.您購買的書名：＿＿＿＿＿＿＿＿＿＿＿＿＿＿＿＿＿＿

2.您從何得知本書的消息？

　□網路書店　□部落格　□資料庫搜尋　□書訊　□電子報　□書店

　□平面媒體　□ 朋友推薦　□網站推薦 □其他＿＿＿＿＿＿

3.您對本書的評價：(請填代號　1.非常滿意 2.滿意 3.尚可 4.再改進)

　封面設計＿＿　版面編排＿＿　內容＿＿　文/譯筆＿＿　價格＿＿

4.讀完書後您覺得：

　□很有收穫　□有收穫　□收穫不多　□沒收穫

5.您會推薦本書給朋友嗎？

　□會　□不會，為什麼？＿＿＿＿＿＿＿＿＿＿＿＿＿＿＿＿＿＿

6.其他寶貴的意見：＿＿＿＿＿＿＿＿＿＿＿＿＿＿＿＿＿＿＿＿

＿＿＿＿＿＿＿＿＿＿＿＿＿＿＿＿＿＿＿＿＿＿＿＿＿＿＿＿＿＿

＿＿＿＿＿＿＿＿＿＿＿＿＿＿＿＿＿＿＿＿＿＿＿＿＿＿＿＿＿＿

＿＿＿＿＿＿＿＿＿＿＿＿＿＿＿＿＿＿＿＿＿＿＿＿＿＿＿＿＿＿

讀者基本資料

姓名：＿＿＿＿＿＿＿＿＿＿　年齡：＿＿＿＿　性別：□女 □男

聯絡電話：＿＿＿＿＿＿＿＿　E-mail：＿＿＿＿＿＿＿＿＿＿

地址：＿＿＿＿＿＿＿＿＿＿＿＿＿＿＿＿＿＿＿＿＿＿＿＿＿＿

學歷：□高中(含)以下　　□高中　　□專科學校　　□大學

　　　□研究所(含)以上 □其他＿＿＿＿＿＿＿＿

職業：□製造業 □金融業 □資訊業 □軍警 □傳播業 □自由業

　　　□服務業 □公務員 □教職　　□學生 □其他＿＿＿＿＿

(請沿線對摺寄回,謝謝!)

秀威與 BOD

BOD（Books On Demand）是數位出版的大趨勢，秀威資訊率先運用 POD 數位印刷設備來生產書籍，並提供作者全程數位出版服務，致使書籍產銷零庫存，知識傳承不絕版，目前已開闢以下書系：

一、BOD 學術著作—專業論述的閱讀延伸
二、BOD 個人著作—分享生命的心路歷程
三、BOD 旅遊著作—個人深度旅遊文學創作
四、BOD 大陸學者—大陸專業學者學術出版
五、POD 獨家經銷—數位產製的代發行書籍

BOD 秀威網路書店：www.showwe.com.tw
政府出版品網路書店：www.govbooks.com.tw

　　永不絕版的故事‧自己寫‧永不休止的音符‧自己唱